AF343989

E. PLON et Cie, IMPRIMEURS-ÉDITEURS

8 ET 10, RUE GARANCIÈRE, PARIS

DICTIONNAIRE

TÉLÉGRAPHIQUE

ÉCONOMIQUE ET SECRET

PAR

H. MAMERT GALLIAN

Prix, cartonné : 20 francs.

PROSPECTUS

Quelques auteurs ont déjà publié divers Dictionnaires télégra-phiques : les uns ont employé des nombres, les autres des mots conventionnels ; mais les uns et les autres n'ont eu principalement en vue que le secret des dépêches, qu'ils ont plus ou moins bien sauvegardé.

Je me suis proposé de joindre à un secret inviolable, qui est l'âme des affaires, l'économie dans les frais, qui concourt si largement à leurs succès. J'ai atteint mon but en m'inspirant de la Convention télégraphique internationale conclue à Paris le 17 mai 1865, revisée à Vienne le 21 juillet 1868 et à Rome le 14 janvier 1872.

Aux termes de ladite Convention, les administrations des télégraphes terrestres et sous-marins admettent les dépêches secrètes, en accordant 5 lettres ou 5 chiffres pour l'équivalent d'un mot clair. Par conséquent, si le texte d'une dépêche est composé de 150 lettres ou de 150 chiffres, ce texte sera taxé comme s'il était composé de 30 mots clairs.

Il y aura donc économie quand un mot clair sera représenté par une combinaison de lettres ou de chiffres inférieure à 5, et cette économie sera d'autant plus grande que cette combinaison contiendra moins de lettres ou moins de chiffres.

Il fallait opter entre les lettres et les chiffres, qu'on ne peut employer simultanément dans un texte secret; j'ai préféré les lettres, parce qu'elles m'ont fourni 17,576 groupes que j'appelle ternaires, parce qu'ils sont formés de 3 lettres, tandis que les chiffres ne pouvaient fournir que 999 groupes formés de 3 chiffres, nombre évidemment insuffisant à tous les besoins, et on ne trouverait qu'un nombre moindre encore de mots conventionnels formés de 3 lettres.

DE LA DISPOSITION DU DICTIONNAIRE

Le Dictionnaire télégraphique que je publie, est précédé d'une préface explicative donnant tous détails et exemples qui ne pouvaient trouver place dans ce prospectus, et il est suivi du texte complet de la Convention internationale : cette Convention est très-importante, et toutes les personnes qui correspondent télégraphiquement sont intéressées à la connaître et à la posséder.

Les 17,576 ternaires sont divisés en 7 séries dans l'ordre suivant: la 1re série comprend 603 ternaires représentant la conjugaison complète de tous les verbes ; la 2me série, 12,481 représentant les mots simples y compris les marchandises, monnaies, poids et mesures étrangers ; la 3me série, 947 représentant la géographie ; la 4me série, 2047 représentant des locutions de deux ou plusieurs mots ; la 5me série, 562 représentant les fonds d'États, valeurs diverses, bourses, etc. , français et étrangers ; la 6me série, 506 représentant les nombres ; enfin la 7me série comprend 430 ternaires laissés en blanc à la disposition des correspondants pour leurs besoins particuliers et spéciaux. Ces 17,576 ternaires sont disposés par ordre alphabétique non interrompu à chaque série, et chacun d'eux donne en regard le mot ou la locution qu'il représente et qui est aussi, dans chaque série, par ordre alphabétique.

DE L'EMPLOI DU DICTIONNAIRE

La disposition du Dictionnaire en fait comprendre l'emploi simple et facile, tant pour la rédaction de la dépêche que pour sa traduction par le destinataire. En effet, quant à la rédaction, on cherche le mot clair à son rang alphabétique, et on trouve son ternaire en regard : si ce mot clair sert à former une locution, il est suivi d'un astérisque indiquant qu'on le trouvera encore dans la série des locutions. Quant à la traduction par le destinataire, c'est bien plus simple et plus facile encore, puisqu'il n'y a qu'à chercher, à son rang alphabétique, le ternaire qui donne en regard le mot ou la locution en langage clair.

DE LA COMPOSITION DE LA DÉPÊCHE ET DE LA TAXE

L'adresse et la signature doivent être en langage clair, le texte seul peut être secret, et il peut être, soit entièrement secret, soit en partie secret et en partie clair.

La taxe est opérée en additionnant les lettres du texte secret. Leur total divisé par 5 donne pour quotient le nombre de mots secrets, l'excédant est compté pour 1 mot. A ce nombre de mots on joint celui des mots clairs pour obtenir le total des mots à taxer.

DE L'ÉCONOMIE

Les 17,576 ternaires sont plus que suffisants pour reproduire le mot à mot du langage clair employé dans le style télégraphique, et répondre à tous les besoins du monde diplomatique, commercial, financier, industriel, politique et privé. Ils présentent une économie de 40 0/0 sur la taxe du texte secret quand ils ne reproduisent qu'un mot clair ; cette économie est de 70 0/0 quand ils reproduisent des locutions formées de 2 mots ; enfin elle s'élève à 80 0/0 ou plus quand ils reproduisent des locutions formées de 3 mots ou plus. On comprend que l'économie ne peut porter que sur le texte secret d'une dépêche, et non sur l'adresse et la signature qui ne peuvent être qu'en langage clair. (Voir les exemples plus loin.)

DU SECRET

Ma méthode présente une quantité infinie de clefs de transpositions, et chacune d'elles constitue pour 2 correspondants un secret nouveau, qui rend toute dépêche intraduisible par quiconque ne possède pas la clef convenue à l'avance entre ces 2 correspondants et pour un temps déterminé. Je me borne à indiquer quelques-unes de ces clefs, laissant aux correspondants le soin d'en imaginer un aussi grand nombre qu'ils voudront.

1° La première lettre du ternaire réel deviendra la deuxième : supposons *abc* que l'expéditeur transposera par *bac*, et que le destinataire rétablira par *abc*.

2º La 2ᵐᵉ lettre deviendra la 3ᵐᵉ : *abc* sera alors transposé par *acb*.

3º La 3ᵐᵉ lettre deviendra la 1ʳᵉ : *abc* sera alors transposé par *cab*.

4º La 1ʳᵉ lettre deviendra la 3ᵐᵉ : *abc* sera alors transposé par *bca*.

5º Supposons les lettres de l'alphabet disposées dans l'ordre naturel sur un cercle, et admettons le remplacement de la 1ʳᵉ lettre, ou de la 2ᵐᵉ, ou de la 3ᵐᵉ, ou de chacune des 3 lettres du ternaire réel par celle qui la précède sur le cercle : dans le 1ᵉʳ cas *abc* sera transposé par *zbc ;* dans le 2ᵐᵉ cas *abc* sera transposé par *aac ;* dans le 3ᵐᵉ cas *abc* sera transposé par *abb ;* dans le 4ᵐᵉ cas *abc* sera transposé par *zab*.

6º Supposons l'inverse, soit le remplacement, dans l'ordre ci-dessus, par la lettre suivante sur le cercle : dans le 1ᵉʳ cas *abc* sera transposé par *bbc ;* dans le 2ᵐᵉ cas *abc* sera transposé par *acc ;* dans le 3ᵐᵉ cas *abc* sera transposé par *abd ;* dans le 4ᵐᵉ cas *abc* sera transposé par *bcd*.

7º Supposons la substitution au ternaire réel de tel ternaire précédent qu'on voudra, et admettons qu'on ait désigné le 5ᵐᵉ : *abc* sera alors transposé par *aax*.

8º Supposons l'inverse en substituant au ternaire réel tel ternaire suivant qu'on voudra, et admettons qu'on ait désigné le 8ᵐᵉ : *abc* sera alors transposé par *abk*.

EXEMPLES A L'APPUI DE CE QUI PRÉCÈDE

Texte d'une dépêche de Newyork pour Paris

Achetez en liquidation fin courant 6000 francs trois pour cent à 59 francs 50 centimes, 200 actions compagnie générale transatlantique

225 francs. Vendez au comptant 100 caisses indigos caraque premier choix en débarquement au Havre 10 francs sauf mieux.

L'expéditeur télégraphiera :

uvi yyt xuk axf yun zfo yxs bck xxe yxs yrx xol yxq cyr wlz vra gui ewj cdd tzh yqt xkb

Le texte contient 22 ternaires ou 66 lettres, soit 14 mots, à taxer 52 fr. 50 c. En langage clair on aurait taxé 39 mots, soit 146 fr. 25 c. L'économie est donc de 93 fr. 75 c. ou 64 0/0 sur le texte. Si nous ajoutions 6 mots clairs pour l'adresse et la signature, afin de compléter la taxe de la dépêche, on aurait 45 mots en langage clair, qui seraient taxés 168 fr. 75 c., et avec le texte secret on aurait 20 mots, qui seraient taxés 75 fr., l'économie réelle sur la dépêche entière ne serait donc que de 55 1/2 0/0.

En langage clair le télégraphe aurait transmis pour le texte, 209 signaux ; par ma méthode il n'en transmet que 66. C'est démontrer que si mon Dictionnaire convient au monde des affaires et autres, il ne convient pas moins aux exploitations télégraphiques : en effet, 146 fr. 25 pour 209 signaux = 70 centimes par signal, tandis que 52 fr. 50 c. pour 66 signaux = 79 centimes par signal. L'avantage en faveur du télégraphe est donc de 9 centimes par signal ou 13 0/0. On comprend que cet avantage variera selon les parcours plus ou moins longs, et les textes secrets plus ou moins chargés de locutions et de verbes à conjuguer : en voici un exemple que je prends dans les dépêches des journaux.

De Vienne pour Paris

La Chambre des députés a voté en deuxième et troisième lecture projet relatif à landwehr. Elle a rejeté proposition tendant à établissement des cadres cavalerie pour landwehr. Après vote, le ministre intérieur a déclaré que session Reichsrath était ajournée.

L'expéditeur télégraphiera :

vpp tgz aau gui fue hja smh krc oms pon axf htm poa aau oor rwq axf hjd fol cyh dfr oas ktm btu tgy wwu ezy aau ouh qso pni bim adu

Le texte contient 99 lettres, soit 20 mots, à taxer 6 fr. En langage clair, on aurait taxé 39 mots payant comme 40, soit 12 fr. : l'économie est donc de 50 0/0. Si nous ajoutions 6 mots clairs pour l'adresse et la signature, nous aurions 45 mots clairs payant comme 50, à taxer 15 fr., et avec le texte secret, nous aurions 26 mots payant comme 30, à taxer 9 fr. : l'économie réelle sur la dépêche entière ne serait donc que de 40 0/0.

En langage clair, le télégraphe aurait transmis pour le texte 216 signaux ; par ma méthode il n'en transmet que 99. Or $\frac{6}{99}$ fr. $=$ 6 centimes par signal ; $\frac{12}{216}$ fr. $=$ 5 centimes et 5 par signal : l'avantage en faveur du télégraphe, dans l'espèce, est donc de 1/2 centime par signal ou 9 0/0.

DES CLEFS DE TRANSPOSITIONS

Je donne ci-dessous 3 exemples, me bornant à employer les 6 premiers ternaires de la dépêche précédente.

Dans le premier de ces exemples, la première lettre du ternaire réel sera transposée la troisième.

Dans le 2me exemple, chacune des 3 lettres du ternaire réel sera remplacée par celle qui la suit.

Dans le troisième exemple, on substituera à chaque ternaire réel le 5me ternaire qui le précède.

1er EXEMPLE		2e EXEMPLE		3e EXEMPLE	
Ternaires transposés et transmis par l'expéditeur	Ternaires réels rétablis par le destinataire	Ternaires transposés et transmis par l'expéditeur	Ternaires réels rétablis par le destinataire	Ternaires transposés et transmis par l'expéditeur	Ternaires réels rétablis par le destinataire
ppv	*vpp*	*wqq*	*vpp*	*vpk*	*vpp*
gzt	*tgz*	*uha*	*tgz*	*tgu*	*tgz*
aua	*aau*	*bbv*	*aau*	*aap*	*aau*
uig	*gui*	*hvj*	*gui*	*gud*	*gui*
uef	*fue*	*gvf*	*fue*	*ftz*	*fue*
jah	*hja*	*ikb*	*hja*	*hiv*	*hja*

Cet ouvrage forme un volume grand in-18.

Prix, cartonné : 20 francs

Il est expédié *franco* à toute personne qui adresse aux éditeurs un mandat de poste de 20 francs ou la même somme en timbres-poste.

PARIS, TYPOGRAPHIE DE E. PLON ET Cie, RUE GARANCIÈRE 8.

DICTIONNAIRE
TÉLÉGRAPHIQUE

PARIS. — TYPOGRAPHIE DE E. PLON ET Cie, RUE GARANCIÈRE, 8.

DICTIONNAIRE
TÉLÉGRAPHIQUE

ÉCONOMIQUE ET SECRET

PAR

H. MAMERT GALLIAN

PARIS

E. PLON et Cie, IMPRIMEURS-ÉDITEURS

10, RUE GARANCIÈRE

1874

Tous droits réservés

PRÉFACE

J'ai cru devoir, dans l'intérêt des correspondants qui utiliseront ce Dictionnaire, le faire précéder de quelques instructions générales et d'exemples qui leur en faciliteront l'emploi, et le faire suivre de l'Acte signé à Rome le 14 janvier 1872, à l'effet d'apporter de nouvelles modifications à la Convention télégraphique internationale conclue à Paris le 17 mai 1865 et revisée à Vienne le 21 juillet 1868. C'est en m'inspirant des termes de cette Convention, sur laquelle j'appelle l'attention de ceux qui correspondent télégraphiquement, que j'ai conçu le projet que je viens de réaliser en établissant ce Dictionnaire.

Les Administrations des télégraphes terrestres et sous-marins admettent les dépêches secrètes en accordant 5 lettres ou 5 chiffres pour l'équivalent d'un mot. En partant de cette donnée, quelques auteurs ont publié divers dictionnaires télégraphiques : les uns ont employé des nombres, les autres des mots conventionnels ; mais les uns et les autres n'ont eu en vue principalement que le secret des dépêches qu'ils ont plus ou moins bien sauvegardé.

Je me suis proposé de joindre à un secret inviolable, qui est l'âme des affaires, l'économie dans les frais, qui concourt si largement à leurs succès, et, tout en conciliant les intérêts des correspondants et ceux des exploitations télégraphiques, j'ai atteint mon but au moyen de combinaisons des lettres de l'alphabet français. En effet, ces combinaisons m'ont fourni 17,576 groupes, que j'appelle *ternaires* parce qu'ils sont formés de 3 lettres.

Les chiffres ne pouvaient fournir que 999 groupes formés de 3 chiffres, nombre évidemment insuffisant à tous les besoins, et on ne trouverait qu'un nombre moindre encore de mots conventionnels formés de 3 lettres.

Le Dictionnaire que je publie contient donc 17,576 ternaires. Ils sont plus que suffisants pour reproduire le mot à mot du langage clair employé dans le style télégraphique, et ils remplissent tous les besoins du monde diplomatique, commercial, financier, industriel, politique et privé. Ils présentent une économie de 40 0/0 sur la taxe du texte quand ils ne reproduisent qu'un seul mot; cette économie est de 70 0/0 quand ils reproduisent des locutions formées de 2 mots; enfin elle s'élève à 80 0/0 ou plus quand ils reproduisent des locutions formées de 3 mots ou plus, ainsi qu'on le verra plus loin par des exemples. J'ai à peine besoin de faire remarquer que l'économie ne peut porter que sur le texte secret, et non sur l'adresse et la signature qui ne peuvent être qu'en langage clair.

En ce qui concerne le secret, ma méthode présente une quantité infinie de clefs : chacune des transpositions dont les ternaires sont susceptibles, constitue en effet, pour 2 correspondants, un secret nouveau qui rend toute dépêche intraduisible par quiconque ne possède pas la clef de transposition convenue à l'avance entre ces 2 correspondants et pour un temps déterminé. Je me borne à énoncer quelques-unes de ces transpositions, laissant aux correspondants le soin d'en imaginer un aussi grand nombre qu'ils voudront.

1º La 1ʳᵉ lettre du ternaire réel deviendra la 2ᵐᵉ : supposons *abc*, que l'expéditeur transposera par *bac*.

2º La 2ᵐᵉ deviendra la 3ᵐᵉ : *abc* sera alors transposé par *acb*.

3º La 3ᵐᵉ deviendra la 1ʳᵉ : *abc* sera alors transposé par *cab*.

4º La 1ʳᵉ deviendra la 3ᵐᵉ : *abc* sera alors transposé par *bca*.

5º Supposons les lettres de l'alphabet, disposées dans l'ordre naturel sur un cercle, et admettons le remplacement de la 1ʳᵉ lettre du ternaire réel, ou de la 2ᵐᵉ, ou de la 3ᵐᵉ, ou de chacune des trois lettres, par celle qui la précède sur le cercle : dans le 1ᵉʳ cas, *abc* sera transposé par *zbc ;* dans le 2ᵐᵉ cas, *abc* sera transposé par *aac ;* dans le 3ᵐᵉ cas, *abc* sera transposé par *abb ;* dans le 4ᵐᵉ cas, *abc* sera transposé par *zab*.

6º Supposons l'inverse, soit le remplacement, dans l'ordre

ci-dessus, par la lettre suivante sur le cercle : dans le 1er cas, *abc* sera transposé par *bbc*; dans le 2me, *abc* sera transposé par *acc;* dans le 3me, *abc* sera transposé par *abd;* dans le 4me cas, *abc* sera transposé par *bcd*.

7° Supposons encore la substitution au ternaire réel de tel ternaire précédent qu'on voudra, et admettons qu'on ait désigné le 5" : *aax* sera alors substitué à *abc*.

8° Supposons l'inverse, en substituant au ternaire réel tel ternaire suivant qu'on voudra, et admettons qu'on ait désigné le 8e : *abk* sera alors substitué à *abc*.
(Voir plus loin les exemples.)

Les ternaires, depuis *aaa* jusqu'à *axb*, page 1 à 10, reproduisent la conjugaison complète des verbes dont il suffit d'indiquer d'abord l'infinitif, puis la personne du temps à laquelle on parle. (Voir le 1er exemple.) Cette conjugaison est suivie des 3 formes grammaticales : masculin pluriel *axc*, féminin singulier *axd*, et féminin pluriel *axe* pour les personnes qui seront bien rarement dans le cas de les employer. Cette série comprend 603 ternaires.

Les ternaires depuis *axf* jusqu'à *tjf*, page 11 à 150, reproduisent les mots simples, y compris les marchandises, monnaies, poids et mesures étrangers. Cette série comprend 12,481 ternaires.

Les ternaires depuis *tjg* jusqu'à *utq*, page 151 à 161, reproduisent la géographie. Cette série comprend 947 ternaires.

Les ternaires depuis *utr* jusqu'à *xuj*, page 163 à 188, reproduisent les locutions diverses. Cette série comprend 2047 ternaires.

Les ternaires depuis *xuk* jusqu'à *ypz*, page 189 à 196, reproduisent les fonds d'États, valeurs diverses, bourses, etc., français et étrangers, et, conséquemment, les maisons, compagnies, sociétés financières et industrielles cotées en Bourse ou en Banque. Cette série comprend 562 ternaires.

Les ternaires depuis *yqa* jusqu'à *zjl*, page 197 à 202,

reproduisent les nombres. Cette série comprend 506 ternaires.

J'appelle l'attention des correspondants sur ces trois dernières parties du Dictionnaire.

Enfin les ternaires depuis *zjm* jusqu'à *zzz*, page 203 à 208, sont laissés en blanc à la disposition des correspondants, pour leurs besoins particuliers et spéciaux. Cette série comprend 430 ternaires.

L'emploi du Dictionnaire est aussi simple que facile tant pour la rédaction du texte par l'expéditeur que pour la traduction par le destinataire. En effet, quant à la rédaction, il suffit de chercher le mot clair à son rang alphabétique, et on trouve son ternaire en regard. Si ce mot clair sert à former une locution, il est suivi d'un astérisque indiquant qu'on peut le retrouver dans la série des locutions. Quant à la traduction, c'est bien plus simple et plus facile encore, puisqu'il suffit de chercher, à son rang alphabétique, le ternaire qui donne en regard le mot ou la locution qu'il représente.

EXEMPLES :

L'adresse et la signature doivent être en langage clair, le texte seul peut être secret.

Le texte secret peut être, soit entièrement secret, soit en partie secret et en partie clair. Dans ce dernier cas, les passages secrets doivent être placés entre 2 parenthèses, les séparant des passages clairs qui précèdent ou qui suivent. Le texte secret doit être composé exclusivement de lettres de l'alphabet ou de chiffres arabes.

La taxe est opérée en additionnant d'abord les lettres que le texte contient. Leur total divisé par 5 donne pour quotient le nombre de mots secrets à taxer ; l'excédant est compté pour 1 mot. A ce nombre de mots on joint celui des mots clairs pour obtenir le total des mots à taxer. Si le texte est en partie secret et en partie clair, chaque parenthèse est comptée comme une lettre, et chaque mot clair comme un mot. Ce qui reste à exposer à ce sujet viendra plus utilement à la suite de chaque exemple de dépêche.

Texte d'une dépêche de Paris pour Newyork avec conjugaison de verbes.

Vous pourrez quitter Newyork avant que je sois arrivé, achetez en disponible, livraison immédiate, 400 balles coton Louisiane, premier choix, à 90 francs 40 centimes sauf mieux, aussitôt affaire conclue partez immédiatement.

L'expéditeur télégraphiera :

obr abo owa uhf cff bwz afx uvb lar jjg yxw cir vvz vra axf ywx zfc xkb vfw xbr

Décomposition du texte :

obr	pouvoir (infinitif)	*lar*	livraison
abo	vous pourrez (actif affir-matif, futur présent, 2e personne pluriel)	*jjg*	immédiate
		yxw	quatre cents
		cir	balles
owa	quitter	*vvz*	coton Louisiane
uhf	Newyork	*vra*	premier choix
cff	avant	*axf*	à
bwz	arriver (infinitif)	*ywx*	90 francs
afx	que je sois arrivé (passif affirmatif, subjonctif présent, 1re personne singulier)	*zfc*	40 centimes
		xkb	sauf mieux
		vfw	aussitôt affaire concluc
uvb	achetez en disponible	*xbr*	partez immédiatement

Le texte contient 60 lettres, soit 12 mots, à taxer à 3 fr. 75, soit 45 francs.

En langage clair, le télégraphe eût taxé 32 mots, soit 120 fr., l'économie est donc de 75 fr. ou 62 1/2 0/0.

Mais si nous supposons 6 mots pour l'adresse et la signature, afin de compléter la taxe de la dépêche, nous aurons alors 38 mots taxés 142 fr. 50 c., tandis que par ma méthode nous n'aurons que 18 mots taxés 67 fr. 50 c. · l'économie réelle sur la taxe totale sera donc de 53 0/0.

En langage clair, le télégraphe aurait transmis 186 signaux ; par ma méthode il n'en transmet que 60, ce qui démontre que si elle convient au monde des affaires et autres, elle ne convient pas moins au télégraphe. En effet, 186 signaux coûtant 120 fr. = 64 c. par signal ; 60 signaux coûtant 45 fr. = 75 c. par signal. Ma méthode offre donc, dans l'espèce, un avantage de 11 c. par signal au télégraphe. On comprend que cet avantage variera selon les parcours plus ou moins longs, et les textes plus ou moins chargés de locutions et de verbes à conjuguer.

*Texte d'une dépêche de **Paris** pour **Shanghaï**
en partie secret et partie clair :*

Achetez aux conditions d'usage, aussitôt dépêche reçue, **par** entremise Beaumarchais, 50 balles soie filature de Chine et 100 balles cocons japonais, au mieux, pressez embarquement sur navire en partance, assurez cargaison, répondez télégraphiquement.

L'expéditeur télégraphiera :

(*uvf vfz myx hbp*) Beaumarchais (*ytu cir xld hja yxq cir vrq vft wdd rml wxu vfn xjd*)

Décomposition du texte :

(*uvf*	achetez aux conditions d'usage	*yxq*	cent
		cir	balles
vfz	aussitôt dépêche reçue	*vrq*	cocons japonais
myx	par	*vft*	au mieux
hbp)	entremise Beaumarchais	*wdd*	pressez embarquement
		rml	sur
(*ytu*	cinquante	*wxu*	navire en partance
cir	balles	*vfn*	assurez cargaison
xld	soie filature de Chine	*xjd*)	répondez télégraphique-ment
hja	et		

Le texte contient **51** lettres et **4** parenthèses, soit **55** lettres ou **11** mots, plus **1** mot clair (Beaumarchais), soit **12** mots payant comme **20**, et à taxer **160** fr.

En langage clair, le télégraphe eût taxé **40** mots à **320** fr., l'économie est donc de moitié, ou 50 0/0.

En langage clair, le télégraphe aurait transmis **208** signaux ; par ma méthode, il n'en transmet que **67**.

La différence en faveur du télégraphe est, dans l'espèce, de **85** c. par signal.

Texte d'une dépêche de Londres pour Paris :

Achetez en liquidation fin courant 6000 francs 3 0/0 à 59 francs 45 centimes, 10,000 francs 5 0/0 libéré 94 francs 50 centimes. Vendez en liquidation 15 prochain 300 actions compagnie générale transatlantique 285 francs, 500 actions banque franco-égyptienne 454 francs, sauf mieux.

L'expéditeur télégraphiera :

uvi yyt xuk axf yun zfi yzb xuo yxf zfo xor yxu bck xxe yxs ywn yxy bck xwl yxw yud xkb

Décomposition du texte :

uvi	Achetez en liquidation fin courant	*xor*	Vendez en liquidation 15 prochain
yyt	6000 francs	*yxu*	trois cents
xuk	3 0/0	*bck*	actions
axf	à	*xxe*	compagnie générale transatlantique
yun	59 francs	*yxs*	200
zfi	45 centimes	*ywn*	85 francs
yzb	10,000 francs	*yxy*	cinq cents
xuo	5 0/0 libéré	*bck*	actions
yxf	94 francs	*xwl*	banque franco-égypt^{nne}
zfo	50 centimes	*yxw*	400
		yud	54 francs
		xkb	sauf mieux

Le texte contient 66 lettres ou 14 mots, payant comme 20, à taxer 4 fr.

En langage clair, le télégraphe eût taxé 50 mots à 10 fr. L'économie est donc des 3/5 ou 60 0/0.

En langage clair, le télégraphe aurait transmis 242 signaux ; par ma méthode, il n'en transmet que 66.

Toutes autres dépêches, d'un point de la France sur un autre point de la France, ou de tout autre point du globe sur un autre point du globe, présenteraient naturellement une proportion d'économie financière et de transmission relative à l'importance du parcours et du texte de la dépêche.

DES CLEFS DE TRANSPOSITIONS.

Dépêche dont la 1re lettre du ternaire réel, devenue la 3me au départ, est rétablie la 1re par le destinataire.

Je me borne à répéter les 6 premiers ternaires de la dépêche précédente.

Ternaires réels	Ternaires transposés et transmis par l'expéditeur	Ternaires réels rétablis par le destinataire	Texte réel trouvé par le destinataire
uvi	*viu*	*uvi*	Achetez en liquidation fin courant
yyt	*yty*	*yyt*	6000 francs
xuk	*ukx*	*xuk*	3 0/0
axf	*xfa*	*axf*	à
yun	*uny*	*yun*	59 francs
zfi	*fiz*	*zfi*	45 centimes

La 3me lettre, devenue la 1re, est rétablie la 3me par le destinataire.

uvi	*ivu*	*uvi*	Achetez en liquidation fin courant
yyt	*tyy*	*yyt*	6000 francs
xuk	*kxu*	*xuk*	3 0/0
axf	*fdx*	*axf*	à
yun	*nyu*	*yun*	59 francs
zfi	*izf*	*zfi*	45 centimes

On peut transposer la 1re lettre qui deviendra la 2me, ou transposer la 2me qui deviendra la 3me. Dans le 1er cas, *uvi* sera transposé par *vui*, et dans le 2me cas, *uvi* sera transposé par *uiv*, et de même façon pour les ternaires suivants.

Dépêche dont chacune des 3 lettres du ternaire réel est remplacée par celle qui la précède dans l'ordre alphabétique sur un cercle.

uvi	*tuh*	*uvi*	Achetez en liquidation fin courant
yyt	*xxs*	*yyt*	6000 francs
xuk	*wtj*	*xuk*	3 0/0
axf	*zwe*	*axf*	à
yun	*xtm*	*yun*	59 francs
zfi	*yeh*	*zfi*	45 centimes

Dépêche dont chacune des 3 lettres du ternaire réel est remplacée par celle qui la suit dans l'ordre alphabétique sur un cercle.

uvi	*vwj*	*uvi*	Achetez en liquidation fin courant
yyt	*zzu*	*yyt*	6000 francs
xuk	*yvl*	*xuk*	3 0/0
axf	*byg*	*axf*	à
yun	*zvo*	*yun*	59 francs
zfi	*agj*	*zfi*	45 centimes

Dépêche dont on substitue le 5ᵐᵉ ternaire précédent au ternaire réel.

uvi	*uvd*	*uvi*	Achetez en liquidation fin courant
yyt	*yyo*	*yyt*	6000 francs
xuk	*xuf*	*xuk*	3 0/0
axf	*axa*	*axf*	à
yun	*yui*	*yun*	59 francs
zfi	*zfd*	*zfi*	45 centimes

Dépêche dont on substitue le 8ᵐᵉ ternaire suivant au ternaire réel.

uvi	*uvq*	*uvi*	Achetez en liquidation fin courant
yyt	*yzb*	*yyt*	6000 francs
xuk	*xus*	*xuk*	3 0/0
axf	*axn*	*axf*	à
yun	*yuv*	*yun*	59 francs
zfi	*zfq*	*zfi*	45 centimes

Je crois inutile de pousser plus loin les exemples de transpositions, et, tout en laissant aux correspondants le choix de toutes autres clefs, notamment celles par additions ou soustractions de lettres, je les engage à utiliser de préférence les 8 que je leur soumets : elles sont simples, saisissantes, faciles à employer, prennent peu de temps, et suffisent, en les renouvelant alternativement tous les mois ou tous les trimestres, à l'inviolabilité du secret de leurs dépêches.

INSTRUCTIONS GÉNÉRALES.

Toutes les personnes qui voudront employer ce Dictionnaire, devront naturellement se procurer autant d'exemplaires qu'elles auront de correspondants avec lesquels elles seront dans le cas de télégraphier.

Leur premier soin sera de compléter chaque exemplaire par les ternaires laissés en blanc à leur disposition pour leurs besoins particuliers et spéciaux, et selon leurs rapports avec chaque correspondant, soit par des mots simples imprévus, locutions diverses, marchandises spéciales ou spécialement désignées par leur origine, poids, mesure, etc.; soit encore par des mots géographiques, noms propres, fonds, valeurs, monnaies, poids, mesures; soit enfin par des nombres.

Dans le cas peu probable où le nombre des ternaires laissés en blanc à leur disposition ne suffirait pas à leurs besoins, elles pourraient biffer dans celles des 6 séries qu'elles voudraient, tels mots ou telles locutions qui leur seraient inutiles, et les remplacer par ceux qui n'auraient pas trouvé place dans les ternaires en blanc.

En outre, si elles veulent employer des clefs de transpositions, elles devront indiquer celles qu'elles auront choisies, et l'ordre dans lequel chacune d'elles sera utilisée pendant un temps déterminé.

Cela fait, elles adresseront à chaque correspondant le Dictionnaire qui lui est destiné, et leurs rapports pourront commencer immédiatement après avis de réception. Dès lors on comprend qu'aucune modification ne pourra plus être faite au Dictionnaire sans que, préalablement, les deux correspondants en soient convenus.

Je n'ai plus qu'à inviter les rédacteurs d'une dépêche à bien distinguer les lettres des ternaires, à bien former, sans qu'on puisse les confondre, le *c* et l'*e*, le *g* et le *q*, l'*n* et l'*u*, le *v* et le *w*, et à ne pas omettre le point sur l'*i* et le *j* pour les distinguer de l'*y*. Mieux vaut ne pas lier les 3 lettres d'un ternaire tout en ne laissant pas d'espace entre elles. Par contre, mieux vaut laisser un tout petit espace (celui d'une lettre) entre chaque ternaire. On évitera ainsi les erreurs exceptionnelles de transmission par le télégraphe.

SOMMAIRE

CONJUGAISON COMPLÈTE DES VERBES

Le verbe recevoir est pris ici comme exemple pour tous les autres verbes, même pour les pronominaux.

ACTIF AFFIRMATIF
INDICATIF
PRÉSENT
Je reçois

aaa	1re personne du singulier	
aab	2e — —
aac	3e — —
aad	1re personne du pluriel	
aae	2e — —
aaf	3e — —

IMPARFAIT
Je recevais

aag	1re personne du singulier	
aah	2e — —
aai	3e — —
aaj	1re personne du pluriel	
aak	2e — —
aal	3e — —

PASSÉ DÉFINI
Je reçus

aam	1re personne du singulier	
aan	2e — —
aao	3e — —
aap	1re personne du pluriel	
aaq	2e — —
aar	3e — —

PASSÉ INDÉFINI
J'ai reçu

aas	1re personne du singulier	
aat	2e — —
aau	3e — —
aav	1re personne du pluriel	
aaw	2e — —
aax	3e — —

PASSÉ ANTÉRIEUR
J'eus reçu

aay	1re personne du singulier	
aaz	2e — —
aba	3e — —
abb	1re personne du pluriel	
abc	2e — —
abd	3e — —

PLUS-QUE-PARFAIT
J'avais reçu

abe	1re personne du singulier	
abf	2e — —
abg	3e — —
abh	1re personne du pluriel	
abi	2e — —
abj	3e — —

FUTUR PRÉSENT
Je recevrai

abk	1re personne du singulier	
abl	2e — —
abm	3e — —
abn	1re personne du pluriel	
abo	2e — —
abp	3e — —

FUTUR ANTÉRIEUR
J'aurai reçu

abq	1re personne du singulier	
abr	2e — —
abs	3e — —
abt	1re personne du pluriel	
abu	2e — —
abv	3e — —

CONDITIONNEL
PRÉSENT
Je recevrais

abw	1re personne du singulier	
abx	2e — —
aby	3e — —
abz	1re personne du pluriel	
aca	2e — —
acb	3e — —

PASSÉ
J'aurais reçu

acc	1re personne du singulier	
acd	2e — —
ace	3e — —
acf	1re personne du pluriel	
acg	2e — —
ach	3e — —

IMPÉRATIF

Reçois, recevons, recevez

aci	2ᵉ personne du singulier
acj	1ʳᵉ — du pluriel
ack	2ᵉ — —

SUBJONCTIF

PRÉSENT

Que je reçoive

acl	1ʳᵉ personne du singulier
acm	2ᵉ — —
acn	3ᵉ — —
aco	1ʳᵉ personne du pluriel
acp	2ᵉ — —
acq	3ᵉ — —

IMPARFAIT

Que je reçusse

acr	1ʳᵉ personne du singulier
acs	2ᵉ — —
act	3ᵉ — —
acu	1ʳᵉ personne du pluriel
acv	2ᵉ — —
acw	3ᵉ — —

PASSÉ

Que j'aie reçu

acx	1ʳᵉ personne du singulier
acy	2ᵉ — —
acz	3ᵉ — —
ada	1ʳᵉ personne du pluriel
adb	2ᵉ — —
adc	3ᵉ — —

PLUS-QUE-PARFAIT

Que j'eusse reçu

add	1ʳᵉ personne du singulier
ade	2ᵉ — —
adf	3ᵉ — —
adg	1ʳᵉ personne du pluriel
adh	2ᵉ — —
adi	3ᵉ — —

INFINITIF

PASSÉ

adj	**Avoir reçu**

PARTICIPE PRÉSENT

adk	**Recevant**

PARTICIPE PASSÉ

adl	**Ayant reçu**

PASSIF AFFIRMATIF

INDICATIF

PRÉSENT

Je suis reçu

adm	1ʳᵉ personne du singulier
adn	2ᵉ — —
ado	3ᵉ — —
adp	1ʳᵉ personne du pluriel
adq	2ᵉ — —
adr	3ᵉ — —

IMPARFAIT

J'étais reçu

ads	1ʳᵉ personne du singulier
adt	2ᵉ — —
adu	3ᵉ — —
adv	1ʳᵉ personne du pluriel
adw	2ᵉ — —
adx	3ᵉ — —

PASSÉ DÉFINI

Je fus reçu

ady	1ʳᵉ personne du singulier
adz	2ᵉ — —
aea	3ᵉ — —
aeb	1ʳᵉ personne du pluriel
aec	2ᵉ — —
aed	3ᵉ — —

PASSÉ INDÉFINI

J'ai été reçu

aee	1ʳᵉ personne du singulier
aef	2ᵉ — —
aeg	3ᵉ — —
aeh	1ʳᵉ personne du pluriel
aei	2ᵉ — —
aej	3ᵉ — —

PASSÉ ANTÉRIEUR

J'eus été reçu

aek	1ʳᵉ personne du singulier
ael	2ᵉ — —
aem	3ᵉ — —
aen	1ʳᵉ personne du pluriel
aeo	2ᵉ — —
aep	3ᵉ — —

PLUS-QUE-PARFAIT

J'avais été reçu

aeq	1re personne du singulier
aer	2e — —
aes	3e — —
aet	1re personne du pluriel
aeu	2e — —
aev	3e — —

FUTUR PRÉSENT

Je serai reçu

aew	1re personne du singulier
aex	2e — —
aey	3e — —
aez	1re personne du pluriel
afa	2e — —
afb	3e — —

FUTUR ANTÉRIEUR

J'aurai été reçu

afc	1re personne du singulier
afd	2e — —
afe	3e — —
aff	1re personne du pluriel
afg	2e — —
afh	3e — —

CONDITIONNEL

PRÉSENT

Je serais reçu

afi	1re personne du singulier
afj	2e — —
afk	3e — —
afl	1re personne du pluriel
afm	2e — —
afn	3e — —

PASSÉ

J'aurais été reçu

afo	1re personne du singulier
afp	2e — —
afq	3e — —
afr	1re personne du pluriel
afs	2e — —
aft	3e — —

IMPÉRATIF

Sois, soyons, soyez reçu

afu	2e personne du singulier
afv	1re — pluriel
afw	2e — —

SUBJONCTIF

PRÉSENT

Que je sois reçu

afx	1re personne du singulier
afy	2e — —
afz	3e — —
aga	1re personne du pluriel
agb	2e — —
agc	3e — —

IMPARFAIT

Que je fusse reçu

agd	1re personne du singulier
age	2e — —
agf	3e — —
agg	1re personne du pluriel
agh	2e — —
agi	3e — —

PASSÉ

Que j'aie été reçu

agj	1re personne du singulier
agk	2e — —
agl	3e — —
agm	1re personne du pluriel
agn	2e — —
ago	3e — —

PLUS-QUE-PARFAIT

Que j'eusse été reçu

agp	1re personne du singulier
agq	2e — —
agr	3e — —
ags	1re personne du pluriel
agt	2e — —
agu	3e — —

INFINITIF

PASSÉ

agv	**Avoir été reçu**

PARTICIPE PRÉSENT

agw	**Étant reçu**

PARTICIPE PASSÉ

agx	**Ayant été reçu**

ACTIF NÉGATIF

INDICATIF

PRÉSENT

Je ne reçois pas

agy	1re personne du singulier
agz	2e — —
aha	3e — —
ahb	1re personne du pluriel
ahc	2e — —
ahd	3e — —

IMPARFAIT

Je ne recevais pas

ahe	1re personne du singulier
ahf	2e — —
ahg	3e — —
ahh	1re personne du pluriel
ahi	2e — —
ahj	3e — —

PASSÉ DÉFINI

Je ne reçus pas

ahk	1re personne du singulier
ahl	2e — —
ahm	3e — —
ahn	1re personne du pluriel
aho	2e — —
ahp	3e — —

PASSÉ INDÉFINI

Je n'ai pas reçu

ahq	1re personne du singulier
ahr	2e — —
ahs	3e — —
aht	1re personne du pluriel
ahu	2e — —
ahv	3e — —

PASSÉ ANTÉRIEUR

Je n'eus pas reçu

ahw	1re personne du singulier
ahx	2e — —
ahy	3e — —
ahz	1re personne du pluriel
aia	2e — —
aib	3e — —

PLUS-QUE-PARFAIT

Je n'avais pas reçu

aic	1re personne du singulier
aid	2e — —
aie	3e — —
aif	1re personne du pluriel
aig	2e — —
aih	3e — —

FUTUR PRÉSENT

Je ne recevrai pas

aii	1re personne du singulier
aij	2e — —
aik	3e — —
ail	1re personne du pluriel
aim	2e — —
ain	3e — —

FUTUR ANTÉRIEUR

Je n'aurai pas reçu

aio	1re personne du singulier
aip	2e — —
aiq	3e — —
air	1re personne du pluriel
ais	2e — —
ait	3e — —

CONDITIONNEL

PRÉSENT

Je ne recevrais pas

aiu	1re personne du singulier
aiv	2e — —
aiw	3e — —
aix	1re personne du pluriel
aiy	2e — —
aiz	3e — —

PASSÉ

Je n'aurais pas reçu

aja	1re personne du singulier
ajb	2e — —
ajc	3e — —
ajd	1re personne du pluriel
aje	2e — —
ajf	3e — —

IMPÉRATIF

Ne reçois pas

ajg	2ᵉ personne du singulier	
ajh	1ʳᵉ — pluriel	
aji	2ᵉ —	

SUBJONCTIF

PRÉSENT

Que je ne reçoive pas

ajj	1ʳᵉ personne du singulier	
ajk	2ᵉ — —	
ajl	3ᵉ — —	
ajm	1ʳᵉ personne du pluriel	
ajn	2ᵉ — —	
ajo	3ᵉ — —	

IMPARFAIT

Que je ne reçusse pas

ajp	1ʳᵉ personne du singulier	
ajq	2ᵉ — —	
ajr	3ᵉ — —	
ajs	1ʳᵉ personne du pluriel	
ajt	2ᵉ — —	
aju	3ᵉ — —	

PASSÉ

Que je n'aie pas reçu

ajv	1ʳᵉ personne du singulier	
ajw	2ᵉ — —	
ajx	3ᵉ — —	
ajy	1ʳᵉ personne du pluriel	
ajz	2ᵉ — —	
aka	3ᵉ — —	

PLUS-QUE-PARFAIT

Que je n'eusse pas reçu

akb	1ʳᵉ personne du singulier	
akc	2ᵉ — —	
akd	3ᵉ — —	
ake	1ʳᵉ personne du pluriel	
akf	2ᵉ — —	
akg	3ᵉ — —	

INFINITIF

PASSÉ

akh	**N'avoir pas reçu**

PARTICIPE PRÉSENT

aki	**Ne recevant pas**

PARTICIPE PASSÉ

akj	**N'ayant pas reçu**

PASSIF NÉGATIF

INDICATIF

PRÉSENT

Je ne suis pas reçu

akk	1ʳᵉ personne du singulier	
akl	2ᵉ — —	
akm	3ᵉ — —	
akn	1ʳᵉ personne du pluriel	
ako	2ᵉ — —	
akp	3ᵉ — —	

IMPARFAIT

Je n'étais pas reçu

akq	1ʳᵉ personne du singulier	
akr	2ᵉ — —	
aks	3ᵉ — —	
akt	1ʳᵉ personne du pluriel	
aku	2ᵉ — —	
akv	3ᵉ — —	

PASSÉ DÉFINI

Je ne fus pas reçu

akw	1ʳᵉ personne du singulier	
akx	2ᵉ — —	
aky	3ᵉ — —	
akz	1ʳᵉ personne du pluriel	
ala	2ᵉ — —	
alb	3ᵉ — —	

PASSÉ INDÉFINI

Je n'ai pas été reçu

alc	1ʳᵉ personne du singulier	
ald	2ᵉ — —	
ale	3ᵉ — —	
alf	1ʳᵉ personne du pluriel	
alg	2ᵉ — —	
alh	3ᵉ — —	

PASSÉ ANTÉRIEUR

Je n'eus pas été reçu

ali	1ʳᵉ personne du singulier	
alj	2ᵉ — —	
alk	3ᵉ — —	
all	1ʳᵉ personne du pluriel	
alm	2ᵉ — —	
aln	3ᵉ — —	

PLUS-QUE-PARFAIT

Je n'avais pas été reçu

alo	1re personne du singulier		
alp	2^e	—	—
alq	3^e	—	—
alr	1re personne du pluriel		
als	2^e	—	—
alt	3^e	—	—

FUTUR PRÉSENT

Je ne serai pas reçu

alu	1re personne du singulier		
alv	2^e	—	—
alw	3^e	—	—
alx	1re personne du pluriel		
aly	2^e	—	—
alz	3^e	—	—

FUTUR ANTÉRIEUR

Je n'aurai pas été reçu

ama	1re personne du singulier		
amb	2^e	—	—
amc	3^e	—	—
amd	1re personne du pluriel		
ame	2^e	—	—
amf	3^e	—	—

CONDITIONNEL

PRÉSENT

Je ne serais pas reçu

amg	1re personne du singulier		
amh	2^e	—	—
ami	3^e	—	—
amj	1re personne du pluriel		
amk	2^e	—	—
aml	3^e	—	—

PASSÉ

Je n'aurais pas été reçu

amm	1re personne du singulier		
amn	2^e	—	—
amo	3^e	—	—
amp	1re personne du pluriel		
amq	2^e	—	—
amr	3^e	—	—

IMPÉRATIF

Ne sois pas reçu

ams	2e personne du singulier		
amt	1re	—	pluriel
amu	2^e	—	—

SUBJONCTIF

PRÉSENT

Que je ne sois pas reçu

amv	1re personne du singulier		
amw	2^e	—	—
amx	3^e	—	—
amy	1re personne du pluriel		
amz	2^e	—	—
ana	3^e	—	—

IMPARFAIT

Que je ne fusse pas reçu

anb	1re personne du singulier		
anc	2^e	—	—
and	3^e	—	—
ane	1re personne du pluriel		
anf	2^e	—	—
ang	3^e	—	—

PASSÉ

Que je n'aie pas été reçu

anh	1re personne du singulier		
ani	2^e	—	—
anj	3^e	—	—
ank	1re personne du pluriel		
anl	2^e	—	—
anm	3^e	—	—

PLUS-QUE-PARFAIT

Que je n'eusse pas été reçu

ann	1re personne du singulier		
ano	2^e	—	—
anp	3^e	—	—
anq	1re personne du pluriel		
anr	2^e	—	—
ans	3^e	—	—

INFINITIF

PASSÉ

ant	**N'avoir pas été reçu**

PARTICIPE PRÉSENT

anu	**N'étant pas reçu**

PARTICIPE PASSÉ

anv	**N'ayant pas été reçu**

INTERROGATIF AFFIRMATIF
INDICATIF
PRÉSENT
Reçois-je ?

anw	1re personne du singulier	
anx	2e — —
any	3e — —
anz	1re personne du pluriel	
aoa	2e — —
aob	3e — —

IMPARFAIT
Recevais-je ?

aoc	1re personne du singulier	
aod	2e — —
aoe	3e — —
aof	1re personne du pluriel	
aog	2e — —
aoh	3e — —

PASSÉ DÉFINI
Reçus-je ?

aoi	1re personne du singulier	
aoj	2e — —
aok	3e — —
aol	1re personne du pluriel	
aom	2e — —
aon	3e — —

PASSÉ INDÉFINI
Ai-je reçu ?

aoo	1re personne du singulier	
aop	2e — —
aoq	3e — —
aor	1re personne du pluriel	
aos	2e — —
aot	3e — —

PASSÉ ANTÉRIEUR
Eus-je reçu ?

aou	1re personne du singulier	
aov	2e — —
aow	3e — —
aox	1re personne du pluriel	
aoy	2e — —
aoz	3e — —

PLUS-QUE-PARFAIT
Avais-je reçu ?

apa	1re personne du singulier	
apb	2e — —
apc	3e — —
apd	1re personne du pluriel	
ape	2e — —
apf	3e — —

FUTUR PRÉSENT
Recevrai-je ?

apg	1re personne du singulier	
aph	2e — —
api	3e — —
apj	1re personne du pluriel	
apk	2e — —
apl	3e — —

FUTUR ANTÉRIEUR
Aurai-je reçu ?

apm	1re personne du singulier	
apn	2e — —
apo	3e — —
app	1re personne du pluriel	
apq	2e — —
apr	3e — —

CONDITIONNEL
PRÉSENT
Recevrais-je ?

aps	1re personne du singulier	
apt	2e — —
apu	3e — —
apv	1re personne du pluriel	
apw	2e — —
apx	3e — —

PASSÉ
Aurais-je reçu ?

apy	1re personne du singulier	
apz	2e — —
aqa	3e — —
aqb	1re personne du pluriel	
aqc	2e — —
aqd	3e — —

INTERROGATIF NÉGATIF

INDICATIF

PRÉSENT

Ne reçois-je pas?

aqe	1re personne du singulier
aqf	2e — —
aqg	3e — —
aqh	1re personne du pluriel
aqi	2e — —
aqj	3e — —

IMPARFAIT

Ne recevais-je pas?

aqk	1re personne du singulier
aql	2e — —
aqm	3e — —
aqn	1re personne du pluriel
aqo	2e — —
aqp	3e — —

PASSÉ DÉFINI

Ne reçus-je pas?

aqq	1re personne du singulier
aqr	2e — —
aqs	3e — —
aqt	1re personne du pluriel
aqu	2e — —
aqv	3e — —

PASSÉ INDÉFINI

N'ai-je pas reçu?

aqw	1re personne du singulier
aqx	2e — —
aqy	3e — —
aqz	1re personne du pluriel
ara	2e — —
arb	3e — —

PASSÉ ANTÉRIEUR

N'eus-je pas reçu?

arc	1re personne du singulier
ard	2e — —
are	3e — —
arf	1re personne du pluriel
arg	2e — —
arh	3e — —

PLUS-QUE-PARFAIT

N'avais-je pas reçu?

ari	1re personne du singulier
arj	2e — —
ark	3e — —
arl	1re personne du pluriel
arm	2e — —
arn	3e — —

FUTUR PRÉSENT

Ne recevrai-je pas?

aro	1re personne du singulier
arp	2e — —
arq	3e — —
arr	1re personne du pluriel
ars	2e — —
art	3e — —

FUTUR ANTÉRIEUR

N'aurai-je pas reçu?

aru	1re personne du singulier
arv	2e — —
arw	3e — —
arx	1re personne du pluriel
ary	2e — —
arz	3e — —

CONDITIONNEL

PRÉSENT

Ne recevrais-je pas?

asa	1re personne du singulier
asb	2e — —
asc	3e — —
asd	1re personne du pluriel
ase	2e — —
asf	3e — —

PASSÉ

N'aurais-je pas reçu?

asg	1re personne du singulier
ash	2e — —
asi	3e — —
asj	1re personne du pluriel
ask	2e — —
asl	3e — —

PASSIF INTERROGATIF AFFIRMATIF

INDICATIF

PRÉSENT

Suis-je reçu ?

asm	1re personne du singulier
asn	2e — —
aso	3e — —
asp	1re personne du pluriel
asq	2e — —
asr	3e — —

IMPARFAIT

Étais-je reçu ?

ass	1re personne du singulier
ast	2e — —
asu	3e — —
asv	1re personne du pluriel
asw	2e — —
asx	3e — —

PASSÉ DÉFINI

Fus-je reçu ?

asy	1re personne du singulier
asz	2e — —
ata	3e — —
atb	1re personne du pluriel
atc	2e — —
atd	3e — —

PASSÉ INDÉFINI

Ai-je été reçu ?

ate	1re personne du singulier
atf	2e — —
atg	3e — —
ath	1re personne du pluriel
ati	2e — —
atj	3e — —

PASSÉ ANTÉRIEUR

Eus-je été reçu ?

atk	1re personne du singulier
atl	2e — —
atm	3e — —
atn	1re personne du pluriel
ato	2e — —
atp	3e — —

PLUS-QUE-PARFAIT

Avais-je été reçu ?

atq	1re personne du singulier
atr	2e — —
ats	3e — —
att	1re personne du pluriel
atu	2e — —
atv	3e — —

FUTUR PRÉSENT

Serai-je reçu ?

atw	1re personne du singulier
atx	2e — —
aty	3e — —
atz	1re personne du pluriel
aua	2e — —
aub	3e — —

FUTUR ANTÉRIEUR

Aurai-je été reçu ?

auc	1re personne du singulier
aud	2e — —
aue	3e — —
auf	1re personne du pluriel
aug	2e — —
auh	3e — —

CONDITIONNEL

PRÉSENT

Serais-je reçu ?

aui	1re personne du singulier
auj	2e — —
auk	3e — —
aul	1re personne du pluriel
aum	2e — —
aun	3e — —

PASSÉ

Aurais-je été reçu ?

auo	1re personne du singulier
aup	2e — —
auq	3e — —
aur	1re personne du pluriel
aus	2e — —
aut	3e — —

PASSIF INTERROGATIF NÉGATIF

INDICATIF

PRÉSENT

Ne suis-je pas reçu?

auu	1re personne du singulier	
auv	2e	—	—
auw	3e	—	—
aux	1re personne du pluriel	
auy	2e	—	—
auz	3e	—	—

IMPARFAIT

N'étais-je pas reçu?

ava	1re personne du singulier	
avb	2e	—	—
avc	3e	—	—
avd	1re personne du pluriel	
ave	2e	—	—
avf	3e	—	—

PASSÉ DÉFINI

Ne fus-je pas reçu?

avg	1re personne du singulier	
avh	2e	—	—
avi	3e	—	—
avj	1re personne du pluriel	
avk	2e	—	—
avl	3e	—	—

PASSÉ INDÉFINI

N'ai-je pas été reçu?

avm	1re personne du singulier	
avn	2e	—	—
avo	3e	—	—
avp	1re personne du pluriel	
avq	2e	—	—
avr	3e	—	—

PASSÉ ANTÉRIEUR

N'eus-je pas été reçu?

avs	1re personne du singulier	
avt	2e	—	—
avu	3e	—	—
avv	1re personne du pluriel	
avw	2e	—	—
avx	3e	—	—

PLUS-QUE-PARFAIT

N'avais-je pas été reçu?

avy	1re personne du singulier	
avz	2e	—	—
awa	3e	—	—
awb	1re personne du pluriel	
awc	2e	—	—
awd	3e	—	—

FUTUR PRÉSENT

Ne serai-je pas reçu?

awe	1re personne du singulier	
awf	2e	—	—
awg	3e	—	—
awh	1re personne du pluriel	
awi	2e	—	—
awj	3e	—	—

FUTUR ANTÉRIEUR

N'aurai-je pas été reçu?

awk	1re personne du singulier	
awl	2e	—	—
awm	3e	—	—
awn	1re personne du pluriel	
awo	2e	—	—
awp	3e	—	—

CONDITIONNEL

PRÉSENT

Ne serais-je pas reçu?

awq	1re personne du singulier	
awr	2e	—	—
aws	3e	—	—
awt	1re personne du pluriel	
awu	2e	—	—
awv	3e	—	—

PASSÉ

N'aurais-je pas été reçu?

aww	1re personne du singulier	
awx	2e	—	—
awy	3e	—	—
awz	1re personne du pluriel	
axa	2e	—	—
axb	3e	—	—

FORMES GRAMMATICALES

axc	masculin pluriel
axd	féminin singulier
axe	féminin pluriel

MOTS SIMPLES

axf	à *		*aym*	s'abonner
axg	abaissement		*ayn*	abord *
axh	abaisser		*ayo*	abordable
axi	s'abaisser		*ayp*	abordage
axj	abandon *		*ayq*	aborder
axk	abandonnement		*ayr*	aboutir
axl	abandonner *		*ays*	abrégé-e
axm	s'abandonner		*ayt*	abréger
axn	abattement		*ayu*	abreuvoir
axo	abattoir		*ayv*	abri
axp	abattre		*ayw*	abriter
axq	s'abattre		*ayx*	s'abriter
axr	abbaye		*ayy*	abrogation
axs	abbé		*ayz*	abroger *
axt	abbesse		*aza*	absence
axu	abcès		*azb*	absent-e
axv	abdication		*azc*	absents (les)
axw	abdiquer		*azd*	s'absenter
axx	aberration		*aze*	absinthe
axy	abîme		*azf*	absolu-e
axz	abîmer		*azg*	absolument
aya	ablégat		*azh*	absorber
ayb	abolir		*azi*	s'abstenir
ayc	abolition		*azj*	abstention
ayd	abominable		*azk*	abstraction *
aye	abomination		*azl*	absurde
ayf	abondamment *		*azm*	abus
ayg	abondance		*azn*	abuser
ayh	abondant-e *		*azo*	s'abuser
ayi	abonder		*azp*	académie *
ayj	abonné-e		*azq*	acajou *
ayk	abonnement		*azr*	acariâtre
ayl	abonner *		*azs*	accablant-e

azt	accablement		*bbl*	acheter *
azu	accabler		*bbm*	acheteur
azv	accaparer		*bbn*	achèvement
azw	accent		*bbo*	achever
azx	acceptable		*bbp*	achtel
azy	acceptation *		*bbq*	acide *
azz	accepter *		*bbr*	acier
			bbs	à-compte
baa	accès *		*bbt*	acoustique
bab	accessible		*bbu*	acquéreur
bac	accessoire		*bbv*	acquérir *
bad	accident		*bbw*	acquiescement
bae	accidenté-e		*bbx*	acquiescer
baf	accidentel-le		*bby*	acquisition
bag	accidentellement		*bbz*	acquit
bah	acclimater		*bca*	acquit-à-caution
bai	s'acclimater		*bcb*	acquittement
baj	accompagner		*bcc*	acquitter *
bak	s'accompagner		*bcd*	s'acquitter
bal	accomplir		*bce*	âcreté
bam	accomplissement		*bcf*	acte *
ban	accord *		*bcg*	acteur
bao	accorder *		*bch*	actrice
bap	s'accorder		*bci*	actif-ve
baq	accouchée *		*bcj*	actif
bar	accouchement		*bck*	action *
bas	accoucher		*bcl*	actionnaire
bat	accoucheur		*bcm*	activement *
bau	accoucheuse		*bcn*	activer *
bav	accourir		*bco*	activité
baw	accréditer		*bcp*	actuel-le
bax	accroissement		*bcq*	actuellement
bay	accueil *		*bcr*	adapter
baz	accueillir		*bcs*	addition
bba	accumulation		*bct*	additionnel-le
bbb	accumuler		*bcu*	additionner
bbc	accusateur		*bcv*	adhérent-e
bbd	accusation *		*bcw*	adhérer
bbe	accusé-e		*bcx*	adhésion
bbf	accuser *		*bcy*	adieu
bbg	s'accuser		*bcz*	adjoint *
bbh	acétate		*bda*	s'adjoindre
bbi	acharnement		*bdb*	adjonction
bbj	achat *		*bdc*	adjudicataire
bbk	acheminer		*bdd*	adjudication

bde	adjuger		bex	s'affermir
bdf	admettre *		bey	affiche
bdg	administrateur *		bez	afficher
bdh	administratif-ve		bfa	s'afficher
bdi	administration *		bfb	affilié-e
bdj	administrer		bfc	affilier
bdk	admirable		bfd	affinage
bdl	admiration		bfe	affiner
bdm	admirer		bff	affinité
bdn	admissible		bfg	affirmatif-ve
bdo	admission		bfh	affirmation
bdp	s'adonner		bfi	affirmativement
bdq	adopter *		bfj	affirmer
bdr	adorable		bfk	affliction
bds	adorer		bfl	affligeant-e
bdt	adoucir		bfm	affliger
bdu	adoucissant-e		bfn	s'affliger
bdv	adoucissement		bfo	affluence
bdw	adresse		bfp	affluer
bdx	adresser *		bfq	affranchir
bdy	s'adresser		bfr	s'affranchir
bdz	adroit-e		bfs	affranchissement
bea	adroitement		bft	affrètement
beb	adultère		bfu	affréter *
bec	adultérin-e		bfv	affreux-se
bed	adversaire		bfw	affront
bee	adversité		bfx	affronter
bef	aérer		bfy	affût *
beg	aéronaute		bfz	afin
beh	aérostat		bga	âge
bei	affable		bgb	âgé-e
bej	affabilité		bgc	agence *
bek	affaiblir		bgd	agent *
bel	s'affaiblir		bge	agglomération
bem	affaiblissement		bgf	agglomérer
ben	affaire *		bgg	aggravation
beo	affectation		bgh	aggraver
bep	affecter		bgi	s'aggraver
beq	s'affecter		bgj	agile
ber	affection		bgk	agilité
bes	affectionner		bgl	agio
bet	affectueux-se		bgm	agioteur
beu	afférent-e		bgn	agir *
bev	affermer		bgo	agitateur
bew	affermir		bgp	agitation

bgq	agiter		*bij*	aisé-e
bgr	s'agiter		*bik*	aisément
bgs	agneau *		*bil*	ajournement
bgt	agonie		*bim*	ajourner
bgu	agoniser		*bin*	ajouter
bgv	agrandir		*bio*	ajuster
bgw	s'agrandir		*bip*	alarmant-e
bgx	agrandissement		*biq*	alarme *
bgy	agréable		*bir*	alarmer
bgz	agréé *		*bis*	s'alarmer
bha	agréer		*bit*	alarmiste
bhb	agrégé *		*biu*	album
bhc	agrément		*biv*	albumine
bhd	agrès		*biw*	alcali
bhe	agresseur		*bix*	alcool
bhf	agression		*biy*	alcoolique
bhg	agricole *		*biz*	alcooliser
bhh	agriculteur		*bja*	aléatoire
bhi	agriculture *		*bjb*	alentour
bhj	aguerrir		*bjc*	alerte *
bhk	s'aguerrir		*bjd*	algèbre
bhl	aguets (aux)		*bje*	alibi
bhm	aide *		*bjf*	aliénable
bhn	aide-de-camp		*bjg*	aliénation *
bho	aide-major		*bjh*	aliéné-e
bhp	aider		*bji*	aliéner
bhq	s'aider		*bjj*	aliment
bhr	aïeul-e		*bjk*	alimentaire *
bhs	aigle		*bjl*	alimentation
bht	aigre		*bjm*	alimenter
bhu	aigreur		*bjn*	alizaris
bhv	aigrir		*bjo*	allée
bhw	aigu-ë		*bjp*	allégation
bhx	aiguille		*bjq*	allégement
bhy	aiguillon		*bjr*	allége
bhz	aiguiser		*bjs*	alléger
bia	ailleurs *		*bjt*	s'alléger
bib	aimable		*bju*	allégresse
bic	aimant		*bjv*	alléguer
bid	aimant-e		*bjw*	aller *
bie	aimer		*bjx*	s'en aller
bif	s'aimer		*bjy*	alliage
big	ainsi		*bjz*	alliance
bih	air		*bka*	allié-e
bii	aisance		*bkb*	alliés (les)

bkc	allier		*blv*	amélioration
bkd	s'allier		*blw*	améliorer
bke	allocation		*blx*	s'améliorer
bkf	allocution		*bly*	amende
bkg	allonger		*blz*	amendement *
bkh	allouer		*bma*	amender
bki	allumer		*bmb*	s'amender
bkj	allumette		*bmc*	amener *
bkk	allure		*bmd*	aménité
bkl	allusion		*bme*	amer-ère *
bkm	almude		*bmf*	amertume
bkn	aloès		*bmg*	ameublement
bko	aloi		*bmh*	ameuter
bkp	alors		*bmi*	ami
bkq	alqueires		*bmj*	amie
bkr	alquifoux		*bmk*	amiable *
bks	altérable		*bml*	amiablement
bkt	altération		*bmm*	amical-e
bku	altercation		*bmn*	amicalement
bkv	altérer		*bmo*	amidon
bkw	s'altérer		*bmp*	amincir
bkx	alternative		*bmq*	amiral
bky	alternativement		*bmr*	amirale
bkz	alterner		*bms*	amirauté *
bla	altesse		*bmt*	amitié
blb	aluminium		*bmu*	ammoniaque
blc	alun *		*bmv*	amnistie
bld	amalgame		*bmw*	amnistier
ble	amalgamer		*bmx*	amoindrir
blf	amande *		*bmy*	amoindrissement
blg	amant-e		*bmz*	amollir
blh	amas		*bna*	amollissement
bli	amasser		*bnb*	amonceler
blj	amateur		*bnc*	amoncellement
blk	ambages		*bnd*	amont (en)
bll	ambassade *		*bne*	amorce
blm	ambassadeur *		*bnf*	amorcer
bln	ambassadrice		*bng*	amortir
blo	ambitieux-se		*bnh*	amortissable
blp	ambition		*bni*	amortissement *
blq	ambitionner		*bnj*	amour
blr	ambre		*bnk*	amour-propre
bls	ambulance		*bnl*	amoureux-se
blt	ambulant-e		*bnm*	amphithéâtre
blu	âme		*bnn*	ampleur

bno	amplification		*bph*	annexe
bnp	amplifier		*bpi*	annexer
bnq	amputation		*bpj*	annexion
bnr	amputer		*bpk*	anniversaire
bns	amusant-e		*bpl*	annonce
bnt	amuser		*bpm*	annoncer
bnu	s'amuser		*bpn*	s'annoncer
bnv	an *		*bpo*	annuaire
bnw	analogie		*bpp*	annuel-le
bnx	analogue		*bpq*	annuellement
bny	analyse		*bpr*	annuité
bnz	analyser		*bps*	annulation
boa	anarchie		*bpt*	annuler *
bob	anarchique		*bpu*	anoblir
boc	anarchiste		*bpv*	anomalie
bod	anatomie		*bpw*	anonyme *
boe	ancêtres		*bpx*	antagonisme
bof	anchois		*bpy*	antagoniste
bog	ancien-ne		*bpz*	antécédent-e
boh	anciennement		*bqa*	antécédents
boi	ancienneté *		*bqb*	antérieur-e
boj	ancre		*bqc*	anticipation *
bok	âne		*bqd*	anticiper
bol	anéantir		*bqe*	antidater
bom	anéantissement		*bqf*	antidote
bon	anecdote		*bqg*	antimoine
boo	anévrisme		*bqh*	antipathie
bop	ange		*bqi*	antipathique
boq	angélique		*bqj*	antipode
bor	angine		*bqk*	antique
bos	angle		*bql*	antiquité
bot	angoisse		*bqm*	anxiété
bou	anguleux-se		*bqn*	août
bov	animadversion		*bqo*	apaiser
bow	animal		*bqp*	s'apaiser
box	animal-e		*bqq*	apanage
boy	animation		*bqr*	apathie
boz	animer		*bqs*	apathique
bpa	animosité		*bqt*	apercevoir
bpb	anis		*bqu*	s'apercevoir
bpc	anisette		*bqv*	aperçu
bpd	annal-e		*bqw*	à-peu-près
bpe	annales		*bqx*	apitoyer
bpf	anneau		*bqy*	s'apitoyer
bpg	année *		*bqz*	aplanir

bra	aplatir		*bst*	appréciable
brb	aplatissement		*bsu*	appréciation
brc	aplomb *		*bsv*	apprécier
brd	apocryphe		*bsw*	apprendre
bre	apogée		*bsx*	apprenti-e
brf	apoplexie		*bsy*	apprentissage
brg	apostasier		*bsz*	apprêt
brh	aposter		*bta*	apprêter
bri	apostille		*btb*	s'apprêter
brj	apostiller		*btc*	apprêteur
brk	apostrophe		*btd*	apprivoiser
brl	apostropher		*bte*	approbation
brm	apôtre		*btf*	approche *
brn	apparaître		*btg*	approcher
bro	apparat		*bth*	s'approcher
brp	apparaux		*bti*	approfondir
brq	appareil		*btj*	approprier
brr	appareillage		*btk*	s'approprier
brs	appareiller		*btl*	approuver *
brt	apparence *		*btm*	approvisionnement
bru	apparent-e		*btn*	approvisionner
brv	apparition		*bto*	s'approvisionner
brw	appartement		*btp*	approximatif-ve
brx	appartenir		*btq*	approximativement
bry	appât		*btr*	appui *
brz	appauvrir		*bts*	appuyer *
bsa	appauvrissement		*btt*	s'appuyer
bsb	appel *		*btu*	après
bsc	appeler		*btv*	après-demain
bsd	appesantir		*btw*	à-propos
bse	s'appesantir		*btx*	apte
bsf	appétit		*bty*	aptitude *
bsg	applaudir		*btz*	aqueduc
bsh	s'applaudir		*bua*	arachide *
bsi	applaudissement		*bub*	aratoire
bsj	applicable		*buc*	arbitrage
bsk	application *		*bud*	arbitraire
bsl	appliquer		*bue*	arbitral-e
bsm	s'appliquer		*buf*	arbitre *
bsn	appoint		*bug*	arbitrer
bso	appointements		*buh*	arborer
bsp	appointer		*bui*	arbre
bsq	apport		*buj*	arc *
bsr	apporter *		*buk*	arche
bss	apposer *		*bul*	archevêché

bum	archevêque		*bwf*	arrangement
bun	archichancelier		*bwg*	arranger *
buo	archiduc		*bwh*	s'arranger
bup	archiduchesse		*bwi*	arrérages
buq	archine .		*bwj*	arrestation *
bur	archipel		*bwk*	arrêt *
bus	architecte		*bwl*	arrêté *
but	architecture		*bwm*	arrêter *
buu	archives		*bwn*	s'arrêter
buv	archiviste		*bwo*	arrhes
buw	ardassine		*bwp*	arriéré
bux	ardeb		*bwq*	arrière *
buy	ardemment		*bwr*	arriérer
buz	ardent-e		*bws*	s'arriérer
bva	ardeur		*bwt*	arrière-garde
bvb	ardoise		*bwu*	arrière-pensée
bvc	are		*bwv*	arrimage
bvd	arène		*bww*	arrimer
bve	argent *		*bwx*	arrivage
bvf	argenter		*bwy*	arrivée *
bvg	argenterie		*bwz*	arriver *
bvh	argile		*bxa*	arrobe
bvi	argileux-se		*bxb*	arrogance
bvj	argüer		*bxc*	arrogant-e
bvk	argument		*bxd*	s'arroger
bvl	argumentation		*bxe*	arrondir
bvm	argumenter		*bxf*	s'arrondir
bvn	aride		*bxg*	arrondissement
bvo	aridité		*bxh*	arroser
bvp	aristocrate		*bxi*	arsenal
bvq	aristocratie		*bxj*	arséniate
bvr	aristocratique		*bxk*	arsenic
bvs	arithmétique		*bxl*	art *
bvt	armateur		*bxm*	artère
bvu	arme *		*bxn*	article
bvv	armée *		*bxo*	articulation
bvw	armement		*bxp*	articuler
bvx	armer		*bxq*	artifice *
bvy	s'armer		*bxr*	artificiel-le
bvz	armistice		*bxs*	artillerie *
bwa	armurier		*bxt*	artilleur
bwb	arpent		*bxu*	artisan
bwc	arpenter		*bxv*	artiste
bwd	arracher		*bxw*	artistique
bwe	s'arracher		*bxx*	ascendance

bxy	ascendant-e	*bzr*	assistance *
bxz	ascendants (les)	*bzs*	assistant-e
bya	ascension	*bzt*	assistants (les)
byb	asile	*bzu*	assister
byc	aspect	*bzv*	association
byd	aspérité	*bzw*	associé-e *
bye	asphalte	*bzx*	associer
byf	asphyxie	*bzy*	s'associer
byg	s'asphyxier	*bzz*	assolement
byh	aspirant-e *		
byi	aspiration	*caa*	assoler
byj	aspirer	*cab*	assombrir
byk	aspre	*cac*	s'assombrir
byl	assaillants (les)	*cad*	assommer
bym	assaillir	*cae*	assomption
byn	assainir	*caf*	assortiment
byo	assainissement	*cag*	assortir
byp	assassin	*cah*	assoupir
byq	assassinat	*cai*	assoupissement
byr	assassiner	*caj*	assouplir
bys	assaut	*cak*	assujettir
byt	assemblage	*cal*	s'assujettir
byu	assemblée *	*cam*	assumer
byv	assembler	*can*	assurance *
byw	s'assembler	*cao*	assurément
byx	asseoir	*cap*	assurer *
byy	s'asseoir	*caq*	s'assurer
byz	assermenter	*car*	assureur
bza	assertion	*cas*	astre
bzb	asservir	*cat*	astreindre
bzc	assesseur	*cau*	s'astreindre
bzd	assez	*cav*	astuce
bze	assidu-e	*caw*	atelier
bzf	assiduité	*cax*	atermoiement
bzg	assidûment	*cay*	atermoyer
bzh	assiégeants (les)	*caz*	athée
bzi	assiégé-e	*cba*	athlète
bzj	assiégés (les)	*cbb*	athlétique
bzk	assiéger	*cbc*	atmosphère
bzl	assiette	*cbd*	atmosphérique
bzm	assignation *	*cbe*	atrabilaire
bzn	assigner *	*cbf*	atroce
bzo	assimilation	*cbg*	atrocité
bzp	assimiler	*cbh*	atrophié-e
bzq	assise *	*cbi*	attachement

cbj	attaché *		*cdc*	s'attrouper
cbk	attacher		*cdd*	au *
cbl	s'attacher		*cde*	aubaine
cbm	attaquable		*cdf*	auberge
cbn	attaque		*cdg*	aucun-e
cbo	attaquer		*cdh*	audience
cbp	s'attarder		*cdi*	audiencier *
cbq	atteindre *		*cdj*	auditeur *
cbr	atteinte		*cdk*	auditoire
cbs	attenant-e		*cdl*	augmentation
cbt	attendant *		*cdm*	augmenter
cbu	attendre *		*cdn*	augure
cbv	s'attendre		*cdo*	augurer
cbw	attendu *		*cdp*	aujourd'hui
cbx	attendrir		*cdq*	auker
cby	s'attendrir		*cdr*	aumône
cbz	attentat		*cds*	aumônier
cca	attentatoire		*cdt*	aune
ccb	attente		*cdu*	auparavant
ccc	attenter		*cdv*	auprès
ccd	attentif-ve		*cdw*	auréole
cce	attention		*cdx*	auriculaire
ccf	attentivement		*cdy*	aurore
ccg	atténuant-e *		*cdz*	auspice *
cch	atténuer		*cea*	aussi *
cci	atterrer		*ceb*	aussitôt *
ccj	atterrir		*cec*	austère
cck	attestation		*ced*	austérité
ccl	attester		*cee*	autant
ccm	attirail		*cef*	autel
ccn	attirer		*ceg*	auteur
cco	s'attirer		*ceh*	authenticité
ccp	attitude		*cei*	authentique *
ccq	attouchement		*cej*	autographe
ccr	attrait		*cek*	automne
ccs	attraper		*cel*	autopsie
cct	attrayant-e		*cem*	autorisation
ccu	attribuer		*cen*	autoriser *
ccv	s'attribuer		*ceo*	s'autoriser
ccw	attribution		*cep*	autorité *
ccx	attristant-e		*ceq*	autour
ccy	attrister		*cer*	autre
ccz	s'attrister		*ces*	autrefois
cda	attroupement		*cet*	autrement
cdb	attrouper		*ceu*	autrui

cev	auxiliaire		cgo	avis *
cew	aval (en)		cgp	aviser *
cex	avalanche		cgq	aviso
cey	avaler		cgr	avocat *
cez	avance		cgs	avoine *
cfa	avancée		cgt	avoir *
cfb	avancement		cgu	avoisiner
cfc	avancer *		cgv	avortement
cfd	s'avancer		cgw	avorter
cfe	avanie		cgx	avoué *
cff	avant *		cgy	avouer
cfg	avant-coureur		cgz	s'avouer
cfh	avant-dernier-ère		cha	avril
cfi	avant-garde		chb	axe
cfj	avant-poste		chc	axiome
cfk	avantage		chd	ayant-cause
cfl	avantager		che	ayant-droit
cfm	avantageux-se *		chf	azote
cfn	avare		chg	bâbord
cfo	avarice		chh	bac
cfp	avarie *		chi	baccalauréat *
cfq	avarier *		chj	bâche
cfr	avec *		chk	bachelier *
cfs	avenant-e		chl	bûcher
cft	avénement		chm	bâcler
cfu	avenir *		chn	badigeonnage
cfv	aventure		cho	badigeonner
cfw	aventurer		chp	bagage
cfx	s'aventurer		chq	bagarre
cfy	aventureux-se		chr	bagatelle
cfz	aventurier-ère		chs	bagne
cga	avenue		cht	bague
cgb	avérer		chu	baguette
cgc	aversion		chv	bahut
cgd	avertir		chw	baie
cge	avertissement		chx	baigner
cgf	aveu		chy	se baigner
cgg	aveugle		chz	baigneur
cgh	aveuglément		cia	baignoire
cgi	aveugler		cib	bail *
cgj	avide		cic	bailleur *
cgk	avidité		cid	bâillonner
cgl	avilir *		cie	bain *
cgm	s'avilir		cif	baïonnette
cgn	avilissement		cig	baïoque

cih	baisse *		*cka*	barbouiller
cii	baisser *		*ckb*	baril
cij	baissier		*ckc*	baromètre
cik	bal		*ckd*	barométrique
cil	balance		*cke*	baron
cim	balancer		*ckf*	baronne
cin	balancier		*ckg*	barque
cio	balbutier		*ckh*	barrage
cip	baleine		*cki*	barre
ciq	baleinier		*ckj*	barreau
cir	balle *		*ckk*	barrer
cis	ballon		*ckl*	barricade
cit	ballot		*ckm*	barricader
ciu	ballottage *		*ckn*	se barricader
civ	bambocheur		*cko*	barrière
ciw	bambou		*ckp*	barrique
cix	ban *		*ckq*	baryte
ciy	banal-e		*ckr*	bas-se *
ciz	banalité		*cks*	basane
cja	banc		*ckt*	base
cjb	bandage		*cku*	baser
cjc	bande		*ckv*	se baser
cjd	bandeau		*ckw*	bas-fond
cje	bander		*ckx*	bas-relief
cjf	bandit		*cky*	bassesse
cjg	bandoulière		*ckz*	bassin
cjh	banlieue		*cla*	bastion
cji	bannière		*clb*	bataille *
cjj	bannir		*clc*	batailler
cjk	bannissement		*cld*	bataillon *
cjl	banque *		*cle*	bâtard-e
cjm	banqueroute *		*clf*	bateau *
cjn	banqueroutier		*clg*	batelier
cjo	banquet		*clh*	bâtiment *
cjp	banquier		*cli*	bâtir
cjq	baptême		*clj*	bâtisse
cjr	baptiser		*clk*	batiste
cjs	baraque		*cll*	bâton
cjt	baraquement		*clm*	bâtonner
cju	baraterie		*cln*	bâtonnier
cjv	barbare		*clo*	battage
cjw	barbarie		*clp*	battant-e *
cjx	barbe		*clq*	batterie
cjy	barboter		*clr*	battre *
cjz	barbouillage		*cls*	se battre

clt	bavard-e		cnm	betterave *
clu	bavardage		cnn	beurre
clv	bavarder		cno	bévue
clw	bazar		cnp	bey
clx	béant-e		cnq	biais
cly	beau ou bel *		cnr	biaiser
clz	beaucoup		cns	Bible
cma	beau-fils		cnt	bibliothécaire
cmb	beau-frère		cnu	bibliothèque
cmc	beau-père		cnv	bicarbonate
cmd	beauté		cnw	bicoque
cme	bêcher		cnx	bien *
cmf	bechlik		cny	bien-aimé-e
cmg	bédouin		cnz	bien-aise
cmh	bégayer		coa	bien-être
cmi	bègue		cob	bienfaisance
cmj	bélier		coc	bienfaisant-e
cmk	belle		cod	bienfait
cml	belle-fille		coe	bienfaiteur
cmm	belle-mère		cof	bienfaitrice
cmn	belle-sœur		cog	bien-fonds
cmo	belligérant-e		coh	bienheureux-se
cmp	belligérants (les)		coi	biennal-e
cmq	belliqueux-se		coj	bienséance
cmr	bénédiction *		cok	bientôt
cms	bénéfice *		col	bienveillance
cmt	bénéficiaire		com	bienveillant-e
cmu	bénéficier		con	bienvenu
cmv	bénin-igne		coo	bienvenue
cmw	bénir		cop	bière
cmx	benjoin *		coq	biffer
cmy	béquille		cor	bifurcation
cmz	berceau		cos	se bifurquer
cna	bercer		cot	bijou
cnb	se bercer		cou	bijouterie
cnc	berger		cov	bijoutier
cnd	bergère		cow	bilan *
cne	bergerie		cox	bill *
cnf	berkovetz		coy	billard
cng	besogne		coz	bille
cnh	besoin *		cpa	billet *
cni	bestiaux		cpb	biographie
cnj	bétail		cpc	bisaïeul-e
cnk	bête		cpd	biscuit
cnl	bêtise		cpe	bismuth

cpf	bisquain		cqy	bonheur
cpg	bissextile		cqz	bonhomie
cph	bivac		cra	boni
cpi	bivaquer		crb	bonification *
cpj	bizarre		crc	bonifier
cpk	bizarrerie		crd	bonneterie
cpl	blâmable		cre	bonnetier
cpm	blâme		crf	bonté
cpn	blâmer		crg	bord
cpo	blanc *		crh	border
cpp	blanche *		cri	bordereau
cpq	blanc-d'Espagne		crj	boréal-e
cpr	blanchir		crk	borgne
cps	blanc-seing		crl	bornage
cpt	blé *		crm	borne *
cpu	blessé-e *		crn	borner *
cpv	blesser		cro	se borner
cpw	se blesser		crp	bosse
cpx	blessure		crq	bossu-e
cpy	bleu-e		crr	botanique
cpz	blindage		crs	botaniste
cqa	blinder		crt	botte
cqb	bloc *		cru	bottier
cqc	blocus		crv	bouche
cqd	blond-e		crw	boucher
cqe	bloquer		crx	boucherie
cqf	se blottir		cry	bouchon
cqg	blutage		crz	boucle
cqh	bluter		csa	bouclier
cqi	bœuf *		csb	bouder
cqj	boire		csc	bouderie
cqk	bois *		csd	boue
cql	boiser		cse	bouffon
cqm	boisseau		csf	bouger
cqn	boisson		csg	bougie
cqo	boîte		csh	bouillir
cqp	boiter		csi	boulanger
cqq	boiteux-se		csj	boulangerie
cqr	bombarder		csk	boulet
cqs	bombe		csl	boulevard
cqt	bon-ne *		csm	bouleversement
cqu	bon *		csn	bouleverser
cqv	bonapartiste *		cso	boulon
cqw	bond		csp	boulonner
cqx	bondir		csq	bourg

csr	bourgeois		cuk	brigade *
css	bourgeoisie		cul	brigadier *
cst	bourgeon		cum	brigand
csu	bourgeonner		cun	brigandage
csv	bourrasque		cuo	briguer
csw	bourre		cup	brillamment
csx	bourrer		cuq	brillant-e *
csy	bourse *		cur	briller
csz	boursier		cus	brique
cta	boussole		cut	briqueterie
ctb	bout *		cuu	brisants (les)
ctc	bouteille		cuv	briser
ctd	boutique		cuw	brocanteur
cte	bouton		cux	brochage
ctf	bracelet		cuy	broche
ctg	braconnage		cuz	brocher
cth	braconnier		cva	brochure
cti	brai		cvb	broder
ctj	branche		cvc	broderie
ctk	brandir		cvd	bronchite
ctl	brandon		cve	bronze *
ctm	branle		cvf	bronzer
ctn	branler		cvg	brosse
cto	braquer		cvh	brosser
ctp	bras		cvi	brouette
ctq	brasier		cvj	brouillard
ctr	brasser		cvk	brouille
cts	brasserie		cvl	brouiller
ctt	brasseur		cvm	se brouiller
ctu	bravade		cvn	brouillon
ctv	brave		cvo	broussaille
ctw	braver		cvp	broyer
ctx	bravo		cvq	bruit *
cty	bravoure		cvr	brûler *
ctz	brebis		cvs	se brûler
cua	brèche		cvt	brûlot
cub	bref-ève		cvu	brûlure
cuc	bref		cvv	brume
cud	bretteur		cvw	brumeux-se
cue	breuvage		cvx	brun-e *
cuf	brevet *		cvy	brusque
cug	breveter		cvz	brusquement
cuh	bride		cwa	brusquer
cui	brider		cwb	brut-e *
cuj	brièvement		cwc	brutal-e

cwd	brutalement		cxw	cassis
cwe	brutaliser		cxx	cadastral-e
cwf	brutalité		cxy	cadastre
cwg	bruyant-e		cxz	cadavérique
cwh	bruyère		cya	cadavre
cwi	bûcheron		cyb	cadeau
cwj	budget *		cyc	cadenas
cwk	bulle		cyd	cadenasser
cwl	bulletin *		cye	cadence
cwm	bureau *		cyf	cadet-te
cwn	bureaucrate		cyg	cadran
cwo	bureaucratie		cyh	cadre
cwp	burin		cyi	cadrer
cwq	buriner		cyj	caduc-que
cwr	burlesque		cyk	café *
cws	bushel		cyl	cafetier
cwt	buste		cym	cage
cwu	but *		cyn	cahier *
cwv	butin		cyo	cahot
cww	butte *		cyp	cahoter
cwx	buvable		cyq	caillou
cwy	buveur		cyr	caisse *
cwz	ça		cys	caissier *
cxa	cabale		cyt	caisson
cxb	cabaler		cyu	calamité *
cxc	caban		cyv	calcaire *
cxd	cabane		cyw	calciner
cxe	cabaret		cyx	calcium
cxf	cabas		cyy	calcul *
cxg	cabestan		cyz	calculer
cxh	cabinet *		cza	cale
cxi	câble		czb	calèche
cxj	cabotage		czc	calendrier
cxk	caboteur		czd	calepin
cxl	se câbrer		cze	caler
cxm	cacao *		czf	calfater
cxn	cachalot		czg	calfeutrer
cxo	cachemire		czh	calibre
cxp	cacher		czi	calice
cxq	se cacher		czj	calicot
cxr	cachet		czk	calligraphe
cxs	cacheter		czl	calligraphie
cxt	cachette		czm	calme *
cxu	cachot		czn	calmer
cxv	cachou *		czo	se calmer

czp	calomniateur		dbh	cantharides
czq	calomniatrice		dbi	cantine
czr	calomnie		dbj	cantinier
czs	calomnier		dbk	canton
czt	calomnieux-se *		dbl	cantonnement
czu	calquer		dbm	cantonner
czv	camarade		dbn	caoutchouc
czw	camaraderie		dbo	cap
czx	cambuse		dbp	capable
czy	cambusier		dbq	capacité
czz	camée		dbr	capitaine *
			dbs	capital-e *
daa	camérier		dbt	capital *
dab	camériste		dbu	capitale
dac	camion		dbv	capitaliser
dad	camionner		dbw	capitaliste
dae	camionneur		dbx	capitan-pacha
daf	camp *		dby	capiteux-se
dag	campagne		dbz	capitole
dah	campêche *		dca	capitulation
dai	campement *		dcb	capituler
daj	camper *		dcc	caporal *
dak	camphre *		dcd	capote
dal	canaille		dce	caprice
dam	canal *		dcf	capricieux-se
dan	canaliser		dcg	capsule
dao	cancer		dch	captation
dap	candélabre		dci	capter
daq	candeur		dcj	captieux-se
dar	candidat *		dck	captif-ive
das	candidature *		dcl	captiver
dat	canéfice *		dcm	captivité
dau	canevas		dcn	capture
dav	canicule		dco	capturer
daw	canna		dcp	car
dax	canne *		dcq	carabine
day	cannelle *		dcr	carabinier
daz	canon		dcs	caracoler
dba	canonnade		dct	caractère
dbb	canonner		dcu	caractériser
dbc	canonnier		dcv	caractéristique
dbd	canot		dcw	carat
dbe	canotier		dcx	caravane
dbf	cantate		dcy	carbonate
dbg	cantatrice		dcz	carbone

dda	carbonique	*det*	casser *
ddb	carboniser	*deu*	se casser
ddc	carcasse	*dev*	cassette
ddd	carde	*dew*	cassonade
dde	carder	*dex*	caste
ddf	cardeur	*dey*	casuel
ddg	cardinal	*dez*	cataclysme
ddh	carême	*dfa*	catafalque
ddi	carénage *	*dfb*	catalogue
ddj	carence *	*dfc*	cataracte
ddk	carène	*dfd*	catastrophe
ddl	caréner	*dfe*	catégorie
ddm	caresse	*dff*	catégorique
ddn	caresser	*dfg*	catégoriquement
ddo	cargaison *	*dfh*	cathédrale
ddp	caricature	*dfi*	catholicisme
ddq	carliste	*dfj*	catholique
ddr	carnage	*dfk*	cause *
dds	carnaval	*dfl*	causer *
ddt	carnet	*dfm*	caustique
ddu	carré-e	*dfn*	cautériser
ddv	carré	*dfo*	caution *
ddw	carrément	*dfp*	cautionnement
ddx	carrière	*dfq*	cautionner
ddy	carrossable	*dfr*	cavalerie *
ddz	carrosse	*dfs*	cavalier
dea	carrossier	*dft*	cave
deb	carrousel	*dfu*	caveau *
dec	carte	*dfv*	caverne
ded	cartel	*dfw*	cavité
dee	carton	*dfx*	ce
def	cartonnage	*dfy*	ceci
deg	cartonner	*dfz*	cécité
deh	cartouche	*dga*	cédant
dei	cas *	*dgb*	cédante
dej	casanier-ère	*dgc*	céder
dek	casemate	*dgd*	cèdre
del	caser	*dge*	ceinture
dem	se caser	*dgf*	ceinturon
den	caserne	*dgg*	cela
deo	casernement	*dgh*	célébration
dep	caserner	*dgi*	célèbre
deq	casier *	*dgj*	célébrer
der	casque	*dgk*	célébrité
des	cassation *	*dgl*	célérité

dgm	céleste		*dif*	cerveau
dgn	celle		*dig*	cessation *
dgo	celle-ci		*dih*	cesser
dgp	celle-là		*dii*	cession *
dgq	cellulaire		*dij*	cessionnaire
dgr	cellule		*dik*	c'est *
dgs	celui		*dil*	cet
dgt	celui-ci		*dim*	cette
dgu	celui-là		*din*	chacun
dgv	cendre		*dio*	chacune
dgw	cens		*dip*	chagrin-e
dgx	censeur		*diq*	chagrin
dgy	censure		*dir*	chagriner
dgz	censurer		*dis*	se chagriner
dha	cent		*dit*	chaîne
dhb	centiare		*diu*	chair
dhc	centigrade		*div*	chaire
dhd	centigramme		*diw*	chaise
dhe	centilitre		*dix*	chaix
dhf	centime		*diy*	châle
dhg	centimètre		*diz*	chaleur
dhh	centner		*dja*	chaloupe
dhi	central-e *		*djb*	chambellan
dhj	centralisation		*djc*	chambre *
dhk	centraliser		*djd*	chamois
dhl	centre *		*dje*	champ *
dhm	centupler		*djf*	champêtre
dhn	cep		*djg*	champion
dho	cependant		*djh*	chance *
dhp	céramique		*dji*	chanceler
dhq	cercle		*djj*	chancelier *
dhr	cercler		*djk*	chancellerie *
dhs	cercueil		*djl*	chanceux-se
dht	céréales		*djm*	chandelle
dhu	cérébral-e *		*djn*	change *
dhv	cérémonial		*djo*	changement
dhw	cérémonie *		*djp*	changer
dhx	cérémonieux-se		*djq*	changeur
dhy	·cerner		*djr*	chanoine
dhz	certain-e *		*djs*	chant
dia	certainement		*djt*	chanter
dib	certificat *		*dju*	chanteur
dic	certifier		*djv*	chantier
did	certitude		*djw*	chanvre *
die	céruse		*djx*	chaos

djy	chapeau		*dlr*	châtiment
djz	chapelain		*dls*	chaud-e
dka	chapelle		*dlt*	chaudement
dkb	chapitre		*dlu*	chaudière
dkc	chaque		*dlv*	chaudron
dkd	char		*dlw*	chauffage
dke	charançon		*dlx*	chauffer
dkf	charbon *		*dly*	chauffeur
dkg	chardon		*dlz*	chaume
dkh	chargé d'affaire		*dma*	chaumière
dki	charge *		*dmb*	chaussée *
dkj	chargement		*dmc*	chausser
dkk	charger *		*dmd*	chaussure
dkl	se charger		*dme*	chauve
dkm	chargeur		*dmf*	chaux *
dkn	chariot		*dmg*	chavirer
dko	charitable		*dmh*	chef *
dkp	charité		*dmi*	chef-d'œuvre
dkq	charlatan		*dmj*	chef-lieu *
dkr	charlatanisme		*dmk*	cheik
dks	charmant-e		*dml*	chemin *
dkt	charme		*dmm*	cheminée
dku	charmer		*dmn*	chemise
dkv	charnier		*dmo*	chenal
dkw	charpente		*dmp*	chenapan
dkx	charpenter		*dmq*	chêne *
dky	charpentier		*dmr*	chenille
dkz	charpie		*dms*	cheptel
dla	charrette		*dmt*	cher-ère
dlb	charrier		*dmu*	chercher
dlc	charroi		*dmv*	chercheur
dld	charron		*dmw*	chèrement
dle	charronnage		*dmx*	chérif
dlf	charrue		*dmy*	chérir
dlg	charte-partie		*dmz*	cherté
dlh	chasse *		*dna*	chétif-ve
dli	chasser		*dnb*	cheval *
dlj	chasseur		*dnc*	chevaleresque
dlk	châssis		*dnd*	chevalier *
dll	chaste		*dne*	cheveux
dlm	chasteté		*dnf*	cheville
dln	chat		*dng*	cheviller
dlo	châtain		*dnh*	chèvre *
dlp	château		*dni*	chevreau
dlq	châtier		*dnj*	chevreuil

dnk	chevron	*dpd*	choyer
dnl	chevrotin	*dpe*	chrétien-ne
dnm	chevrotine	*dpf*	christ
dnn	chez	*dpg*	christianisme
dno	chicane	*dph*	chronique
dnp	chicaner	*dpi*	chroniqueur
dnq	chien	*dpj*	chronologie
dnr	chiffon	*dpk*	chronologique
dns	chiffonner	*dpl*	chronomètre
dnt	chiffonnier	*dpm*	chrysocale
dnu	chiffre	*dpn*	chute
dnv	chiffrer	*dpo*	cicatrice
dnw	chimère	*dpp*	cicatrisation
dnx	chimérique	*dpq*	cicatriser
dny	chimie	*dpr*	se cicatriser
dnz	chimique	*dps*	cidre
doa	chimiste	*dpt*	ciel
dob	chirographaire *	*dpu*	cierge
doc	chirurgical-e	*dpv*	cigare
dod	chirurgie	*dpw*	cime
doe	chirurgien	*dpx*	ciment
dof	chirurgien-major	*dpy*	cimenter
dog	chlorate	*dpz*	cimetière
doh	chlore	*dqa*	cingler
doi	chlorique	*dqb*	cinquième
doj	chlorure	*dqc*	cinquièmement
dok	chloroforme	*dqd*	cintre
dol	chloroformiser	*dqe*	cintrer
dom	choc	*dqf*	cirage
don	chocolat	*dqg*	circoncision
doo	chœur	*dqh*	circonférence
dop	choir	*dqi*	circonscription
doq	choisir	*dqj*	circonscrire
dor	choix *	*dqk*	circonspect
dos	choléra	*dql*	circonspection
dot	cholérine	*dqm*	circonstance *
dou	cholérique	*dqn*	circuit
dov	chômage	*dqo*	circulaire
dow	chômer	*dqp*	circulation *
dox	choquer	*dqq*	circuler
doy	chorégraphie	*dqr*	circumnavigation
doz	chorégraphique	*dqs*	cire
dpa	chorus	*dqt*	cirque
dpb	chose	*dqu*	ciseau
dpc	choucroute	*dqr*	ciseler

dqw	citadelle		*dsp*	clicher
dqx	citation		*dsq*	client-e
dqy	cité		*dsr*	clientèle
dqz	citer		*dss*	climat *
dra	citerne		*dst*	climatérique
drb	citoyen		*dsu*	clin-d'œil
drc	citoyenne		*dsv*	clinique
drd	citrate		*dsw*	cloaque
dre	citrique *		*dsx*	cloche
drf	citron		*dsy*	clocher
drg	civière		*dsz*	cloison
drh	civil-e *		*dta*	cloître
dri	civilement		*dtb*	clore
drj	civilisation		*dtc*	clos
drk	civiliser		*dtd*	clos-e
drl	se civiliser		*dte*	clôture
drm	civilité		*dtf*	clôturer
drn	civique		*dtg*	clou
dro	civisme		*dth*	clouer
drp	clair-e		*dti*	club
drq	clairement		*dtj*	coaccusé-e
drr	clairon		*dtk*	se coaliser
drs	clairvoyance		*dtl*	coalition
drt	clairvoyant-e		*dtm*	coassocié-e
dru	clameur *		*dtn*	cobalt
drv	clandestin-e		*dto*	cocarde
drw	clandestinement		*dtp*	cochenille *
drx	clapet		*dtq*	cocher
dry	claque		*dtr*	cocon *
drz	clarifier		*dts*	code
dsa	clarté		*dtt*	codébiteur
dsb	classe *		*dtu*	codétenteur
dsc	classement		*dtv*	codicille
dsd	classer		*dtw*	coefficient
dse	classique		*dtx*	cœur
dsf	clause *		*dty*	coffre
dsg	clavette		*dtz*	coffre-fort
dsh	clavicule		*dua*	cognac
dsi	clef		*dub*	cohabiter
dsj	clémence		*duc*	cohérence
dsk	clément-e		*dud*	cohérent-e
dsl	clerc *		*due*	cohériter
dsm	clergé		*duf*	cohéritier
dsn	clérical-e		*dug*	cohéritière
dso	cliché		*duh*	cohésion

dui	cohue		*dwb*	combien
duj	coiffer		*dwc*	combinaison
duk	se coiffer		*dwd*	combiner
dul	coin		*dwe*	se combiner
dum	coïncidence		*dwf*	comble *
dun	coïncider		*dwg*	combler
duo	coïntéressé-e		*dwh*	combustible
dup	coke		*dwi*	combustion
duq	colère		*dwj*	comédie *
dur	colis		*dwk*	comédien
dus	collaborateur		*dwl*	comestibles *
dut	collaboration		*dwm*	comète
duu	collaborer		*dwn*	comique *
duv	collatéral-e		*dwo*	comité *
duw	collation		*dwp*	commandant *
dux	collationner		*dwq*	commande
duy	colle		*dwr*	commandement
duz	collectif-ve *		*dws*	commander
dva	collection		*dwt*	commandeur *
dvb	collége *		*dwu*	commanditaire *
dvc	collègue		*dwv*	commandite *
dvd	coller		*dww*	commanditer *
dve	collier		*dwx*	comme
dvf	colline		*dwy*	commémoratif-ve
dvg	collision		*dwz*	commémoration
dvh	collocation		*dxa*	commencement *
dvi	colloquer		*dxb*	commençant-e
dvj	colon		*dxc*	commencer
dvk	colonel *		*dxd*	commensal
dvl	colonial-e *		*dxe*	comment
dvm	colonie *		*dxf*	commentaire
dvn	colonisation		*dxg*	commenter
dvo	coloniser		*dxh*	commerce *
dvp	colonne		*dxi*	commerçant-e
dvq	colorer		*dxj*	commercer
dvr	colorier		*dxk*	commercial-e *
dvs	coloris		*dxl*	commercialement
dvt	colossal-e		*dxm*	commettant
dvu	colportage *		*dxn*	commettre
dvv	colporter		*dxo*	comminatoire
dvw	colporteur		*dxp*	commis *
dvx	colza *		*dxq*	commissaire *
dvy	combat		*dxr*	commissariat *
dvz	combattant		*dxs*	commission *
dwa	combattre		*dxt*	commissionnaire *

dxu	commissionner		*dzn*	complaisant-e
dxv	commode		*dzo*	complément
dxw	commodément		*dzp*	complémentaire
dxx	commodité		*dzq*	complet-ète
dxy	commotion		*dzr*	complétement
dxz	commuer		*dzs*	compléter
dya	commun-e *		*dzt*	complexe
dyb	communal-e		*dzu*	complexion
dyc	communauté *		*dzv*	complication
dyd	commune *		*dzw*	complice *
dye	communément		*dzx*	complicité
dyf	communicatif-ve		*dzy*	compliment *
dyg	communication		*dzz*	complimenter
dyh	communion			
dyi	communiqué		*eaa*	compliquer
dyj	communiquer		*eab*	se compliquer
dyk	commutation		*eac*	complot
dyl	compacte		*ead*	comploter
dym	compagne		*eae*	comporter
dyn	compagnie		*eaf*	se comporter
dyo	compagnon		*eag*	composer
dyp	comparable		*eah*	se composer
dyq	comparaison		*eai*	composition
dyr	comparaître		*eaj*	compréhensible
dys	comparant-e		*eak*	comprendre
dyt	comparativement		*eal*	se comprendre
dyu	comparer		*eam*	compression
dyv	compartiment		*ean*	comprimer
dyw	comparution		*eao*	se comprimer
dyx	compas		*eap*	compromettre *
dyy	compatible		*eaq*	se compromettre
dyz	compatir		*ear*	compromis *
dza	compatriote		*eas*	comptabilité
dzb	compensation		*eat*	comptable *
dzc	compenser		*eau*	comptant *
dzd	compère		*eav*	compte *
dze	compétence		*eaw*	compte-courant
dzf	compétent-e		*eax*	compter *
dzg	compétiteur		*eay*	se compter
dzh	compilateur		*eaz*	compte-rendu
dzi	compiler		*eba*	comptoir
dzj	complaire		*ebb*	compulser
dzk	se complaire		*ebc*	comte
dzl	complaisamment		*ebd*	comté
dzm	complaisance		*ebe*	comtesse

ebf	concasser
ebg	concave
ebh	concéder
ebi	concentration
ebj	concentrer
ebk	se concentrer
ebl	conception
ebm	concerner
ebn	concert
ebo	se concerter
ebp	concession
ebq	concessionnaire
ebr	concevable
ebs	concevoir
ebt	concierge
ebu	conciergerie
ebv	concile
ebw	conciliable
ebx	conciliation
eby	concilier
ebz	se concilier
eca	concis-e
ecb	concision
ecc	concitoyen
ecd	conclave
ece	conclure
ecf	conclusion
ecg	concordance
ech	concordat
eci	concorde
ecj	concorder
eck	concourir
ecl	concours *
ecm	concurremment
ecn	concurrence *
eco	concurrent-e
ecp	concussion
ecq	condamnable
ecr	condamnation
ecs	condamné-e
ect	condamner
ecu	se condamner
ecv	condenser
ecw	se condenser
ecx	condescendance
ecy	condescendre
ecz	condisciple
eda	condition *
edb	conditionnellement
edc	conditionner
edd	condoléance *
ede	conducteur
edf	conduire
edg	se conduire
edh	conduite *
edi	confection
edj	confectionner
edk	confédération *
edl	confédéré-e
edm	confédérés (les)
edn	se confédérer
edo	conférence
edp	conférer
edq	confiance
edr	confidence
eds	confident-e
edt	confidentiel-le *
edu	confidentiellement
edv	confier
edw	se confier
edx	confirmatif-ve
edy	confirmer *
edz	confiscation
eea	confisquer
eeb	conflagration
eec	conflit
eed	confondre
eee	se confondre
eef	conforme
eeg	conformément
eeh	conformer
eei	se conformer
eej	conformité
eek	confortable
eel	confortablement
eem	confrère
een	confrontation
eeo	confronter
eep	confus-e
eeq	confusion

eer	congé		*egk*	considérer
ees	congédier		*egl*	se considérer
eet	congestion *		*egm*	consignataire
eeu	congrès *		*egn*	consignation *
eev	conjecture		*ego*	consigne
eew	conjecturer		*egp*	consigner
eex	conjointement		*egq*	consistance
eey	conjuré		*egr*	consister
eez	conjurés (les)		*egs*	consistoire
efa	conjurer		*egt*	consolation
efb	connaissance *		*egu*	consoler
efc	connaissement		*egv*	se consoler
efd	connaître *		*egw*	consolidation
efe	se connaître		*egx*	consolider
eff	connivence		*egy*	se consolider
efg	conquérant		*egz*	consommation
efh	conquérir		*eha*	consommer
efi	conquête		*ehb*	conspirateur
efj	consacrer		*ehc*	conspiration
efk	se consacrer		*ehd*	conspirer
efl	consanguin-e		*ehe*	constable
efm	conscience		*ehf*	constamment
efn	consciencieusement		*ehg*	constance
efo	consciencieux-se		*ehh*	constant-e
efp	conscription		*ehi*	constater *
efq	conscrit		*ehj*	consternation
efr	consécration		*ehk*	consterner
efs	consécutif-ve		*ehl*	constituant-e *
eft	consécutivement		*ehm*	constituer *
efu	conseil *		*ehn*	se constituer
efv	conseiller *		*eho*	constitutif-ve
efw	conseiller-ère		*ehp*	constitution
efx	consentement *		*ehq*	constitutionnel-le
efy	consentir		*ehr*	constitutionnellement
efz	conséquemment		*ehs*	constructeur
ega	conséquence *		*eht*	construction
egb	conséquent-e		*ehu*	construire
egc	conservateur		*ehv*	consul *
egd	conservation *		*ehw*	consulaire
ege	conservatoire *		*ehx*	consulat *
egf	conserver		*ehy*	consultatif-ve *
egg	considérable		*ehz*	consultation
egh	considérablement		*eia*	consulter
egi	considération *		*eib*	se consulter
egj	considérant		*eic*	consumer

eid	se consumer		ejw	contraster
eie	contact		ejx	contrat *
eif	contagieux-se *		ejy	contravention
eig	contagion		ejz	contre *
eih	conte		eka	contre-amiral
eii	contempler		ekb	contrebande
eij	contemporain-e		ekc	contrebandier
eik	contenance		ekd	contre-coup
eil	contenant *		eke	contredire
eim	contenir		ekf	se contredire
ein	se contenir		ekg	contredit *
eio	content-e		ekh	contrée
eip	contentement		eki	contre-enquête
eiq	contenter		ekj	contre-épreuve
eir	se contenter		ekk	contrefaçon
eis	contentieux		ekl	contrefaire
eit	contenu		ekm	contre-lettre
eiu	conter		ekn	contre-maître
eiv	contestable		eko	contremander
eiw	contestation		ekp	contre-marque
eix	contester		ekq	contre-marquer
eiy	contigu-ë		ekr	contre-ordre
eiz	continent		eks	contre-partie
eja	contingent		ekt	contre-poids
ejb	continu-e		eku	contre-sens
ejc	continuation		ekv	contre-signer
ejd	continuellement		ekw	contre-temps
eje	continuer		ekx	contrevenir
ejf	continuité		eky	contribuable
ejg	contos de reiss		ekz	contribuer
ejh	contourner		ela	contributif-ve
eji	contractants (les)		elb	contribution *
ejj	contracter		elc	contrôle
ejk	contradicteur		eld	contrôler
ejl	contradiction		ele	contrôleur
ejm	contradictoire *		elf	contumace
ejn	contradictoirement		elg	contusion
ejo	contraindre *		elh	convaincre
ejp	se contraindre		eli	se convaincre
ejq	contrainte *		elj	convalescence
ejr	contrairement		elk	convalescent-e
ejs	contrarier		ell	convenable
ejt	se contrarier		elm	convenance
eju	contrariété		eln	convenir
ejv	contraste		elo	convention *

elp	conventionnel-le	*eni*	correction
elq	conventionnellement	*enj*	correctionnel-le *
elr	converger	*enk*	correspondance
els	conversation	*enl*	correspondant
elt	conversion	*enm*	correspondre
elu	convertir	*enn*	corriger
elv	se convertir	*eno*	se corriger
elw	convexe	*enp*	corroborer
elx	conviction	*enq*	corrompre
ely	convier	*enr*	se corrompre
elz	convive	*ens*	corrosif-ve
ema	convocation	*ent*	corrupteur
emb	convoi	*enu*	corruptible
emc	convoiter	*env*	corruption
emd	convoquer	*enw*	corsaire
eme	convulsion	*enx*	cortége
emf	coopération	*eny*	cortès (les)
emg	coopérer	*enz*	corvée
emh	coordonner	*coa*	corvette
emi	copahu	*cob*	Cosaque
emj	copal	*coc*	cosmographie
emk	copie	*cod*	cosmopolite
eml	copier	*eoe*	costume
emm	copropriétaire	*eof*	cote
emn	coque	*eog*	côté
emo	coquet-te	*coh*	coter
emp	coquin	*eoi*	coterie
emq	corail	*coj*	cotisation
emr	Coran	*eok*	se cotiser
ems	corbeille *	*col*	coton *
emt	corder	*eom*	cotonnade
emu	cordial-e	*eon*	côtoyer
emv	cordialement	*eoo*	cou
emw	cordialité	*eop*	couchant
emx	cordon	*eoq*	couches
emy	coreligionnaire	*eor*	coucher
emz	corne	*eos*	se coucher
ena	coroner	*eot*	coude
enb	corporation	*eou*	coudée
enc	corporel-le	*eov*	coudoyer
end	corps *	*eow*	se coudoyer
ene	correct-e	*eox*	coudre *
enf	correctement	*eoy*	coulage
eng	correcteur	*eoz*	couler
enh	correctif	*epa*	couleur

epb	coulisse *		equ	couvrir *
epc	coulure		eqv	se couvrir
epd	coup *		eqw	craie
epe	coupable		eq.x	craindre
epf	coupe		eqy	crainte *
epg	couper		eqz	craintif-ve
eph	coupon		era	se cramponner
epi	coupure *		erb	crâne
epj	cour *		erc	craquer
epk	courage		erd	créance *
epl	courageux-se		ere	créancier
epm	courant-e *		erf	créateur
epn	courbe		erg	création
epo	courber		erh	créature
epp	se courber		eri	crèche
epq	coureur		erj	crédit *
epr	courir		erk	créditer
eps	couronne		erl	se créditer
ept	couronnement		erm	créditeur
epu	couronner		ern	crédule
epv	courrier *		ero	crédulité
epw	courroucer		erp	créer
ep.x	cours *		erq	se créer
epy	course		err	crème
epz	court-e *		ers	creuser
eqa	courtage		ert	creuset
eqb	courtier *		eru	creux-se
eqc	courtisan		erv	crever
eqd	courtisane		erw	cri
eqe	courtiser		erx	criard-e
eqf	courtoisie		ery	cribler
eqg	cousin		erz	criée *
eqh	cousine		esa	crier
eqi	coût		esb	crieur
eqj	coûtant		esc	crime
eqk	couteau		esd	criminel-le *
eql	coûter		ese	crin
eqm	couteux-se		esf	crise
eqn	coutil		esg	crisper
eqo	coutume		esh	cristal
eqp	coutumier		esi	cristalliser
eqq	couvent		esj	se cristalliser
eqr	couver		esk	criterium
eqs	couvert		esl	critiquable
eqt	couverture		esm	critique

esn	critiquer		eug	culminant-e
eso	crocheter		euh	culpabilité
esp	croire		eui	culte
esq	se croire		euj	cultivable
esr	croiser		euk	cultivateur
ess	se croiser		eul	cultiver
est	croiseur		eum	culture
esu	croisière (en)		eun	cumul
esv	croissance		euo	cumuler
esw	croissant-e		eup	cupide
esx	croître		euq	cupidité
esy	croix *		eur	curateur
esz	croquis		eus	curcuma *
eta	crouchka		eut	curé
etb	crouler		euu	curée
etc	croup		euv	curieux-se
etd	croupier		euw	curiosité
ete	croupir		eux	cutter
etf	croyable		euy	cuve
etg	croyance		euz	cuvée
eth	croyant-e		eva	cuver
eti	crû		evb	cylindre
etj	cruauté		evc	cylindrique
etk	crudité		evd	cynique
etl	crue		eve	cynisme
etm	cruel-le		evf	daigner
etn	cruellement		evg	dais
eto	cube		evh	daller
etp	cuber		evi	damas (étoffe)
etq	cueillette		evj	damasquiné-e
etr	cueillir		evk	damassé-e
ets	cuerda		evl	dame
ett	cuir *		evm	dame-jeanne
etu	cuirasse		evn	damme
etv	cuirassier		evo	danger *
etw	cuire		evp	dangereusement *
etx	cuisine		evq	dangereux-se
ety	cuisinier		evr	dans *
etz	cuisse		evs	danser
eua	cuite		evt	danseur
eub	cuivre *		evu	danseuse
euc	culasse		evv	dard
eud	culbute		evw	darder
eue	culbuter		evx	darse
euf	culée		evy	date

evz	dater	*exs*	début
ewa	datte	*ext*	débutante
ewb	davantage	*exu*	débuter
ewc	de *	*exv*	deçà
ewd	débâcle	*exw*	décacheter
ewe	débâcler	*exx*	décadence
ewf	déballage	*exy*	décagramme
ewg	déballer *	*exz*	décaisser
ewh	se débander	*eya*	décalitre
ewi	débarcadère	*eyb*	décamètre
ewj	débarquement	*eyc*	décastère
ewk	débarquer *	*eyd*	décamper
ewl	débarras	*eye*	décanter
ewm	débarrasser	*eyf*	décapiter
ewn	se débarrasser	*eyg*	décatir
ewo	débat	*eyh*	décatissage
ewp	débattre	*eyi*	décéder
ewq	se débattre	*eyj*	déceler
ewr	débauche	*eyk*	décembre
ews	débaucher	*eyl*	décemment
ewt	se débaucher	*eym*	décence
ewu	débet	*eyn*	décennal-e
ewv	débile	*eyo*	décent-e
eww	débit	*eyp*	décentralisation
ewx	débiter	*eyq*	décentraliser
ewy	se débiter	*eyr*	déception *
ewz	débiteur *	*eys*	décerner
exa	déblai	*eyt*	décès *
exb	déblatérer	*eyu*	décevoir
exc	déblayer	*eyv*	déchaînement
exd	débloquer	*eyw*	déchaîner
exe	déboire	*eyx*	décharge *
exf	débonnaire	*eyy*	déchargement
exg	débordement	*eyz*	décharger
exh	déborder *	*eza*	se décharger
exi	débouché	*ezb*	déchéance *
exj	déboucher	*ezc*	déchet *
exk	débours	*ezd*	déchiffrer
exl	débourser	*eze*	déchirant-e
exm	debout	*ezf*	déchirement
exn	débouter	*ezg*	déchirer
exo	débris	*ezh*	déchoir
exp	débrouiller	*ezi*	déciare
exq	se débrouiller	*ezj*	décidément
exr	débusquer	*ezk*	décider *

ezl	se décider
ezm	décigramme
ezn	décilitre
ezo	décime
ezp	décimal-e
ezq	décimer
ezr	décimètre
ezs	décisif-ve
ezt	décision *
ezu	décistère
ezv	déclamation
ezw	déclamer
ezx	déclaration
ezy	déclarer *
ezz	déclassement
faa	déclasser
fab	déclin
fac	décliner
fad	déclivité
fae	déclouer
faf	décocher
fag	décoloration
fah	décolorer
fai	décombres
faj	décommander
fak	décomposer
fal	décomposition
fam	décompte
fan	décompter
fao	déconcerter
fap	déconfiture *
faq	déconseiller
far	déconsidérer
fas	décontenancer
fat	déconvenue
fau	décoration
fav	décorer
faw	décortiquer
fax	décorum
fay	découcher
faz	découdre
fba	découler
fbb	découper
fbc	décourageant-e
fbd	découragement
fbe	décourager
fbf	se décourager
fbg	découvert
fbh	découverte *
fbi	découvrir
fbj	se découvrir
fbk	décrépit-e
fbl	décrépitude
fbm	décret
fbn	décréter
fbo	décrier
fbp	décrire
fbq	décrocher
fbr	décroissement
fbs	décroître
fbt	décuple
fbu	décupler
fbv	dédaigner
fbw	dédaigneusement
fbx	dédaigneux-se
fby	dédain
fbz	dédale
fca	dedans
fcb	dédier
fcc	dédit
fcd	dédommagement
fce	dédommager
fcf	dédoubler
fcg	déduction *
fch	déduire
fci	défaillance
fcj	défaillant-e
fck	défaillir
fcl	défaire
fcm	défaite *
fcn	défalcation
fco	défalquer
fcp	défaut *
fcq	défaveur
fcr	défavorable *
fcs	défavorablement
fct	défection
fcu	défectueux-se
fcv	défectuosité

fcw	défendable		fep	dégorgement
fcx	défendeur		feq	dégorger
fcy	défendre		fer	dégourdir
fcz	se défendre		fes	se dégourdir
fda	défense *		fet	dégoût
fdb	défenseur		feu	dégoûtant-e
fdc	défensif		fev	dégoûter
fdd	défensive		few	se dégoûter
fde	déférence		fex	dégoutter
fdf	déférer *		fey	dégradation
fdg	déferler		fez	dégrader
fdh	déferrer		ffa	se dégrader
fdi	défi		ffb	degré
fdj	défiance		ffc	dégréer
fdk	défiant-e		ffd	dégrèvement
fdl	déficit		ffe	dégrever
fdm	défier *		fff	dégringolade
fdn	se défier		ffg	dégringoler
fdo	défigurer		ffh	dégrosser
fdp	défilé		ffi	dégrossir
fdq	défiler		ffj	déguerpir
fdr	définir		ffk	déguisement
fds	définitif-ve		ffl	déguiser
fdt	définition		ffm	déguster
fdu	définitivement		ffn	dehors *
fdv	déflorer		ffo	déjà
fdw	défoncement		ffp	se déjeter
fdx	défoncer		ffq	déjeuner
fdy	déformation		ffr	déjouer
fdz	déformer		ffs	delà *
fea	défrayer		fft	délabrement
feb	défrichement		ffu	délabrer
fec	défricher		ffv	délai
fed	défroque		ffw	délaissement
fee	défunt-e		ffx	délaisser
fef	dégagement		ffy	délassement
feg	dégager		ffz	se délasser
feh	se dégager		fga	délateur
fei	dégarnir		fgb	délation
fej	dégât		fgc	délayer
fek	dégel		fgd	délégation
fel	dégeler		fge	délégué
fem	dégénérer		fgf	déléguer
fen	dégommage		fgg	délester
feo	dégonfler		fgh	délétère

fgi	délibérant-e
fgj	délibératif-ve *
fgk	délibération
fgl	délibéré
fgm	délibérer
fgn	délicat-e
fgo	délicatement
fgp	délicatesse ·
fgq	délice
fgr	délicieux-se
fgs	délier
fgt	se délier
fgu	délimitation
fgv	délimiter
fgw	délinquant
fgx	délire
fgy	délirer
fgz	délit *
fha	délivrance
fhb	délivrer
fhc	se délivrer
fhd	déloger
fhe	déloyal-e
fhf	déloyalement
fhg	déloyauté
fhh	déluge
fhi	déluré-e
fhj	démagogie
fhk	démagogue
fhl	demain *
fhm	demande *
fhn	demander *
fho	demandeur
fhp	démanteler
fhq	démarcation
fhr	démarche *
fhs	démarquer
fht	démarrer
fhu	démasquer
fhv	se démasquer
fhw	démâter
fhx	démêlé
fhy	démêler
fhz	démembrement
fia	démembrer

fib	déménagement
fic	déménager
fid	démence
fie	se démener
fif	démenti
fig	démentir
fih	démériter
fii	démesurément
fij	se démettre
fik	démeubler
fil	demeure *
fim	demeurer
fin	demi-e
fio	demi-mesure
fip	demi-mot (à)
fiq	demi-pension
fir	demi-solde
fis	démission *
fit	démissionnaire
fiu	démocrate
fiv	démocratie
fiw	demoiselle
fix	démolir
fiy	démolition
fiz	démon
fja	démonétisation
fjb	démonétiser
fjc	démonstratif-ve
fjd	démonstration
fje	démonter
fjf	démontrer
fjg	démoralisation
fjh	démoraliser
fji	démordre
fjj	démunir
fjk	se démunir
fjl	dénationaliser
fjm	dénaturaliser
fjn	dénaturer
fjo	dénégation *
fjp	déni
fjq	dénier
fjr	denier
fjs	dénigrement
fjt	dénigrer

fju	dénombrement
fjv	dénombrer
fjw	dénomination
fjx	dénommer
fjy	dénoncer
fjz	dénonciateur
fka	dénonciation
fkb	dénoter
fkc	dénouer
fkd	dénoûment
fke	denrées *
fkf	densité
fkg	dent
fkh	dentelle
fki	dénué-e
fkj	dénûment
fkk	dépaqueter
fkl	déparer
fkm	départ *
fkn	départager
fko	département
fkp	départemental-e
fkq	se départir
fkr	dépasser
fks	dépaver
fkt	dépayser
fku	se dépayser
fkv	dépêche *
fkw	dépêcher
fkx	se dépêcher
fky	dépeindre
fkz	dépendance
fla	dépendre
flb	dépens *
flc	dépense
fld	dépenser
fle	déperdition
flf	dépérir
flg	dépérissement
flh	dépersuader
fli	dépeuplement
flj	dépeupler
flk	se dépeupler
fll	dépiquer
flm	dépister
fln	dépit
flo	dépiter
flp	déplacement
flq	déplacer
flr	se déplacer
fls	déplaire
flt	déplaisir
flu	déplier
flv	déploiement *
flw	déplorable
flx	déplorer
fly	déployer
flz	se déployer
fma	dépolir
fmb	dépopulariser
fmc	déport
fmd	déportation *
fme	déporté-e
fmf	déportés (les)
fmg	déportements
fmh	déporter
fmi	déposant-e
fmj	déposer *
fmk	dépositaire
fml	déposition
fmm	déposséder
fmn	dépôt *
fmo	dépoter
fmp	dépouille
fmq	dépouillement
fmr	dépouiller
fms	se dépouiller
fmt	dépourvu
fmu	dépravation
fmv	dépraver
fmw	se dépraver
fmx	dépréciateur
fmy	dépréciation
fmz	déprécier
fna	déprédateur
fnb	déprédation
fnc	dépression
fnd	déprimer
fne	depuis *
fnf	députation

3.

fng	député *		*foz*	désarroi *
fnh	députer		*fpa*	désassortir
fni	déraciner		*fpb*	désastre
fnj	dérader		*fpc*	désastreux-se
fnk	déraillement		*fpd*	désavantage
fnl	dérailler		*fpe*	désavantageux-se
fnm	déraisonnable		*fpf*	désaveu
fnn	déraisonnablement		*fpg*	désavouer
fno	déraisonner		*fph*	desceller
fnp	dérangement		*fpi*	descendance
fnq	déranger		*fpj*	descendant-e
fnr	se déranger		*fpk*	descendants (les)
fns	déraper		*fpl*	descendre
fnt	derechef		*fpm*	descente
fnu	déréglé-e		*fpn*	descriptif-ve
fnv	déréglement		*fpo*	· description
fnw	dérision		*fpp*	désemparer
fnx	dérisoire		*fpq*	désenchantement
fny	dérive		*fpr*	désenchanter
fnz	dérivé		*fps*	désert
foa	dériver		*fpt*	désert-e
fob	dernier-ère *		*fpu*	déserter
foc	dernièrement		*fpv*	déserteur
fod	dérober		*fpw*	désertion
foe	se dérober		*fpx*	désespérant-e
fof	dérogation		*fpy*	désespérer
fog	déroger		*fpz*	se désespérer
foh	dérouler		*fqa*	désespoir
foi	déroute *		*fqb*	déshabituer
foj	dérouter		*fqc*	se déshabituer
fok	derrière		*fqd*	déshérence
fol	des *		*fqe*	déshériter
fom	dès *		*fqf*	déshonneur
fon	désabuser		*fqg*	déshonorer
foo	désaccord		*fqh*	se déshonorer
fop	désagréable		*fqi*	désignation *
foq	désagréablement		*fqj*	désigner *
for	désagrément		*fqk*	désinfecter
fos	désappointement		*fql*	désintéressement
fot	désappointer		*fqm*	désintéresser
fou	désapprobation		*fqn*	désir
fov	désapprouver		*fqo*	désirer
fow	désargenter		*fqp*	désistement
fox	désarmement		*fqq*	se désister *
foy	désarmer		*fqr*	désobéir

fqs	désobéissance		fsl	désunion
fqt	désobliger		fsm	désunir
fqu	désœuvré-e		fsn	se désunir
fqv	désœuvrement		fso	détachement
fqw	désolant-e		fsp	détacher
fqx	désolation		fsq	se détacher
fqy	désoler		fsr	détail
fqz	se désoler		fss	détaillant
fra	désordonner		fst	détailler
frb	désordre *		fsu	déteindre
frc	désorganisateur		fsv	détendre
frd	désorganisation		fsw	détenir
fre	désorganiser		fsx	détente
frf	désorienter		fsy	détenteur
frg	désormais		fsz	détention
frh	despote		fta	détenu-e
fri	despotique		ftb	détérioration
frj	despotisme		ftc	détériorer
frk	dessaisir		ftd	se détériorer
frl	se dessaisir		fte	déterminant-e
frm	dessaisissement		ftf	détermination
frn	desséchement		ftg	déterminer
fro	dessécher		fth	se déterminer
frp	dessein		fti	déterrer
frq	desserrer		ftj	détestable
frr	desservant		ftk	détester
frs	desservir		ftl	détonation
frt	dessiatine		ftm	détour
fru	dessiller		ftn	détournement *
frv	dessin		fto	détourner
frw	dessinateur		ftp	se détourner
frx	dessiner		ftq	détracter
fry	se dessiner		ftr	détracteur
frz	dessous		fts	détraquer
fsa	dessus		ftt	se détraquer
fsb	destin		ftu	détremper
fsc	destinataire		ftv	détresse *
fsd	destination		ftw	détriment
fse	destinée		ftx	détroit *
fsf	destiner		fty	détromper
fsg	se destiner		ftz	se détromper
fsh	destituer		fua	détrôner
fsi	destitution		fub	détruire
fsj	destructif-ve		fuc	dette *
fsk	destruction		fud	deuil

fue	deuxième *		fvx	dialogue
fuf	deuxièmement		fvy	dialoguer
fug	dévaliser		fvz	diamant
fuh	devancer		fwa	diamétralement
fui	devant		fwb	diamètre
fuj	devanture		fwc	diaphane
fuk	dévastateur		fwd	diatribe
ful	dévastation		fwe	dictateur
fum	dévaster		fwf	dictature
fun	développement		fwg	dictée
fuo	développer		fwh	dicter
fup	se développer		fwi	diction
fuq	devenir		fwj	dictionnaire
fur	devers		fwk	diète
fus	déverser		fwl	**Dieu**
fut	déviation		fwm	diffamateur
fuu	dévidage		fwn	diffamation
fuv	dévider		fwo	diffamatoire
fuw	dévidoir		fwp	diffamer
fux	dévier		fwq	différemment
fuy	deviner		fwr	différence
fuz	devis		fws	différend
fva	devise		fwt	différent-e
fvb	dévisser		fwu	différer
fvc	dévoiler		fwv	difficile *
fvd	devoir *		fww	difficilement
fve	dévolu-e		fwx	difficulté *
frf	dévorer		fwy	difforme
fvg	dévot-e		fwz	difformité
fvh	dévotion		fxa	diffus-e
fvi	dévouement		fxb	diffusion
frj	dévouer		fxc	digérer
fvk	se dévouer		fxd	digestif-ve
fvl	dextérité		fxe	digestion
fvm	dey		fxf	digne
fvn	diable		fxg	dignement
fro	diabolique		fxh	dignitaire
fvp	diacre		fxi	dignité
frq	diadème		fxj	digression
fvr	diagnostic		fxk	digue
fvs	diagnostique		fxl	dilapidateur
fvt	diagonale		fxm	dilapidation
fvu	diagonalement		fxn	dilapider
fvv	dialecte		fxo	dilatation
fvw	dialectique		fxp	dilater

fxq	se dilater		*fzj*	disgrâce
fxr	dilatoire		*fzk*	disgracier
fxs	diligence		*fzl*	disgracieux-se
fxt	diligent-e		*fzm*	disjoindre
fxu	dimanche		*fzn*	se disjoindre
fxv	dimension		*fzo*	disjonction
fxw	diminuer		*fzp*	dislocation
fxx	diminutif		*fzq*	disloquer
fxy	diminution		*fzr*	se disloquer
fxz	dîner		*fzs*	disparaître
fya	diocèse		*fzt*	disparate
fyb	diplomate		*fzu*	disparition
fyc	diplomatie		*fzv*	dispendieux-se
fyd	diplomatique *		*fzw*	dispensateur
fye	diplôme		*fzx*	dispense
fyf	dire		*fzy*	dispenser
fyg	direct-e *		*fzz*	se dispenser
fyh	directement			
fyi	directeur *		*gaa*	disperser
fyj	direction *		*gab*	se disperser
fyk	diriger		*gac*	dispersion
fyl	se diriger		*gad*	disponibilité
fym	discernement		*gae*	disponible *
fyn	discerner		*gaf*	disposer
fyo	disciple		*gag*	se disposer
fyp	discipline		*gah*	dispositif
fyq	discipliner		*gai*	disposition *
fyr	discontinuation		*gaj*	disproportion
fys	discontinuer		*gak*	disproportionner
fyt	disconvenir		*gal*	dispute
fyu	discordance		*gam*	disputer
fyv	discorde		*gan*	se disputer
fyw	discourir		*gao*	disque
fyx	discours *		*gap*	dissemblable
fyy	discrédit		*gaq*	disséminer
fyz	discréditer		*gar*	dissension
fza	discret-ète		*gas*	dissentiment
fzb	discrètement		*gat*	disséquer
fzc	discrétion		*gau*	dissertation
fzd	discrétionnaire		*gav*	disserter
fze	disculper		*gaw*	dissidence
fzf	se disculper		*gax*	dissident-e
fzg	discussion		*gay*	dissidents (les)
fzh	discuter		*gaz*	dissimulation
fzi	disette		*gba*	dissimuler

gbb	se dissimuler		*gcu*	divorcer
gbc	dissipateur		*gcv*	divulgation
gbd	dissipation		*gcw*	divulguer
gbe	dissiper *		*gcx*	dixième
gbf	se dissiper		*gcy*	dizaine
gbg	dissolution		*gcz*	docile
gbh	dissolvant-e		*gda*	docilité
gbi	dissoudre		*gdb*	dock
gbj	dissuader		*gdc*	docteur *
gbk	distance		*gdd*	doctoral-e
gbl	distiller		*gde*	doctorat
gbm	distillerie		*gdf*	doctrine
gbn	distinct-e		*gdg*	document
gbo	distinctement		*gdh*	dogme
gbp	distinctif-ve		*gdi*	doigt
gbq	distinction		*gdj*	doit
gbr	distinguer		*gdk*	doit-et-avoir
gbs	se distinguer		*gdl*	doli
gbt	distraction		*gdm*	dollar
gbu	distraire		*gdn*	dolman
gbv	distrait-e		*gdo*	domaine *
gbw	distribuer		*gdp*	domanial-e
gbx	distribution		*gdq*	dôme
gby	district		*gdr*	domestique
gbz	dito		*gds*	domicile *
gca	divaguer		*gdt*	domiciliaire *
gcb	divan		*gdu*	dominant-e
gcc	divergence		*gdv*	dominateur
gcd	diverger		*gdw*	domination
gce	divers-e		*gdx*	dominer
gcf	diversement		*gdy*	dominicain
gcg	diversion		*gdz*	domino
gch	diversité		*gea*	dommage *
gci	divertir		*geb*	dommageable
gcj	se divertir		*gec*	dompter
gck	divertissement		*ged*	don
gcl	dividende		*gee*	donataire
gcm	divin-e		*gef*	donateur
gcn	divinement		*geg*	donatrice
gco	divinité		*geh*	donation
gcp	diviser		*gei*	donc
gcq	se diviser		*gej*	donjon
gcr	division *		*gek*	donnée
gcs	divisionnaire *		*gel*	donner *
gct	divorce		*gem*	se donner

gen	dont		ggg	dragueur
geo	doppia		ggh	dramatique
gep	dorénavant		ggi	drame
geq	dorer		ggj	drap
ger	dormir		ggk	drapeau
ges	dortoir		ggl	draperie
get	dorure		ggm	dresser
geu	dos *		ggn	se dresser
gev	dose		ggo	drille
gew	dossier		ggp	drogman
gex	dot		ggq	drogue
gey	dotal-e *		ggr	droguer
gez	dotation		ggs	droguerie
gfa	doter		ggt	droguiste
gfb	douaire		ggu	droit-e *
gfc	douairière		ggv	droit *
gfd	douane *		ggw	droiture
gfe	douanier		ggx	drôle
gff	doublage *		ggy	dromadaire
gfg	double		ggz	du
gfh	doublement		gha	dù
gfi	doubler		ghb	dubrao
gfj	doublon		ghc	duc
gfk	doucement		ghd	ducal-e
gfl	douceur		ghe	ducat
gfm	douche		ghf	duché
gfn	douelle		ghg	duchesse
gfo	douer		ghh	ducroire *
gfp	douille		ghi	ductilité
gfq	douleur		ghj	duègne
gfr	douloureusement		ghk	duel
gfs	douloureux-se		ghl	duelliste
gft	doute *		ghm	dulcifier
gfu	douter		ghn	dùment
gfv	se douter		gho	dune
gfw	douteux-se *		ghp	dunette
gfx	doux-ce		ghq	duo
gfy	douzaine		ghr	dupe
gfz	douzième		ghs	duper
gga	doyen		ght	duperie
ggb	drachme		ghu	duplicata
ggc	dragée		ghv	duplicité
ggd	dragon		ghw	duquel
gge	drague		ghx	dur-e *
ggf	draguer		ghy	durable

ghz	durant		*gjs*	échantillon *
gia	durée		*gjt*	échappement
gib	durement		*gju*	échapper
gic	durer		*gjv*	s'échapper
gid	dureté		*gjw*	écharpe
gie	duvet		*gjx*	écharper
gif	dynamique		*gjy*	échauffement
gig	dynamite		*gjz*	échauffer
gih	dynamomètre		*gka*	échauffourée
gii	dynastie		*gkb*	échéance *
gij	dynastique		*gkc*	échec
gik	dyssenterie		*gkd*	échelle
gil	eau *		*gke*	échelon
gim	eau-de-vie		*gkf*	échelonner
gin	eau-forte		*gkg*	échiquier
gio	eaux-et-forêts		*gkh*	écho
gip	ébauche		*gki*	échoir
giq	ébaucher		*gkj*	échouer
gir	ébène		*gkk*	éclabousser
gis	ébéniste		*gkl*	éclair
git	ébénisterie		*gkm*	éclaircir
giu	éblouir		*gkn*	éclaircissement
giv	éblouissant-e		*gko*	éclairer
giw	éblouissement		*gkp*	s'éclairer
gix	éboulement		*gkq*	éclaireur
giy	ébranlement		*gkr*	éclat
giz	ébranler		*gks*	éclatant-e
gja	s'ébranler		*gkt*	éclater
gjb	ébrécher		*gku*	éclipse
gjc	ébruiter		*gkv*	éclipser
gjd	ébullition		*gkw*	éclore
gje	écaille		*gkx*	éclosion
gjf	écarlate		*gky*	écluse
gjg	équarrir		*gkz*	école *
gjh	écart		*gla*	écolier
gji	écarter		*glb*	écolière
gjj	s'écarter		*glc*	éconduire
gjk	écatir		*gld*	économat
gjl	ecclésiastique		*gle*	économe
gjm	écervelé-e		*glf*	économie
gjn	échafaud		*glg*	économique
gjo	échafaudage		*glh*	économiquement
gjp	échafauder		*gli*	économiser
gjq	échange		*glj*	économiste
gjr	échanger		*glk*	écorce

gll	écorcer		*gne*	effectif-ve
glm	écorcher		*gnf*	effectivement
gln	écosser		*gng*	effectuer
glo	écoulement		*gnh*	s'effectuer
glp	écouler		*gni*	effervescence
glq	s'écouler		*gnj*	effet *
glr	écouter		*gnk*	efficace
gls	écoutille		*gnl*	efficacement
glt	écouvillon		*gnm*	efficacité
glu	écrasement		*gnn*	effigie
glv	écraser		*gno*	effiler
glw	s'écrier		*gnp*	effondrement
glx	écrin		*gnq*	effondrer
gly	écrire		*gnr*	s'effondrer
glz	écrit *		*gns*	s'efforcer
gma	écriteau		*gnt*	effort *
gmb	écriture *		*gnu*	effraction
gmc	écrivain		*gnv*	effrayant-e
gmd	écrou		*gnw*	effrayer
gme	écrouer		*gnx*	s'effrayer
gmf	écroulement		*gny*	effréné-e
gmg	s'écrouler		*gnz*	effroi
gmh	écru-e		*goa*	effronté-e
gmi	écu		*gob*	effrontément
gmj	écubier		*goc*	effronterie
gmk	écueil		*god*	effroyable
gml	écume		*goe*	effusion
gmm	écurie		*gof*	égal-e *
gmn	écusson		*gog*	également
gmo	écuyer		*goh*	égaler
gmp	écuyère		*goi*	égaliser
gmq	édifiant-e		*goj*	égalité
gmr	édifice		*gok*	égard *
gms	édifier		*gol*	égarement
gmt	édile		*gom*	égarer
gmu	édilité		*gon*	s'égarer
gmv	édit		*goo*	égayer
gmw	éditer		*gop*	église
gmx	éditeur		*goq*	égoïsme
gmy	édition		*gor*	égoïste
gmz	édredon		*gos*	égorger
gna	éducation		*got*	s'égorger
gnb	effacer		*gou*	égout
gnc	s'effacer		*gov*	éhonté-e
gnd	effaroucher		*gow*	el

gox	élaborer
goy	élaguer
goz	élan
gpa	s'élancer
gpb	élargir
gpc	s'élargir
gpd	élargissement
gpe	élasticité
gpf	élastique
gpg	électeur
gph	électif-ve
gpi	élection *
gpj	électoral-e *
gpk	électricité
gpl	électrique *
gpm	électriser
gpn	élégance
gpo	élégant-e
gpp	élément
gpq	élémentaire
gpr	éléphant
gps	élévation
gpt	élève
gpu	élever
gpv	s'élever
gpw	éleveur
gpx	éligibilité
gpy	éligible
gpz	élimination
gqa	éliminer
gqb	élire *
gqc	élite
gqd	elle
gqe	élocution
gqf	éloge
gqg	éloignement
gqh	éloigner
gqi	s'éloigner
gqj	éloquence
gqk	éloquent-e
gql	élu *
gqm	élucider
gqn	élucubration
gqo	éluder
gqp	élysée

gqq	émail
gqr	émanation
gqs	émancipation
gqt	émanciper
gqu	s'émanciper
gqv	émaner
gqw	émarger
gqx	emballage *
gqy	emballer
gqz	embarcadère
gra	embarcation
grb	embargo
grc	embarquement *
grd	embarquer
gre	s'embarquer
grf	embarras
grg	embarrassant-e
grh	embarrasser
gri	s'embarrasser
grj	embaucher
grk	embaumer
grl	embellie
grm	embellir
grn	embellissement
gro	emblée (d')
grp	emblème
grq	embonpoint
grr	embosser
grs	s'embosser
grt	embranchement *
gru	embrasement
grv	embraser
grw	embrasser
grx	s'embrasser
gry	embrasure
grz	embrouiller
gsa	s'embrouiller
gsb	embryon
gsc	embûche
gsd	embuscade
gse	émender
gsf	émeraude
gsg	émerveiller
gsh	émettre
gsi	émeute

gsj	émeutier
gsk	émigration
gsl	émigré
gsm	émigrer
gsn	éminemment
gso	éminence
gsp	éminent-e
gsq	émissaire
gsr	émission
gss	emmagasinage
gst	emmagasiner
gsu	emmener
gsv	émoi
gsw	émoluments
gsx	émondage
gsy	émonder
gsz	émotion *
gta	émousser
gtb	émouvoir
gtc	s'émouvoir
gtd	s'emparer
gte	empêchement
gtf	empêcher
gtg	empereur *
gth	emphase
gti	empiétement
gtj	empiéter
gtk	empiler
gtl	empire
gtm	empirer
gtn	empirique
gto	emplacement
gtp	emploi
gtq	employé-e
gtr	employer
gts	empoisonnement
gtt	empoisonner
gtu	s'empoisonner
gtv	emportement
gtw	emporter
gtx	s'emporter
gty	empreindre
gtz	empreinte
gua	empressement
gub	s'empresser

guc	emprisonnement
gud	emprisonner
gue	emprunt *
guf	emprunter
gug	émulation
guh	émule
gui	en *
guj	encâblure
guk	encadrer
gul	encaissement
gum	encaisser *
gun	encan
guo	enceinte *
gup	encens
guq	encenser
gur	enchaînement
gus	enchaîner
gut	enchantement
guu	enchanter
gur	enchère *
guw	enchérir
gux	enchérissement
guy	enclaver
guz	enclin
gva	enclos
grb	enclouer
grc	enclume
gvd	encombrant-e
gve	encombre
grf	encombrement
grg	encombrer
grh	encontre (à l') *
gvi	encore
grj	encourageant-e
grk	encouragement
grl	encourager
grm	encourir
grn	encre
gro	endazé
grp	endetter
grq	s'endetter
grr	endiguer
grs	endiguement
grt	endoctriner
gru	endommager

gvv	endormir
gvw	s'endormir
gvx	endos
gvy	endossement
gvz	endosser
gwa	endosseur
gwb	endroit
gwc	endurcir
gwd	endurcissement
gwe	endurer
gwf	énergie
gwg	énergique
gwh	énergiquement
gwi	énergumène
gwj	énerver
gwk	enfance
gwl	enfant *
gwm	enfantillage
gwn	enfer
gwo	enfermer
gwp	s'enfermer
gwq	enfin
gwr	enflammer
gws	s'enflammer
gwt	enfler
gwu	enfoncement
gwv	enfoncer
gww	s'enfoncer
gwx	enfouir
gwy	enfreindre
gwz	s'enfuir
gxa	engagé
gxb	engagement
gxc	engager *
gxd	s'engager
gxe	engendrer
gxf	engin
gxg	engloutir
gxh	s'engloutir
qxi	engorgement
gxj	engorger
gxk	engouement
gxl	s'engouer
gxm	s'engouffrer
gxn	s'engourdir
gxo	engourdissement
gxp	engrais
gxq	engraisser
gxr	engranger
gxs	engrenage
gxt	engrener
gxu	enhardir
gxv	énigmatique
gxw	énigme
gxx	enivrement
gxy	enivrer
gxz	enjeu
gya	enjoindre
gyb	enjouement
gyc	enlacer
gyd	enlèvement
gye	enlever
gyf	s'enlever
gyg	ennemi-e
gyh	ennoblir
gyi	ennui
gyj	ennuyant-e
gyk	ennuyer
gyl	s'ennuyer
gym	ennuyeux-se
gyn	énoncé
gyo	énoncer
gyp	s'énoncer
gyq	énonciation
gyr	s'enorgueillir
gys	énorme
gyt	énormément
gyu	énormité
gyv	s'enquérir
gyw	enquête
gyx	enquêteur
gyy	enraciner
gyz	s'enraciner
gza	enrager
gzb	enrayer
gzc	enrégimenter
gzd	enregistrement *
gze	enregistrer
gzf	enrichir
gzg	s'enrichir

gzh	enrôlement
gzi	enrôler
gzj	s'enrôler
gzk	enroulement
gzl	enrouler
gzm	ensabler
gzn	ensacher
gzo	ensanglanter
gzp	enseigne *
gzq	enseignement
gzr	enseigner
gzs	ensemble
gzt	ensemencer
gzu	enserrer
gzv	ensevelir
gzw	ensevelissement
gzx	ensuite
gzy	s'ensuivre
gzz	entablement
haa	entacher
hab	entaille
hac	entamer
had	entassement
hae	entasser
haf	s'entasser
hag	entendre
hah	s'entendre
hai	entendu *
haj	entente
hak	enterrement *
hal	enterrer
ham	entêtement
han	entêter
hao	s'entêter
hap	enthousiasme
haq	enthousiasmer
har	s'enthousiasmer
has	enthousiaste
hat	enticher
hau	s'enticher
hav	entier-ère
haw	entièrement
hax	entorse
hay	entourage
haz	entourer
hba	s'entourer
hbb	entr'acte
hbc	s'entr'aider
hbd	entrailles
hbe	entraînant-e
hbf	entraînement
hbg	entraîner
hbh	entraver
hbi	entraves
hbj	entre *
hbk	entre-deux
hbl	entrée *
hbm	entrefaites (sur ces)
hbn	entremetteur-se
hbo	s'entremettre
hbp	entremise
hbq	entre-pont
hbr	entreposer
hbs	entrepositaire
hbt	entrepôt
hbu	entreprenant-e
hbv	entreprendre
hbw	entrepreneur
hb.x	entreprise
hby	entrer
hbz	entre-sol
hca	entre-temps
hcb	entretenir
hcc	s'entretenir
hcd	entretien
hce	entrevoir
hcf	entrevue
hcg	entr'ouvrir
hch	énumération
hci	énumérer
hcj	envahir
hck	envahissant-e
hcl	envahissement
hcm	envahisseur
hcn	enveloppe
hco	envelopper
hcp	envenimer
hcq	enverguer
hcr	envers *

hcs	envi (à l')		*hel*	épiscopal-e
hct	enviable		*hem*	épiscopat
hcu	envie		*hen*	épisode
hcv	envier		*heo*	épizootie
hcw	envieux-se		*hep*	éploré-e
hcx	environ		*heq*	éplucher
hcy	envisager		*her*	éponge
hcz	envoi		*hcs*	époque
hda	envoyé		*het*	épouse
hdb	envoyer *		*heu*	épouser
hdc	épais-se		*hev*	épouvantable
hdd	épaisseur		*hew*	épouvante
hde	épanchement		*hex*	épouvanter
hdf	épancher		*hcy*	époux
hdg	s'épancher		*hez*	s'éprendre
hdh	s'épanouir		*hfa*	épreuve
hdi	épanouissement		*hfb*	éprouver
hdj	épargne *		*hfc*	éprouvette
hdk	épargner		*hfd*	épuisement
hdl	éparpiller		*hfe*	épuiser
hdm	épars-e		*hff*	s'épuiser
hdn	épaule		*hfg*	épuration
hdo	épaulement		*hfh*	épure
hdp	épaulette		*hfi*	épurer *
hdq	épave		*hfj*	équateur
hdr	épeautre		*hfk*	équerre
hds	épée		*hfl*	équestre
hdt	éperdu-e		*hfm*	équilibre
hdu	éperdument		*hfn*	équilibrer
hdv	éperon		*hfo*	équinoxe
hdw	éphémère		*hfp*	équipage
hdx	épi		*hfq*	équipement
hdy	épice		*hfr*	équiper
hdz	épicerie		*hfs*	s'équiper
hea	épicier		*hft*	équitable
heb	épidémie		*hfu*	équitablement
hec	épidémique		*hfv*	équitation
hed	épiderme		*hfw*	équité
hee	épier		*hfx*	équivalent-e
hef	épigramme		*hfy*	équivaloir
heg	épilepsie		*hfz*	équivoque
heh	épileptique		*hga*	équivoquer
hei	épiloguer		*hgb*	érable
hej	épine		*hgc*	ère
hek	épingle		*hgd*	éreinter

hge	ériger		*hhx*	espionner
hgf	s'ériger		*hhy*	esplanade
hgg	ermer		*hhz*	espoir
hgh	ermitage		*hia*	esprit
hgi	ermite		*hib*	esquisse
hgj	errata		*hic*	esquisser
hgk	errements		*hid*	esquiver
hgl	errer		*hie*	s'esquiver
hgm	erreur *		*hif*	essai
hgn	erroné-e *		*hig*	essayer
hgo	érudit-e		*hih*	s'essayer
hgp	érudition		*hii*	essence *
hgq	éruption		*hij*	essentiel-le
hgr	escadre		*hik*	essentiellement
hgs	escadron *		*hil*	essieu
hgt	escalade		*him*	essor
hgu	escalader		*hin*	essuyer
hgv	escale		*hio*	est *
hgw	escalier		*hip*	estafette
hgx	escamoter		*hiq*	estaminet
hgy	escapade		*hir*	estamper
hgz	escarmouche		*his*	estampille
hha	escarpement		*hit*	estampiller
hhb	escarper		*hiu*	estimable
hhc	escient (à bon)		*hiv*	estimation
hhd	esclandre		*hiw*	estime
hhe	esclavage		*hix*	estimer
hhf	esclave		*hiy*	estomac
hhg	escompte *		*hiz*	estropier
hhh	escompter		*hja*	et *
hhi	escompteur		*hjb*	établir
hhj	escorte		*hjc*	s'établir
hhk	escorter		*hjd*	établissement
hhl	escouade		*hje*	étage
hhm	escrime		*hjf*	étai
hhn	s'escrimer		*hjg*	étaim
hho	escroc		*hjh*	étain *
hhp	escroquer		*hji*	étalage
hhq	escroquerie		*hjj*	étaler
hhr	espace		*hjk*	étalon
hhs	espacer		*hjl*	étamage
hht	espèce		*hjm*	étamer
hhu	espérance		*hjn*	étamine
hhv	espérer		*hjo*	étancher
hhw	espion		*hjp*	étançonner

hjq	étang	*hlj*	être *
hjr	étape	*hlk*	étreindre
hjs	état *	*hll*	étreinte
hjt	état-major *	*hlm*	étrenne
hju	étau	*hln*	étrier
hjv	étayer	*hlo*	étriller
hjw	été	*hlp*	étroit-e
hjx	éteindre	*hlq*	étroitement
hjy	s'éteindre	*hlr*	étude
hjz	étendage	*hls*	étudiant
hka	étendard	*hlt*	étudier
hkb	étendre	*hlu*	étuve
hkc	s'étendre	*hlv*	eucharistie
hkd	étendue	*hlw*	eux
hke	éternel-le	*hlx*	évacuation
hkf	éternellement	*hly*	évacuer
hkg	éterniser	*hlz*	s'évader
hkh	s'éterniser	*hma*	évaluation
hki	éternité	*hmb*	évaluer
hkj	éther	*hmc*	évangile
hkk	étincelant-e	*hmd*	s'évanouir
hkl	étinceler	*hme*	évanouissement
hkm	étincelle	*hmf*	évaporation
hkn	étioler	*hmg*	évaporer
hko	étiqueter	*hmh*	s'évaporer
hkp	étiquette	*hmi*	évasement
hkq	étoffe	*hmj*	évaser
hkr	étoile	*hmk*	évasif-ve
hks	étonnamment	*hml*	évasion
hkt	étonnant-e	*hmm*	évêché
hku	étonnement	*hmn*	éveil
hkv	étonner	*hmo*	éveiller
hkw	s'étonner	*hmp*	événement
hkx	étouffer	*hmq*	éventail
hky	étoupe	*hmr*	éventer
hkz	étourderie	*hms*	éventualité
hla	étourdiment	*hmt*	éventuel-le
hlb	étourdir	*hmu*	éventuellement
hlc	étourdissant-e	*hmv*	évêque *
hld	étourdissement	*hmw*	s'évertuer
hle	étrange	*hmx*	éviction
hlf	étrangement	*hmy*	évidemment
hlg	étranger-ère *	*hmz*	évidence
hlh	étrangler	*hna*	évident-e
hli	étrave	*hnb*	évincer

hnc	éviter		*hov*	exclusivement
hnd	s'éviter		*how*	excursion
hne	évolution		*hox*	excusable
hnf	évoquer		*hoy*	excuse *
hng	exact-e		*hoz*	excuser
hnh	exactement		*hpa*	s'excuser
hni	exaction		*hpb*	exécrable
hnj	exactitude		*hpc*	exécration
hnk	exagération		*hpd*	exécrer
hnl	exagérer *		*hpe*	exécuter *
hnm	s'exagérer		*hpf*	s'exécuter
hnn	exaltation		*hpg*	exécuteur
hno	exalter		*hph*	exécutif-ve *
hnp	s'exalter		*hpi*	exécution
hnq	examen		*hpj*	exécutoire
hnr	examinateur		*hpk*	exemplaire
hns	examiner		*hpl*	exemple
hnt	exaspération		*hpm*	exempt-e
hnu	exaspérer		*hpn*	exempter
hnv	s'exaspérer		*hpo*	exemption
hnw	exaucer		*hpp*	exequatur
hnx	excédant		*hpq*	exercer
hny	excéder		*hpr*	s'exercer
hnz	excellence		*hps*	exercice
hoa	excellent-e		*hpt*	exhalaison
hob	exceller		*hpu*	exhaler
hoc	excentrique		*hpv*	exhausser
hod	excepté		*hpw*	exhiber
hoe	excepter		*hpx*	exhibition
hof	exception		*hpy*	exhortation
hog	exceptionnel-le		*hpz*	exhorter
hoh	exceptionnellement		*hqa*	exhumation
hoi	excès		*hqb*	exhumer
hoj	excessif-ve		*hqc*	exigeant-e
hok	excessivement		*hqd*	exigence
hol	exciper		*hqe*	exiger *
hom	excitant-e		*hqf*	exigible
hon	excitateur		*hqg*	exigu-ë
hoo	excitation		*hqh*	exiguïté
hop	exciter		*hqi*	exil
hoq	s'exciter		*hqj*	exilé-e
hor	exclamation		*hqk*	exiler
hos	exclure		*hql*	s'exiler
hot	exclusif-ve		*hqm*	existant-e
hou	exclusion		*hqn*	existence

hqo	exister	*hsh*	s'exposer
hqp	exorbitant-e	*hsi*	exposition
hqq	exorde	*hsj*	exprès-esse *
hqr	exotique	*hsk*	expressément
hqs	expansif-ve	*hsl*	expressif-ve
hqt	expansion	*hsm*	expression
hqu	expatrier	*hsn*	exprimer
hqv	s'expatrier	*hso*	s'exprimer
hqw	expédient	*hsp*	expropriation *
hqx	expédier *	*hsq*	exproprier *
hqy	expéditeur	*hsr*	expulser
hqz	expédition *	*hss*	expulsion
hra	expéditionnaire	*hst*	exquis-e
hrb	expérience	*hsu*	extase
hrc	expérimenter	*hsv*	s'extasier
hrd	expert *	*hsw*	extensible
hre	expertise *	*hsx*	extension
hrf	expertiser	*hsy*	exténuation
hrg	expiation	*hsz*	exténuer
hrh	expier	*hta*	extérieur-e *
hri	expirant-e	*htb*	extérieurement
hrj	expiration	*htc*	exterminer
hrk	expirer	*htd*	externat
hrl	explicatif-ve	*hte*	externe
hrm	explication	*htf*	extinction
hrn	explicite	*htg*	extirpation
hro	expliquer	*hth*	extirper
hrp	s'expliquer	*hti*	extorquer
hrq	exploit	*htj*	extorsion
hrr	exploitable	*htk*	extraction
hrs	exploiteur	*htl*	extradition
hrt	exploitation	*htm*	extraire
hru	exploiter	*htn*	extrait
hrv	exploiteur	*hto*	extrajudiciaire
hrw	explorateur	*htp*	extrajudiciairement
hrx	exploration	*htq*	extraordinaire
hry	explorer	*htr*	extraordinairement
hrz	explosible	*hts*	extravagance
hsa	explosion	*htt*	extravagant-e
hsb	exportateur	*htu*	extravaguer
hsc	exportation	*htv*	extrême *
hsd	exporter	*htw*	extrêmement
hse	exposant-e	*htx*	extrême-onction
hsf	exposé	*hty*	extremis (in)
hsg	exposer	*htz*	extrémité

hua	exubérance		*hvt*	fait *
hub	fable		*hvu*	faîte
huc	fabricant-e		*hvv*	fait-exprès
hud	fabrication		*hvw*	faix
hue	fabrique *		*hvx*	falaise
huf	fabriquer		*hvy*	fallacieux-se
hug	fabuleux-se		*hvz*	falloir
huh	façade		*hwa*	falsification
hui	face		*hwb*	falsifier
huj	facétie		*hwc*	fameux-se
huk	fâcher		*hwd*	familiariser
hul	se fâcher		*hwe*	se familiariser
hum	fâcheux-se		*hwf*	familiarité
hun	facile *		*hwg*	familier-ère
huo	facilement		*hwh*	famille *
hup	facilité		*hwi*	famine
huq	faciliter		*hwj*	fanatique
hur	façon		*hwk*	fanatiser
hus	façonner		*hwl*	fanatisme
hut	fac-simile		*hwm*	fanègue
huu	factage		*hwn*	faner
huv	facteur		*hwo*	fanfare
huw	factice		*hwp*	fanfaron
hux	factieux-se		*hwq*	fange
huy	faction		*hwr*	fantaisie
huz	factorerie		*hws*	fantasque
hva	factum		*hwt*	fantassin
hvb	facture *		*hwu*	fantastique
hvc	facturer		*hwv*	fantôme
hvd	facultatif-ve		*hww*	farce
hve	faculté		*hwx*	farceur
hvf	faible *		*hwy*	fard
hvg	faiblement		*hwz*	fardeau
hvh	faiblesse		*hxa*	farder
hvi	faiblir		*hxb*	farine *
hvj	faïence		*hxc*	farineux-se
hvk	failli		*hxd*	farouche
hvl	faillir		*hxe*	fascination
hvm	faillite *		*hxf*	fascine
hvn	faim		*hxg*	fasciner
hvo	fainéant-e		*hxh*	fashionable
hvp	faire *		*hxi*	fass
hvq	se faire		*hxj*	faste
hvr	faisable		*hxk*	fastidieux-se
hvs	faisceau		*hxl*	fastueusement

hxm	fastueux-se		*hzf*	fécondité
hxn	fat		*hzg*	fécule
hxo	fatal-e *		*hzh*	fédéral-e *
hxp	fatalement		*hzi*	fédéraliste
hxq	fataliste		*hzj*	fédératif-ve
hxr	fatalité		*hzk*	fédération
hxs	fatigant-e		*hzl*	fédéré
hxt	fatigue		*hzm*	fédérés (les)
hxu	fatiguer		*hzn*	feindre
hxv	se fatiguer		*hzo*	feinte
hxw	fatras		*hzp*	feld-maréchal
hxx	fatuité		*hzq*	félicitation
hxy	faubourg		*hzr*	félicité
hxz	fauchaison		*hzs*	féliciter*
hya	faucher		*hzt*	se féliciter
hyb	se faufiler		*hzu*	femelle
hyc	faussaire		*hzv*	femme
hyd	fausse-alarme		*hzw*	fenaison
hye	fausse-attaque		*hzx*	fendre
hyf	fausse-clef		*hzy*	fenêtre
hyg	fausse-couche		*hzz*	fente
hyh	faussement			
hyi	fausse-monnaie		*iaa*	fer *
hyj	fausser		*iab*	fer-blanc
hyk	fausseté		*iac*	férié-e
hyl	faute *		*iad*	fermage
hym	fauteur		*iae*	ferme *
hyn	fautif-ve		*iaf*	fermement
hyo	faux-sse *		*iag*	ferment
hyp	faux-frais		*iah*	fermentation
hyq	fawn		*iai*	fermenter
hyr	faux-fuyant		*iaj*	fermer
hys	faux-monnayeur		*iak*	fermeté
hyt	faux-teint		*ial*	fermier
hyu	faux-témoin		*iam*	férocité
hyv	faux-titre		*ian*	ferrailler
hyw	faveur		*iao*	ferrailleur
hyx	favorable *		*iap*	ferronnerie
hyy	favorablement		*iaq*	ferrugineux-se
hyz	favori		*iar*	fertile
hza	favorite		*ias*	fertiliser
hzb	favoriser		*iat*	festin
hzc	fécond-e		*iau*	fête
hzd	fécondant-e		*iav*	fête-Dieu
hze	féconder		*iaw*	fêter

iax	feu *		icq	fils
iay	feuille *		icr	filtrer
iaz	feuilleter		ics	fin *
iba	feuilleton		ict	fin-e *
ibb	feuilletoniste		icu	final-e
ibc	feuillette		icv	finalement
ibd	feutre		icw	finance *
ibe	fève *		icx	financier *
ibf	féverolle		icy	finasser
ibg	février		icz	finement
ibh	fiançailles		ida	finesse
ibi	fiancé		idb	fini
ibj	fiancée		idc	finir
ibk	fiancer		idd	firman
ibl	ficeler		ide	fisc
ibm	fictif-ve		idf	fiscal-e
ibn	fiction		idg	fissure
ibo	fidéicommis		idh	fixation
ibp	fidèle		idi	fixe
ibq	fidèlement		idj	fixer
ibr	fidélité		idk	se fixer
ibs	se fier		idl	flacon
ibt	fier-ère		idm	flagrant-e *
ibu	fierté		idn	flairer
ibv	fièvre *		ido	flambeau
ibw	figue *		idp	flamme
ibx	figurant-e		idq	flanc
iby	figure		idr	flanelle
ibz	figurer		ids	flatter
ica	fil		idt	se flatter
icb	filateur		idu	flatterie
icc	filature *		idv	flatteur-euse
icd	file		idw	fléau
ice	filer		idx	fléchir
icf	filet		idy	flegmatique
icg	filial-e		idz	flétrir
ich	filiation		iea	flétrissure
ici	filière		ieb	fleur
icj	filigrane		iec	fleuret
ick	filin		ied	fleurir
icl	fille		iee	fleurissant-e
icm	filleul		ief	fleuve
icn	filleule		ieg	flexible
ico	filon		ieh	floraison
icp	filou		iei	florin

iej	florissant-e
iek	flot
iel	flottable
iem	flottage
ien	flottaison
ieo	flottant-e *
iep	flotte
ieq	flotter
ier	flottille
ies	fluctuation
iet	fluide
ieu	fluvial-e *
iev	flux
iew	fluxion
iex	foc
iey	fod
iez	foi *
ifa	foic
ifb	foin
ifc	foire
ifd	fois *
ife	foison (à)
iff	foisonner
ifg	folie
ifh	folio
ifi	folle-enchère
ifj	follement
ifk	fomenter
ifl	foncier *
ifm	fonction
ifn	fonctionnaire
ifo	fonctionner
ifp	fond *
ifq	fondamental-e
ifr	fondateur
ifs	fondatrice
ift	fondation
ifu	fondement
ifv	fonder *
ifw	se fonder
ifx	fonderie
ify	fondeur
ifz	fondre
iga	fondrière
igb	fonds *

igc	fontaine
igd	fonte
ige	forçat
igf	force *
igg	forcément
igh	forcer *
igi	se forcer
igj	forêt *
igk	forfaire
igl	forfait *
igm	forge
ign	forger
igo	se forger
igp	se formaliser
igq	formalité
igr	format
igs	formation
igt	forme
igu	formel-le *
igv	formellement *
igw	former
igx	se former
igy	formidable
igz	formulaire
iha	formule
ihb	formuler
ihc	fort
ihd	fort-e *
ihe	fortement
ihf	forteresse
ihg	fortifiant-e
ihh	fortification *
ihi	fortifier *
ihj	se fortifier
ihk	fortin
ihl	fortiori (à)
ihm	fortuit-e
ihn	fortuitement
iho	fortune *
ihp	fortuné-e
ihq	fosse
ihr	fossé
ihs	fot
iht	fou-folle
ihu	foudre

ihv	foudroyant-e		*ijo*	franc-che *
ihw	foudroyer		*ijp*	franchement
ihx	fougue		*ijq*	franchir
ihy	fouille		*ijr*	franchise
ihz	fouiller		*ijs*	franc-maçon
iia	foulage		*ijt*	franc-maçonnerie
iib	foulard		*iju*	franco *
iic	foule		*ijv*	frapper
iid	fouler		*ijw*	se frapper
iie	foulon		*ijx*	fraternel-le
iif	founte		*ijy*	fraterniser
iig	four *		*ijz*	fraternité
iih	fourbe		*ika*	fraude
iii	fourberie		*ikb*	frauder
iij	fourbir		*ikc*	fraudeur
iik	fourgon		*ikd*	frauduleusement
iil	fourmiller		*ike*	frauduleux-se *
iim	fourneau		*ikf*	frayeur
iin	fournir *		*ikg*	frédéric
iio	se fournir		*ikh*	frégate *
iip	fournisseur		*iki*	frein
iiq	fourniture		*ikj*	frelater
iir	fourrage		*ikk*	frémir
iis	fourrager		*ikl*	frémissant-e
iit	fourré		*ikm*	frémissement
iiu	fourrer		*ikn*	frêne
iiv	se fourrer		*iko*	frénésie
iiw	fourrier *		*ikp*	fréquemment
iix	fourrure		*ikq*	fréquent-e
iiy	fourvoyer		*ikr*	fréquentation
iiz	se fourvoyer		*iks*	fréquenter
ija	foyer		*ikt*	frère
ijb	fracas		*iku*	fret
ijc	fracasser		*ikv*	fréter
ijd	fracos		*ikw*	friche
ije	fraction		*ikx*	fripon
ijf	fractionner		*iky*	friponnerie
ijg	fracture		*ikz*	frison (soie)
ijh	fracturer		*ila*	frisson
iji	fragile		*ilb*	frissonner
ijj	fragilité		*ilc*	frivole
ijk	fragment		*ild*	frivolité
ijl	fraîcheur		*ile*	froc
ijm	frais-fraîche		*ilf*	froid-e *
ijn	frais *		*ilg*	froidement

ilh	froideur		*ina*	futilité
ili	froissement		*inb*	futur-e
ilj	froisser		*inc*	fuyard
ilk	fromage *		*ind*	gabion
ill	froment		*ine*	gabionner
ilm	frondeur		*inf*	gage
iln	front		*ing*	gagerie
ilo	frontière		*inh*	gagnant-e
ilp	frottement		*ini*	gagner *
ilq	frotter		*inj*	gai-e
ilr	se frotter		*ink*	gaïac
ils	fructifier		*inl*	gaieté
ilt	fructueux-se		*inm*	gaillard-e
ilu	fruit		*inn*	gain *
ilv	frustratoire		*ino*	gala
ilw	frustrer		*inp*	galant-e
ilx	fugitif-ve		*inq*	galanterie
ily	fuir		*inr*	galère
ilz	fuite *		*ins*	galerie
ima	fulminant-e		*int*	galle *
imb	fulminer		*inu*	gallican-e
imc	fumant-e		*inv*	gallon (mesure)
imd	fumée		*inw*	galon
ime	fumer		*inx*	galoper
imf	fumet		*iny*	galvanique
img	funèbre		*inz*	galvaniser
imh	funérailles		*ioa*	gangrène
imi	funeste		*iob*	gant
imj	fur et à mesure (au)		*ioc*	garance
imk	fureter		*iod*	garancine
iml	fureur		*ioe*	garant-e
imm	furie		*iof*	gárantie *
imn	furieux-se		*iog*	garantir
imo	furtivement		*ioh*	se garantir
imp	fusible		*ioi*	garçon
imq	fusil		*ioj*	garde *
imr	fusillade		*iok*	garde-champêtre
ims	fusiller		*iol*	garde-chasse
imt	fusion *		*iom*	garde-côtes
imu	fuss		*ion*	garde-forestier
imv	fustet *		*ioo*	garde-magasins
imw	fût		*iop*	garder *
imx	futaie		*ioq*	se garder
imy	futaille		*ior*	gardien
imz	futile		*ios*	gare *

iot	garer		*iqm*	générosité
iou	se garer		*iqn*	génie*
iov	gargousse		*iqo*	genièvre
iow	garnement		*iqp*	genou
iox	garnir		*iqq*	genre
ioy	garnison		*iqr*	gens*
ioz	garniture		*iqs*	gentilhomme
ipa	garnitz		*iqt*	géographie
ipb	garrotter		*iqu*	géographique
ipc	gaspillage		*iqv*	geôlier
ipd	gaspiller		*iqw*	géologie
ipe	gastronome		*iqx*	géomètre
ipf	gâter		*iqy*	géométrique
ipg	se gâter		*iqz*	géométrie
iph	gauche*		*ira*	gérance
ipi	gaucherie		*irb*	gérant-e
ipj	gayette		*irc*	gérer
ipk	gaz		*ird*	germain-e
ipl	gaze		*ire*	germe
ipm	gazer		*irf*	germer
ipn	gazetier		*irg*	germination
ipo	gazette*		*irh*	geste
ipp	gazeux-se		*iri*	gestion
ipq	gazomètre		*irj*	giberne
ipr	gelée		*irk*	gibet
ips	geler		*irl*	gibier
ipt	gémir		*irm*	gill
ipu	gémissement		*irn*	girofles
ipv	gênant-e		*iro*	gisant-e
ipw	gendarme		*irp*	gisement
ipx	gendarmerie*		*irq*	gîte
ipy	gendre		*irr*	gîter
ipz	gêne		*irs*	givre
iqa	généalogie		*irt*	glaçant-e
iqb	gêner		*iru*	glace
iqc	se gêner		*irv*	glacer
iqd	général*		*irw*	glacial-e
iqe	générale*		*irx*	glacier
iqf	généralement		*iry*	glacis
iqg	généraliser		*irz*	glaive
iqh	généralité		*isa*	glaner
iqi	générateur		*isb*	glissant-e
iqj	génération		*isc*	glisser
iqk	généreusement		*isd*	se glisser
iql	généreux-se		*ise*	globe

isf	gloire		*ity*	graduer
isg	glorieusement		*itz*	grain
ish	glorieux-se		*iua*	graine *
isi	glorifier		*iub*	graisse
isj	se glorifier		*iuc*	graisser
isk	gluten		*iud*	grammaire
isl	goëlette		*iue*	gramme
ism	gogo (à)		*iuf*	grand-e *
isn	golfe		*iug*	grand-cordon
iso	gomme *		*iuh*	grand-croix *
isp	gomme-gutte		*iui*	grand-duc
isq	gommer		*iuj*	grand-duché
isr	gond		*iuk*	grande-duchesse
iss	gonflement		*iul*	grandement
ist	gonfler		*ium*	grandeur
isu	gorge		*iun*	grandiose
isv	gorger		*iuo*	grandir
isw	gothique		*iup*	grand-maître
isx	goudron		*iuq*	grand'mère
isy	goudronner		*iur*	grand-oncle
isz	gouffre		*ius*	grand-père
ita	goulet		*iut*	grand-seigneur
itb	gourmand-e		*iuu*	grand'tante
itc	gourmander		*iuv*	grange
itd	gourmandise		*iuw*	granit
ite	goût *		*iux*	granitique
itf	goûter		*iuy*	grano
itg	goutte		*iuz*	gras-se
ith	gouvernail		*iva*	grassement
iti	gouvernant		*ivb*	gratification
itj	gouvernante		*ivc*	gratifier
itk	gouverne *		*ivd*	gratis
itl	gouvernement *		*ive*	gratitude
itm	gouverner		*ivf*	gratter
itn	gouverneur		*ivg*	gratuit-e
ito	grabat		*ivh*	gratuitement
itp	grabeau		*ivi*	grave
itq	grâce *		*ivj*	gravement
itr	gracier		*ivk*	graver
its	gracieusement		*ivl*	graveur
itt	gracieux-se		*ivm*	gravir
itu	gradation		*ivn*	gravité *
itv	grade *		*ivo*	graviter
itw	graduation		*ivp*	gravure
itx	graduellement		*ivq*	gré *

ivr	gredin		ixk	se grouper
ivs	grément		ixl	gruau
ivt	gréer		ixm	grue
ivu	greffe *		ixn	gruger
ivv	greffier *		ixo	grumeleux-se
ivw	grége		ixp	gruyère *
ivx	grêle		ixq	guano
ivy	grêler		ixr	gué (à)
ivz	grelin		ixs	guéable
iwa	grêlon		ixt	guère
iwb	grelotter		ixu	guérir
iwc	grenadier		ixv	guérison
iwd	grenat		ixw	guerre *
iwe	grenier		ix.x	guerrier
iwf	grès		ixy	guet-apens
iwg	grésil		ixz	guêtre
iwh	grève *		iya	guetter
iwi	grever		iyb	gueux-se
iwj	grief		iyc	guichet
iwk	grief-ève		iyd	guide
iwl	grièvement *		iye	guider
iwm	griffe		iyf	se guider
iwn	griffonner		iyg	guidon
iwo	grille		iyh	guillaume
iwp	griller		iyi	guinder
iwq	gris-e *		iyj	guinée
iwr	grison *		iyk	guipure
iws	grommeler		iyl	guise
iwt	grondement		iym	gulden
iwu	gronder		iyn	gymnase
iwv	groom		iyo	gymnastique
iww	gros-se *		iyp	habile
iwx	grosse		iyq	habilement
iwy	grossesse		iyr	habileté
iwz	grosseur		iys	habillement *
ixa	grossier-ère		iyt	habiller
ixb	grossièrement		iyu	habitable
ixc	grossièreté		iyv	habitant-e
ixd	grossir		iyw	habitants (les)
ixe	grotesque		iyx	habitation
ixf	grotte		iyy	habiter
ixg	grouiller		iyz	habitude
ixh	group		iza	habitué-e
ixi	groupe		izb	habituellement
ixj	grouper		izc	habituer

izd	s'habituer		*jav*	hâtif-ve
ize	hâbleur-euse		*jaw*	haubans
izf	hache		*jax*	haufen
izg	hacher		*jay*	hausse *
izh	haine		*jaz*	hausser
izi	haïr		*jba*	haussière
izj	se haïr		*jbb*	haut-e
izk	haleine		*jbc*	hautain-e
izl	haletant-e		*jbd*	haut-bord
izm	haleter		*jbe*	haute-futaie
izn	halle *		*jbf*	haute-paye
izo	halte		*jbg*	hauteur
izp	hamac		*jbh*	haut-fourneau
izq	hameau		*jbi*	hebdomadaire
izr	hameçon		*jbj*	héberger
izs	hampe		*jbk*	hébéter
izt	hangar		*jbl*	hectare
izu	harangue		*jbm*	hectogramme
izv	harangueur		*jbn*	hectolitre
izw	haras		*jbo*	hectomètre
izx	harceler		*jbp*	hélas!
izy	hardes		*jbq*	hélice
izz	hardi-e		*jbr*	helléniste
			jbs	hémisphère
jaa	hardiesse		*jbt*	héraldique
jab	hardiment		*jbu*	herbage
jac	harem		*jbv*	héréditaire
jad	hareng		*jbw*	hérédité
jae	hargneux-se		*jbx*	hérésie
jaf	haricot		*jby*	hérétique
jag	harmonie		*jbz*	héritage
jah	harmonieux-se		*jca*	hériter
jai	s'harmoniser		*jcb*	héritier *
jaj	harnachement		*jcc*	héritière
jak	harnacher		*jcd*	hermétiquement
jal	harnais		*jce*	hermine
jam	haro		*jcf*	hernie
jan	harponner		*jcg*	héroïne
jao	hasard *		*jch*	héroïque
jap	hasarder		*jci*	héroïquement
jaq	se hasarder		*jcj*	héroïsme
jar	hasardeux-se		*jck*	héros
jas	hâte		*jcl*	hésitation
jat	hâter *		*jcm*	hésiter
jau	se hâter		*jcn*	hétérogène

jco	hêtre
jcp	heure
jcq	heureusement *
jcr	heureux-se *
jcs	heurter
jct	se heurter
jcu	hideusement
jcv	hideux-se
jcw	hier
jcx	hiérarchie
jcy	hiérarchique
jcz	hiérarchiquement
jda	hilarité
jdb	himpten
jdc	hippodrome
jdd	hisser
jde	se hisser
jdf	histoire
jdg	historien
jdh	historique
jdi	hiver
jdj	hiverner
jdk	hoirs (les)
jdl	hoirie
jdm	holà
jdn	homicide
jdo	hommage
jdp	homme *
jdq	homogène
jdr	homologation
jds	homologuer
jdt	homonyme
jdu	honnête *
jdv	honnêtement
jdw	honnêteté
jdx	honneur *
jdy	honorabilité
jdz	honorable *
jea	honorablement
jeb	honoraire *
jec	honorer
jed	s'honorer
jec	honorifique
jef	honte
jeg	honteusement

jeh	honteux-se
jei	hôpital *
jej	horde
jek	horizon
jel	horizontal-e
jem	horizontalement
jen	horloge
jeo	horlogerie
jep	horloger
jeq	hormis
jer	horreur
jes	horrible
jet	horriblement
jeu	hors *
jev	horticulteur
jew	horticulture
jex	hospice
jey	hospitalier-ère
jez	hospitalité
jfa	hospodar
jfb	hostile
jfc	hostilement
jfd	hostilité
jfe	hâte
jff	hôtel *
jfg	hôtel-Dieu
jfh	houblon
jfi	houille
jfj	houillère
jfk	houle
jfl	houleux-se
jfm	hourra
jfn	huer
jfo	huile *
jfp	huilerie
jfq	huis-clos (à)
jfr	huissier
jfs	huitaine
jft	huitième
jfu	humain-e
jfv	humainement
jfw	humaniser
jfx	s'humaniser
jfy	humanité
jfz	humble

jga	humblement		*jht*	ignominie
jgb	humeur		*jhu*	ignorance
jgc	humide		*jhv*	ignorant-e
jgd	humidité		*jhw*	ignorer
jge	humiliant-e		*jhx*	il *
jgf	humiliation		*jhy*	île
jgg	humilier		*jhz*	illégal-e
jgh	s'humilier		*jia*	illégalement
jgi	humilité		*jib*	illégalité
jgj	humoriste		*jic*	illégitime
jgk	hune		*jid*	illégitimement
jgl	hunier		*jie*	illettré-e
jgm	hussard		*jif*	illicite
jgn	hydraulique		*jig*	illicitement
jgo	hydrogène		*jih*	illimité-e *
jgp	hydrographe		*jii*	illisible
jgq	hydrographie		*jij*	illumination
jgr	hydrophobe		*jik*	illuminer
jgs	hydrophobie		*jil*	illusion
jgt	hydropique		*jim*	illusoire
jgu	hydropisie		*jin*	illustration
jgv	hygiène		*jio*	illustre
jgw	hygiénique		*jip*	illustrer
jgx	hypocrisie		*jiq*	s'illustrer
jgy	hypocrite		*jir*	image
jgz	hypothécaire *		*jis*	imaginaire
jha	hypothèque *		*jit*	imagination
jhb	hypothéquer		*jiu*	imaginer
jhc	hypothèse		*jiv*	s'imaginer
jhd	hypothétique		*jiw*	imbécile
jhe	ici		*jix*	imbécillité
jhf	idéal-e		*jiy*	imbiber
jhg	idée		*jiz*	imbroglio
jhh	idem		*jja*	imbu-e
jhi	identifier		*jjb*	imitation
jhj	s'identifier		*jjc*	imiter
jhk	identique		*jjd*	immanquable
jhl	identiquement		*jje*	immanquablement
jhm	identité		*jjf*	immatriculer
jhn	idiot-e		*jjg*	immédiat-e
jho	idolâtre		*jjh*	immédiatement *
jhp	idolâtrer		*jji*	immémorial-e
jhq	idole		*jjj*	immense
jhr	ignoble		*jjk*	immensément
jhs	ignoblement		*jjl*	immérité-e

jjm	immeuble
jjn	immigration
jjo	imminent-e
jjp	s'immiscer
jjq	immixtion
jjr	immobile
jjs	immobilier-ère *
jjt	immobilisation
jju	immobiliser
jjv	immobilité
jjw	immodéré-e
jjx	immoler
jjy	immoral-e
jjz	immoralement
jka	immoralité
jkb	s'immortaliser
jkc	immortalité
jkd	immortel-le
jke	immuable
jkf	immunité
jkg	impair
jkh	impalpable
jki	impardonnable *
jkj	imparfait-e
jkk	imparfaitement
jkl	impartial-e
jkm	impartialement
jkn	impartialité
jko	impasse
jkp	impassibilité
jkq	impassible
jkr	impatiemment *
jks	impatience
jkt	impatient-e
jku	impatientant-e
jkv	impatienter
jkw	s'impatienter
jkx	impayable
jky	impayer *
jkz	impénétrable
jla	impératif-ve *
jlb	impératrice *
jlc	imperceptible
jld	imperceptiblement
jle	imperdable
jlf	imperfection
jlg	impérial-e *
jlh	impérialiste
jli	impérieusement
jlj	impérieux-se
jlk	impérissable
jll	imperméable
jlm	impertinence
jln	impertinent-e
jlo	imperturbable
jlp	imperturbablement
jlq	impétueux-se
jlr	impétuosité
jls	impie
jlt	impiété
jlu	impitoyable
jlv	impitoyablement
jlw	implacable
jlx	implanter
jly	s'implanter
jlz	implication
jma	implicite
jmb	implicitement
jmc	impliquer
jmd	implorer
jme	impoli-e
jmf	impoliment
jmg	impolitesse
jmh	impolitique
jmi	impopulaire
jmj	impopularité
jmk	importance
jml	important-e *
jmm	importateur
jmn	importation
jmo	importer
jmp	importun-e
jmq	importunément
jmr	importuner
jms	imposable
jmt	imposant-e
jmu	imposer
jmv	s'imposer
jmw	imposition
jmx	impossibilité *

jmy	impossible *		jor	inabordable
jmz	imposteur		jos	inacceptable
jna	imposture		jot	inaccessible
jnb	impôt		jou	inaccoutumé-e
jnc	impotent-e		jov	inachevé-e
jnd	impraticable		jow	inactif-ve
jne	imprenable		jox	inaction
jnf	imprescriptible		joy	inactivité
jng	impression *		joz	inadmissible
jnh	impressionnable		jpa	inadmission
jni	impressionner		jpb	inadvertance
jnj	imprévoyance		jpc	inaliénable
jnk	imprévoyant-e		jpd	inaltérable
jnl	imprévu-e		jpe	inamovible
jnm	imprimé		jpf	inanimé-e
jnn	imprimer		jpg	inaperçu-e
jno	imprimerie		jph	inapplicable
jnp	imprimeur		jpi	inappliqué-e
jnq	improbable		jpj	inappréciable
jnr	improbabilité		jpk	inaptitude
jns	improbation		jpl	inattaquable
jnt	improbité		jpm	inattendu-e
jnu	improductif-ve		jpn	inattentif-ve
jnv	impromptu		jpo	inattention
jnw	impropre		jpp	inauguration
jnx	improprement		jpq	inaugurer
jny	improvisation		jpr	incalculable
jnz	improviser		jps	incapable
joa	improviste (à l')		jpt	incapacité
job	imprudemment		jpu	incarcérer
joc	imprudence		jpv	incartade
jod	imprudent-e		jpw	incendiaire
joe	impudemment		jpx	incendie *
jof	impudence		jpy	incendier
jog	impudent-e		jpz	incertain-e
joh	impudeur		jqa	incertitude *
joi	impuissance		jqb	incessamment
joj	impuissant-e		jqc	incessant-e
jok	impulsion		jqd	incessible
jol	impunément		jqe	incidemment
jom	impur-e		jqf	incident-e
jon	impureté		jqg	incisif-ve
joo	imputable		jqh	incivil-e
jop	imputation		jqi	inclément-e
joq	imputer		jqj	inclinaison

jqk	inclination *		*jsd*	incrimination
jql	incliner		*jse*	incriminer
jqm	s'incliner		*jsf*	incroyable
jqn	incognito		*jsg*	incubation
jqo	incohérent-e		*jsh*	inculper
jqp	incomber		*jsi*	inculquer
jqq	incombustible		*jsj*	inculte
jqr	incommode		*jsk*	incurable
jqs	incommodant-e		*jsl*	incurie
jqt	incommoder		*jsm*	incursion
jqu	incommodité		*jsn*	indécemment
jqv	incommunicable		*jso*	indécence
jqw	incommutable		*jsp*	indécent-e
jqx	incomparable		*jsq*	indéchiffrable
jqy	incomparablement		*jsr*	indécis-e
jqz	incompatibilité		*jss*	indécision
jra	incompatible		*jst*	indécomposable
jrb	incompétence		*jsu*	indéfini-e
jrc	incompétent-e		*jsv*	indéfiniment
jrd	incomplet-ète		*jsw*	indéfinissable
jre	incompréhensible		*jsx*	indélébile
jrf	inconcevable		*jsy*	indélicat-e
jrg	inconciliable		*jsz*	indélicatesse
jrh	inconduite		*jta*	indemne
jri	inconnu-e		*jtb*	indemniser
jrj	inconséquence		*jtc*	indemnité *
jrk	inconséquent-e		*jtd*	indéniable
jrl	inconsidérément		*jte*	indépendamment
jrm	inconsolable		*jtf*	indépendance
jrn	inconstitutionnel-le		*jtg*	indépendant-e
jro	inconstitutionnellement		*jth*	indestructible
jrp	incontestable		*jti*	indéterminé-e
jrq	incontestablement		*jtj*	index (à l')
jrr	incontesté-e		*jtk*	indicatif-ve
jrs	inconvenable		*jtl*	indication *
jrt	inconvenance		*jtm*	indice
jru	inconvenant-e		*jtn*	indicible
jrv	inconvénient		*jto*	indifféremment
jrw	incorporation		*jtp*	indifférence
jrx	incorporer		*jtq*	indifférent-e
jry	incorrect-e		*jtr*	indigène
jrz	incorrection		*jts*	indigent-e
jsa	incorrigible		*jtt*	indignation
jsb	incorruptible		*jtu*	indigne
jsc	incrédule		*jtv*	indignement

jtw	indigner
jtx	s'indigner
jty	indigo *
jtz	indiquer
jua	indirect-e *
jub	indirectement
juc	indiscipline
jud	indiscipliné-e
jue	indiscret-ète
juf	indiscrètement
jug	indiscrétion
juh	indispensable
jui	indispensablement
juj	indisponible
juk	indisposer
jul	indisposition
jum	indissoluble
jun	indissolublement
juo	indistinct-e
jup	indistinctement
juq	individuel-le
jur	individuellement
jus	indivis-e *
jut	indivisible
juu	indivision
juv	in-dix-huit
juw	indocile
jux	indocilité
juy	indolence
juz	indolent-e
jva	indomptable
jvb	in-douze
jvc	indubitable
jvd	indubitablement
jve	induction
jvf	induire *
jvg	indulgence
jvh	indulgent-e
jvi	indûment
jvj	industrie *
jvk	industriel-le *
jvl	industrieux-se
jvm	inébranlable
jvn	inédit-e
jvo	ineffable
jvp	ineffaçable
jvq	inefficace
jvr	inefficacité
jvs	inégal-e
jvt	inégalement
jvu	inégalité
jvv	inéligible
jvw	inepte
jvx	ineptie
jvy	inépuisable
jvz	inerte
jwa	inertie
jwb	inespéré-e
jwc	inestimable
jwd	inévitable
jwe	inévitablement
jwf	inexact-e
jwg	inexactement
jwh	inexactitude
jwi	inexcusable
jwj	inexécutable
jwk	inexécution
jwl	inexigible
jwm	inexorable
jwn	inexorablement
jwo	inexpérience
jwp	inexpérimenté-e
jwq	inexplicable
jwr	inexploré-e
jws	inexplosible
jwt	inexprimable
jwu	inexpugnable
jwv	inextinguible
jww	inextricable
jwx	infaillibilité
jwy	infaillible
jwz	infailliblement
jxa	infaisable
jxb	infamant-e
jxc	infâme
jxd	infamie
jxe	infant
jxf	infante
jxg	infanterie *
jxh	infanticide

jxi	infatigable		*jzb*	infusible
jxj	infatuation		*jzc*	s'ingénier
jxk	infatuer		*jzd*	ingénieur *
jxl	infécond-e		*jze*	ingénieusement
jxm	infécondité		*jzf*	ingénieux-se
jxn	infect-e		*jzg*	s'ingérer
jxo	infecter		*jzh*	ingouvernable
jxp	infection		*jzi*	ingrat-e
jxq	inférer		*jzj*	ingratitude
jxr	inférieur-e		*jzk*	inguérissable
jxs	infériorité		*jzl*	inhabile
jxt	infernal-e		*jzm*	inhabilement
jxu	infertile		*jzn*	inhabilité
jxv	infester		*jzo*	inhabitable
jxw	infidèle		*jzp*	inhabité-e
jxx	infidèlement		*jzq*	inhérent-e
jxy	infidélité		*jzr*	inhospitalier-ère
jxz	infiltration		*jzs*	inhumain-e
jya	s'infiltrer		*jzt*	inimaginable
jyb	infime		*jzu*	inimitable
jyc	infini-e		*jzv*	inimitié
jyd	infiniment		*jzw*	inintelligible
jye	infinité		*jzx*	inique
jyf	infirmatif-ve		*jzy*	iniquité
jyg	infirme		*jzz*	initial-e
jyh	infirmer			
jyi	infirmité		*kaa*	initiative *
jyj	inflammable		*kab*	initié
jyk	inflammation		*kac*	initier
jyl	inflexibilité		*kad*	s'initier
jym	inflexible		*kae*	injonction
jyn	infliger		*kaf*	injure
jyo	influence		*kag*	injurier
jyp	influencer		*kah*	s'injurier
jyq	influent-e		*kai*	injurieusement
jyr	influer		*kaj*	injurieux-se
jys	in-folio		*kak*	injuste
jyt	information		*kal*	injustement
jyu	informer		*kam*	injustice
jyv	s'informer		*kan*	innavigable
jyw	infortune		*kao*	innocemment
jyx	infortuné-e		*kap*	innocence
jyy	infraction		*kaq*	innocent-e
jyz	infructueusement		*kar*	innocuité
jza	infructueux-se *		*kas*	innombrable

kat	innovateur	*kcm*	insipide
kau	innovation	*kcn*	insistance
kav	innover	*kco*	insister
kaw	inobservation	*kcp*	insociable
kax	inoccupé-e	*kcq*	insolemment
kay	in-octavo	*kcr*	insolence
kaz	inoffensif-ve	*kcs*	insolent-e
kba	inondation	*kct*	insolite
kbb	inonder	*kcu*	insoluble
kbc	inopinément	*kcv*	insolvabilité
kbd	inopportun-e	*kcw*	insolvable *
kbe	inopportunité	*kcx*	insondable
kbf	inorganique	*kcy*	insouciance
kbg	inouï-e	*kcz*	insouciant-e
kbh	in-quarto	*kda*	insoumis-e
kbi	inquiet-ète	*kdb*	insoutenable
kbj	inquiétant-e	*kdc*	inspecter
kbk	inquiéter	*kdd*	inspecteur *
kbl	s'inquiéter	*kde*	inspection *
kbm	inquiétude	*kdf*	inspiration
kbn	inquisition	*kdg*	inspirer
kbo	insaisissable	*kdh*	s'inspirer
kbp	insalubre	*kdi*	instabilité
kbq	insatiable	*kdj*	instable
kbr	inscription *	*kdk*	installation
kbs	inscrire	*kdl*	installer
kbt	s'inscrire	*kdm*	s'installer
kbu	insecte	*kdn*	instamment
kbv	in-seize	*kdo*	instance (en) *
kbw	insensé-e	*kdp*	instant
kbx	insensible	*kdq*	instantané-e
kby	insensiblement	*kdr*	instantanément
kbz	inséparable	*kds*	instar (à l')
kca	inséparablement	*kdt*	instigateur
kcb	insérer *	*kdu*	instigation
kcc	insermenté-e	*kdv*	instinct
kcd	insertion	*kdw*	instinctivement
kce	insidieusement	*kdx*	instituer
kcf	insidieux-se	*kdy*	s'instituer
kcg	insigne	*kdz*	institut
kch	insignifiant-e	*kea*	instituteur
kci	insinuant-e	*keb*	institutrice
kcj	insinuation	*kec*	institution
kck	insinuer	*ked*	instructif-ve
kcl	s'insinuer	*kee*	instruction *

kef	instruire		*kfy*	intentionnel-le
keg	s'instruire		*kfz*	intentionnellement
keh	instrument		*kga*	intercaler
kei	instrumentaire		*kgb*	intercéder
kej	instrumental-e		*kgc*	interception
kek	instrumenter		*kgd*	intercepter *
kel	insu (à l')		*kge*	interception
kem	insubordination		*kgf*	interdiction
ken	insubordonné-e		*kgg*	interdire
keo	insuccès		*kgh*	s'interdire
kep	insuffisamment		*kgi*	interdit-e
keq	insuffisance		*kgj*	intéressant-e
ker	insuffisant-e *		*kgk*	intéressé-e
kes	insulaire		*kgl*	intéresser
ket	insulte		*kgm*	s'intéresser
keu	insulter		*kgn*	intérêt *
kev	insulteur		*kgo*	intérieur *
kew	insupportable		*kgp*	intérieurement
kex	insurgé-e		*kgq*	intérim *
key	insurgés (les)		*kgr*	interjeter
kez	s'insurger		*kgs*	interligner
kfa	insurmontable *		*kgt*	interlocutoire
kfb	insurrection		*kgu*	intermédiaire
kfc	intact-e		*kgv*	interminable
kfd	intarissable		*kgw*	intermittence
kfe	intégral-e		*kgx*	intermittent-e
kff	intégralement		*kgy*	international-e *
kfg	intégralité		*kgz*	interne
kfh	intègre		*kha*	interner
kfi	intégrité		*khb*	internonce
kfj	intellectuel-le		*khc*	interpellation
kfk	intelligence		*khd*	interpeller
kfl	intelligent-e		*khe*	interposer
kfm	intelligible		*khf*	s'interposer
kfn	intelligiblement		*khg*	interprétation
kfo	intempérie		*khh*	interprète
kfp	intempestif-ve		*khi*	interpréter
kfq	intempestivement		*khj*	interrègne
kfr	intendance		*khk*	interrogatoire
kfs	intendant *		*khl*	interroger
kft	intense		*khm*	interrompre
kfu	intensité		*khn*	s'interrompre
kfv	intenter		*kho*	interrupteur
kfw	intention		*khp*	interruption
kfx	intentionné-e		*khq*	intervalle

khr	intervenir		*kjk*	invectiver
khs	intervention		*kjl*	invendable *
kht	interversion		*kjm*	invendu-e
khu	intervertir		*kjn*	inventaire *
khv	intestat		*kjo*	inventer
khw	intimation		*kjp*	inventeur
khx	intime		*kjq*	invention *
khy	intimé-e		*kjr*	inventorier
khz	intimement		*kjs*	inverse *
kia	intimer		*kjt*	inversion
kib	intimidation		*kju*	investigateur
kic	intimider		*kjv*	investigation
kid	intimité		*kjw*	investir
kie	intituler		*kjx*	investissement
kif	intolérable		*kjy*	investiture
kig	intolérance		*kjz*	invétérer
kih	intolérant-e		*kka*	invincible
kii	intraduisible		*kkb*	invinciblement
kij	intraitable		*kkc*	in-vingt-quatre
kik	intransigent		*kkd*	inviolabilité
kil	in-trente-deux		*kke*	inviolable
kim	in-trente-six		*kkf*	invisible
kin	intrépide		*kkg*	invitation
kio	intrépidement		*kkh*	invité
kip	intrépidité		*kki*	inviter
kiq	intrigant-e		*kkj*	involontaire
kir	intrigue		*kkk*	involontairement
kis	intriguer		*kkl*	invoquer
kit	intrinsèque		*kkm*	invraisemblable
kiu	introducteur		*kkn*	invraisemblance
kiv	introductrice		*kko*	invulnérable
kiw	introduction		*kkp*	iode
kix	introduire		*kkq*	iota
kiy	s'introduire		*kkr*	ipso-facto
kiz	introuvable		*kks*	irascible
kja	intrus-e		*kkt*	iridium
kjb	inusité-e		*kku*	ironie
kjc	inutile		*kkv*	ironique
kjd	inutilement		*kkw*	ironiquement
kje	invalide		*kkx*	irrationnel-le
kjf	invalider		*kky*	irréalisable
kjg	invariable		*kkz*	irréconciliable
kjh	invariablement		*kla*	irrécusable
kji	invasion *		*klb*	irréductible
kjj	invective		*klc*	irréfléchi-e

kld	irréflexion		*kmw*	jais
kle	irrégularité		*kmx*	jalon
klf	irrégulier-ère		*kmy*	jalonner
klg	irrégulièrement		*kmz*	jalousie
klh	irrémédiable		*kna*	jaloux-se
kli	irréparable		*knb*	jamais
klj	irréprochable		*knc*	jambe
klk	irrésistible		*knd*	jambon
kll	irrésistiblement		*kne*	janvier
klm	irrésolu-e		*knf*	jardin
kln	irrésolution		*kng*	jardinage
klo	irresponsabilité		*knh*	jardinier
klp	irresponsable		*kni*	jardinière
klq	irrévérence		*knj*	jauge
klr	irrévérent-e		*knk*	jauger
kls	irrévocable		*knl*	jaugeur
klt	irrévocablement		*knm*	jaune *
klu	irrigation *		*knn*	jaunir
klv	irritabilité		*kno*	je
klw	irritable		*knp*	jésuite
klx	irritant-e		*knq*	jet
kly	irritation		*knr*	jetée
klz	irriter		*kns*	jeter
kma	s'irriter		*knt*	se jeter
kmb	irruption		*knu*	jeton
kmc	isolement		*knv*	jeu
kmd	isoler		*knw*	jeudi
kme	s'isoler		*knx*	jeune
kmf	israélite		*kny*	jeûner
kmg	issu-e		*knz*	jeunesse
kmh	issue *		*koa*	joch
kmi	isthme		*kob*	joaillerie
kmj	itératif-ve		*koc*	joaillier
kmk	itérativement		*kod*	jockey
kml	itinéraire		*koe*	joie
kmm	ivoire		*kof*	joindre
kmn	ivre		*kog*	jointure
kmo	ivresse		*koh*	joli-e
kmp	ivrogne		*koi*	joliment
kmq	ivrognerie		*koj*	jonc
kmr	jachère		*kok*	joncher
kms	jaconas		*kol*	jonction
kmt	jactance		*kom*	jouer
kmu	jadis		*kon*	se jouer
kmr	jaillir		*koo*	jouet

kop	joueur		*kqi*	juridiquement
koq	joueuse		*kqj*	jurisconsulte
kor	joug		*kqk*	jurisprudence
kos	jouir		*kql*	juriste
kot	jouissance		*kqm*	jury
kou	jouissant-e		*kqn*	jusque *
kov	jour *		*kqo*	juste
kow	journal (livre)		*kqp*	justement
kox	journal *		*kqq*	justesse
koy	journalier-ère		*kqr*	justice *
koz	journalisme		*kqs*	justiciable
kpa	journaliste		*kqt*	justifiable
kpb	journée		*kqu*	justificatif-ve
kpc	journellement		*kqv*	justification
kpd	joute		*kqw*	justifier
kpe	jouteur		*kqx*	se justifier
kpf	jovial-e		*kqy*	jute
kpg	joyau		*kqz*	juxtaposer
kph	joyeusement		*kra*	kan
kpi	joyeux-se		*krb*	kaolin
kpj	jubilation		*krc*	karub
kpk	jubilé		*krd*	kilogramme
kpl	judaïque		*kre*	kilolitre
kpm	judaïsme		*krf*	kilomètre
kpn	judiciaire *		*krg*	kilostère
kpo	judiciairement		*krh*	kirch-wasser
kpp	judicieusement		*kri*	kop
kpq	judicieux-se		*krj*	kopeck
kpr	juge *		*krk*	korrel
kps	jugement *		*krl*	kreutzer
kpt	juger		*krm*	kula
kpu	juif		*krn*	kyrielle
kpv	juive		*kro*	la (article)
kpw	juillet		*krp*	là (adverbe)
kpx	juin		*krq*	labeur
kpy	jule		*krr*	laboratoire
kpz	jumeau		*krs*	laborieusement
kqa	jumelle		*krt*	laborieux-se
kqb	jument		*kru*	labourer
kqc	junte		*krv*	laboureur
kqd	juratoire		*krw*	labyrinthe
kqe	juré		*krx*	lac
kqf	jurer		*kry*	lacération
kqg	juridiction		*krz*	lacérer
kqh	juridique		*ksa*	lâche

ksb	lâchement	ktu	laque
ksc	lâcher *	ktv	laquelle
ksd	lâcheté	ktw	lard
kse	lack de roupies	ktx	large
ksf	laconique	kty	largement
ksg	laconiquement	ktz	largesse
ksh	laconisme	kua	largeur
ksi	lacune	kub	larme
ksj	lady	kuc	las-se
ksk	lagune	kud	lasser
ksl	laid-e	kue	se lasser
ksm	laideur	kuf	lassitude
ksn	lainage	kug	last
kso	laine *	kuh	latéral-e
ksp	laïque	kui	latéralement
ksq	laisser *	kuj	latin
ksr	se laisser	kuk	latiniste
kss	laisser-aller	kul	latitude *
kst	lait	kum	latte
ksu	laiton	kun	laudanum
ksv	lambeau	kuo	lauréat
ksw	lame	kup	laurier
ksx	lamentable	kuq	lavage
ksy	lamentation	kur	lavande
ksz	se lamenter	kus	lave
kta	laminage	kut	laver *
ktb	laminer *	kuu	se laver
ktc	laminoir	kuv	lavis
ktd	lampe	kuw	layette
kte	lampion	kux	lazaret
ktf	lance	kuy	le
ktg	lancer *	kuz	leçon
kth	se lancer	kva	lecteur
kti	lancette	kvb	lectrice
ktj	lancier	kvc	lecture
ktk	landgrave	kvd	légal-e *
ktl	landstag	kve	légalement
ktm	landwehr	kvf	légalisation
ktn	langage	kvg	légaliser
kto	langue	kvh	légalité
ktp	langueur	kvi	légat
ktq	languir	kvj	légataire *
ktr	languissant-e	kvk	légation
kts	lapidaire	kvl	légende
ktt	lapider	kvm	léger-ère

kvn	légèrement *		*kxg*	lézardé-e
kvo	légèreté		*kxh*	liaison
kvp	légion *		*kxi*	liant-e
kvq	législateur		*kxj*	liasse
kvr	législatif-ve *		*kxk*	libelle
kvs	législation		*kxl*	libeller
kvt	législature		*kxm*	libéral-e
kvu	légiste		*kxn*	libéralité
kvv	légitimation		*kxo*	libérateur
kvw	légitime *		*kxp*	libératrice
kvx	légitimement		*kxq*	libération *
kvy	légitimer		*kxr*	libérer *
kvz	légitimiste *		*kxs*	se libérer
kwa	légitimité		*kxt*	liberté *
kwb	legs		*kxu*	libertin-e
kwc	léguer		*kxv*	libertinage
kwd	légume		*kxw*	libraire
kwe	lendemain		*kxx*	librairie
kwf	lent-e		*kxy*	libre *
kwg	lentement		*kxz*	librement
kwh	lenteur		*kya*	lice
kwi	lentille		*kyb*	licence
kwj	lequel		*kyc*	licencié *
kwk	les		*kyd*	licenciement
kwl	léser		*kye*	licencier
kwm	lésiner		*kyf*	licencieux-se
kwn	lésion		*kyg*	licitation *
kwo	lest *		*kyh*	licite
kwp	leste		*kyi*	liciter
kwq	lestement		*kyj*	lie
kwr	lester		*kyk*	liége
kws	léthargie		*kyl*	lien
kwt	lettre *		*kym*	lier
kwu	leur		*kyn*	se lier
kwv	leurre		*kyo*	liespfund
kww	leurrer		*kyp*	lieu *
kwx	se leurrer		*kyq*	lieutenant *
kwy	levain		*kyr*	lieutenant-colonel *
kwz	levant *		*kys*	ligature
kxa	levantine		*kyt*	ligne
kxb	levée		*kyu*	lignite
kxc	lever *		*kyv*	ligue
kxd	se lever		*kyw*	liguer
kxe	levier		*kyx*	se liguer
kxf	levûre		*kyy*	limer

kyz	limite		*lar*	livraison
kza	limiter		*las*	livre *
kzb	limpide		*lat*	livrer *
kzc	limpidité		*lau*	se livrer
kzd	lin *		*lav*	load
kze	linceul		*law*	local-e
kzf	linéaire		*lax*	localité
kzg	linge		*lay*	locataire *
kzh	lingerie		*laz*	locatif-ve
kzi	lingot *		*lba*	location
kzj	lion		*lbb*	locomobile
kzk	liqueur		*lbc*	locomotive
kzl	liquidateur *		*lbd*	locomotion
kzm	liquidation *		*lbe*	locution
kzn	liquide		*lbf*	loge *
kzo	liquider		*lbg*	logement
kzp	se liquider		*lbh*	loger
kzq	liquoreux-se		*lbi*	se loger
kzr	liquoriste		*lbj*	logique
kzs	lire		*lbk*	logiquement
kzt	lisible		*lbl*	loi *
kzu	lisiblement		*lbm*	loin
kzv	lisière		*lbn*	lointain-e
kzw	lisse		*lbo*	loisible
kzx	lisser		*lbp*	loisir
kzy	liste *		*lbq*	long-ue
kzz	lit		*lbr*	longer
			lbs	longitude *
laa	literie		*lbt*	longtemps
lab	litharge		*lbu*	longuement
lac	lithographe		*lbv*	longueur
lad	lithographie		*lbw*	lord *
lae	lithographier		*lbx*	lord-maire
laf	lithographique *		*lby*	lorsque
lag	litige		*lbz*	lost
lah	litigieux-se		*lca*	lot *
lai	litre		*lcb*	loth
laj	littéraire		*lcc*	loterie
lak	littéral-e		*lcd*	lotion
lal	littéralement		*lce*	lotir
lam	littérateur		*lcf*	lotissement
lan	littérature		*lcg*	louable
lao	littoral		*lch*	louage
lap	liturgie		*lci*	louange
laq	livide		*lcj*	louche

lck	louer		*led*	machinalement
lcl	se louer		*lee*	machination
lcm	lougre		*lef*	machine *
lcn	louis		*leg*	machiner
lco	loup		*leh*	machiniste
lcp	lourd-e *		*lei*	mâchurer
lcq	lourdement		*lej*	maçon
lcr	lourdeur		*lek*	maçonnerie
lcs	louvoyer		*lel*	maçonnique *
lct	louvre		*lem*	maculer
lcu	loyal-e		*len*	madame
lcv	loyalement		*leo*	madapolam
lcw	loyauté		*lep*	mademoiselle
lcx	loyer		*leq*	madrier
lcy	lucide		*ler*	magasin
lcz	lucidité		*les*	magasinage
lda	lucratif-ve		*let*	magique
ldb	lueur		*leu*	magistral-e
ldc	lugubre		*lev*	magistrat
ldd	lugubrement		*lew*	magistrature
lde	lui		*lex*	magnanerie
ldf	luire		*ley*	magnanime
ldg	luisant-e		*lez*	magnanimité
ldh	lumière		*lfa*	magnats
ldi	lumineux-se		*lfb*	magnésie
ldj	lunatique		*lfc*	magnétique
ldk	lundi		*lfd*	magnétiser
ldl	lune		*lfe*	magnificence
ldm	lunette		*lff*	magnifique
ldn	lustre		*lfg*	magnifiquement
ldo	lustrer		*lfh*	mahométan-e
ldp	lutte		*lfi*	mai
ldq	lutter		*lfj*	maigre
ldr	lutteur		*lfk*	maigreur
lds	luxe		*lfl*	maigrir
ldt	se luxer		*lfm*	main *
ldu	luzerne		*lfn*	main-courante
ldv	lycée		*lfo*	main-d'œuvre
ldw	lymphatique		*lfp*	mainlevée
ldx	lyrique		*lfq*	maint-e *
ldy	ma		*lfr*	maintenant
ldz	macadamiser		*lfs*	maintenir *
lea	macaroni		*lft*	se maintenir
leb	macérer		*lfu*	maintien
lec	machiavélique		*lfv*	maire

lfw	mairie		*lhp*	malle
lfx	mais		*lhq*	malléable
lfy	maïs *		*lhr*	malmener
lfz	maison *		*lhs*	malpropre
lga	maître *		*lht*	malsain-e *
lgb	maîtresse		*lhu*	malséant-e
lgc	maîtriser		*lhv*	malt
lgd	majesté		*lhw*	maltraiter
lge	majestueux-se		*lhx*	malveillance
lgf	majeur-e *		*lhy*	malveillant-e
lgg	major *		*lhz*	malversation
lgh	majorité *		*lia*	malverser
lgi	mal		*lib*	maman
lgj	malade *		*lic*	mamelon
lgk	maladie *		*lid*	manche
lgl	maladif-ve		*lie*	mandant
lgm	maladresse		*lif*	mandarin
lgn	maladroit-e		*lig*	mandat *
lgo	maladroitement		*lih*	mandataire
lgp	malaise		*lii*	mandement
lgq	mal-à-propos		*lij*	mander
lgr	malavisé-e		*lik*	manége
lgs	mâle		*lil*	manganèse
lgt	malédiction		*lim*	manger
lgu	malencontreusement		*lin*	maniable
lgv	malencontreux-se		*lio*	manie
lgw	malentendu		*lip*	maniement
lgx	malfaçon		*liq*	manier
lgy	malfaire		*lir*	manière *
lgz	malfaisant-e		*lis*	manifestation
lha	malfaiteur		*lit*	manifeste
lhb	mal-famé-e		*liu*	manifester
lhc	malgré		*liv*	se manifester
lhd	malheur		*liw*	manipulation
lhe	malheureusement		*lix*	manipuler
lhf	malheureux-se		*liy*	manœuvre
lhg	malhonnête		*liz*	manœuvrer
lhh	malhonnêtement		*lja*	manque
lhi	malhonnêteté		*ljb*	manquer *
lhj	malice		*ljc*	manteau
lhk	malicieusement		*ljd*	manuel-le
lhl	malin-igne		*lje*	manuellement
lhm	malingre		*ljf*	manufacture *
lhn	malintentionné-e		*ljg*	manufacturer
lho	mal-jugé		*ljh*	manufacturier

lji	manuscrit		*llb*	marraine
ljj	manutention		*llc*	marron
ljk	marabout		*lld*	mars
ljl	marais		*lle*	marteau
ljm	marasme		*llf*	martial-e *
ljn	maraudeur		*llg*	martingale
ljo	maravédis		*llh*	martre
ljp	marbre *		*lli*	martyr-e
ljq	marc *		*llj*	martyre
ljr	marchand *		*llk*	martyriser
ljs	marchande *		*lll*	mascarade
ljt	marchander		*llm*	mascaret
lju	marchandise *		*lln*	masque
ljv	marche *		*llo*	masquer
ljw	marché *		*llp*	se masquer
ljx	marchepied		*llq*	massacre
ljy	marcher *		*llr*	massacrer
ljz	mardi		*lls*	mass
lka	marécageux-se		*llt*	masse *
lkb	maréchal *		*llu*	masser
lkc	maréchale		*llv*	massif-ve
lkd	marée *		*llw*	massue
lke	marge		*llx*	mastic
lkf	marger		*lly*	mastiquer
lkg	margrave		*llz*	masure
lkh	marck		*lma*	mât *
lki	mari		*lmb*	matelot
lkj	mariage *		*lmc*	mâter
lkk	marié *		*lmd*	matérialiste
lkl	mariée		*lme*	matériaux
lkm	marier		*lmf*	matériel
lkn	se marier		*lmg*	matériel-le
lko	marin		*lmh*	maternel-le
lkp	marine *		*lmi*	maternellement
lkq	mariner		*lmj*	maternité
lkr	marinier		*lmk*	mathématicien
lks	maritalement		*lml*	mathématique
lkt	maritime *		*lmm*	mathématiquement
lku	marne		*lmn*	matière
lkv	maroquin		*lmo*	matin *
lkw	marquant-e		*lmp*	matinal-e
lkx	marque *		*lmq*	matrice
lky	marquer		*lmr*	matricule *
lkz	marquis		*lms*	mâture
lla	marquise		*lmt*	maturité

lmu	maudire		*lon*	mélancolique
lmv	maund		*loo*	mélange
lmw	maussade		*lop*	mélanger
lmx	mauvais-e *		*loq*	mélasse
lmy	maxime		*lor*	mêlée
lmz	maximum		*los*	mêler
lna	me		*lot*	se mêler
lnb	mécanicien		*lou*	membre *
lnc	mécanique		*lov*	membrure
lnd	mécaniquement		*low*	memdonyé
lne	mécanisme		*lo.x*	même *
lnf	méchamment		*loy*	mémoire
lng	méchanceté		*loz*	mémorable
lnh	méchant-e		*lpa*	menaçant-e
lni	mèche		*lpb*	menace
lnj	mécompte		*lpc*	menacer
lnk	méconnaissable		*lpd*	ménage
lnl	méconnaître		*lpe*	ménagement
lnm	mécontent-e		*lpf*	ménager
lnn	mécontentement		*lpg*	se ménager
lno	mécontenter		*lph*	mendier
lnp	médaille *		*lpi*	menée
lnq	médaillon		*lpj*	mener *
lnr	médecin *		*lpk*	meneur
lns	médiateur		*lpl*	mensonge
lnt	médiation		*lpm*	mensonger-ère
lnu	médiocre		*lpn*	mensuel-le
lnv	médiocrement		*lpo*	mensuellement
lnw	médiocrité		*lpp*	mental-e *
lnx	médios		*lpq*	menteur-euse
lny	médire		*lpr*	mention
lnz	médisance		*lps*	mentionner
loa	médisant-e		*lpt*	mentir
lob	méditation		*lpu*	menu-e
loc	méditer		*lpv*	menuiserie
lod	meeting *		*lpw*	menuisier
loe	méfait		*lpx*	méphitique
lof	méfiance		*lpy*	se méprendre
log	méfiant-e		*lpz*	mépris *
loh	se méfier		*lqa*	méprisable
loi	mégarde *		*lqb*	méprise
loj	mégisserie		*lqc*	mépriser
lok	mégissier		*lqd*	mer *
lol	meilleur-e		*lqe*	mercantile
lom	mélancolie		*lqf*	mercenaire

lqg	mercerie		*lrz*	se métamorphoser
lqh	merci *		*lsa*	métar
lqi	mercier		*lsb*	métayer
lqj	mercredi		*lsc*	méteil
lqk	mercure		*lsd*	météore
lql	mercuriale		*lse*	météorologique
lqm	mère		*lsf*	méthode
lqn	méridien		*lsg*	méthodique
lqo	méridional-e		*lsh*	méthodiquement
lqp	mérinos *		*lsi*	méticuleux-se
lqq	méritant-e		*lsj*	métier *
lqr	mérite		*lsk*	métikal
lqs	mériter		*lsl*	métis-e *
lqt	merluche		*lsm*	mètre
lqu	merrain		*lsn*	métropole
lqv	merveille		*lso*	mettre *
lqw	merveilleusement		*lsp*	se mettre
lqx	merveilleux-se		*lsq*	metzen
lqy	mes		*lsr*	meuble
lqz	mésalliance		*lss*	meubler
lra	mésallié-e		*lst*	meule
lrb	se mésallier		*lsu*	meunerie
lrc	mésarriver		*lsv*	meunier
lrd	mésaventure		*lsw*	meurtri
lre	mesdames		*lsx*	meurtrier
lrf	mesdemoiselles		*lsy*	meurtrière
lrg	mésestimer		*lsz*	meurtrir
lrh	mésintelligence		*lta*	se meurtrir
lri	mesquin-e		*ltb*	meute
lrj	mesquinement		*ltc*	microscope
lrk	message *		*ltd*	microscopique
lrl	messager		*lte*	midi
lrm	messagère		*ltf*	miel
lrn	messagerie		*ltg*	mielleux-se
lro	messe		*lth*	mien-ne
lrp	messieurs		*lti*	mieux *
lrq	mesure *		*ltj*	migration
lrr	mesurer		*ltk*	mikado
lrs	mésuser		*ltl*	mile
lrt	métairie		*ltm*	milice
lru	métal		*ltn*	milieu *
lrv	métallique		*lto*	militaire *
lrw	métallurgie		*ltp*	militairement
lrx	métamorphose		*ltq*	militer
lry	métamorphoser		*ltr*	millésime

lts	milliard		*lvl*	misérablement
ltt	millième		*lvm*	misère *
ltu	milligramme		*lvn*	miséricorde
ltv	millimètre		*lvo*	mission
ltw	millionnaire		*lvp*	missionnaire
ltx	milord		*lvq*	missive
lty	minaret		*lvr*	mitiger
ltz	mince		*lvs*	mitoyen-ne *
lua	mine *		*lvt*	mitraille
lub	miner		*lvu*	mitrailler
luc	minerai		*lvv*	mitrailleuse
lud	minéral-e *		*lvw*	mixte
lue	minéralogie		*lvx*	mobile
luf	minéralogiste		*lvy*	mobilier-ère *
lug	mineur		*lvz*	mobilisation
luh	mineur-e		*lwa*	mobiliser
lui	miniature		*lwb*	mobilité
luj	minière		*lwc*	mode
luk	minime		*lwd*	modèle
lul	minimum		*lwe*	modérateur
lum	ministère *		*lwf*	modération
lun	ministériel-le *		*lwg*	modéré-e
luo	ministériellement		*lwh*	modérément
lup	ministre *		*lwi*	modérer
luq	minium		*lwj*	se modérer
lur	minorité *		*lwk*	moderne
lus	minot *		*lwl*	modeste
lut	minoterie		*lwm*	modestement
luu	minotier		*lwn*	modestie
luv	minuit		*lwo*	modicité
luw	minute		*lwp*	modificatif-ve
lux	minuter		*lwq*	modification *
luy	minutie		*lwr*	modifier
luz	minutieusement		*lws*	se modifier
lva	minutieux-se		*lwt*	modique
lvb	miracle		*lwu*	module
lvc	miraculeusement		*lwv*	moellon
lvd	miraculeux-se		*lww*	mœurs
lve	mirage		*lwx*	mohur
lvf	miroir		*lwy*	moi
lvg	miroiterie		*lwz*	moindre
lvh	miroitier		*lxa*	moine
lvi	misanthrope		*lxb*	moins *
lvj	mise		*lxc*	mois *
lvk	misérable		*lxd*	moisir

lxe	moisissure		lyx	mont-de-piété
lxf	moisson		lyy	monter *
lxg	moissonner		lyz	monticule
lxh	moissonneur		lza	montre
lxi	moissonneuse		lzb	montrer
lxj	moitié		lzc	se montrer
lxk	môle		lzd	monument
lxl	molester		lze	monumental-e
lxm	mollement		lzf	se moquer
lxn	mollesse		lzg	moquette
lxo	molleton		lzh	moral-e *
lxp	mollir		lzi	morale
lxq	moment *		lzj	moralement
lxr	momentané-e		lzk	moraliser
lxs	momentanément		lzl	moralité
lxt	mon		lzm	morbide
lxu	monarchie		lzn	morceau
lxv	monarchique		lzo	morceler
lxw	monarchiste		lzp	morcellement
lxx	monastère		lzq	mordant-e
lxy	monastique		lzr	mordicus
lxz	monceau		lzs	mordre
lya	mondain-e		lzt	morgue
lyb	monde *		lzu	moribond-e
lyc	monder		lzv	morigéner
lyd	monétaire		lzw	morne
lye	moniteur		lzx	morose
lyf	monnaie		lzy	morphine
lyg	monnayer		lzz	mors
lyh	monnayeur			
lyi	monopole *		maa	morsure
lyj	monopoliser		mab	mort-e *
lyk	monotone		mac	mortadelle
lyl	monseigneur		mad	mortalité
lym	monsieur		mae	mortel-le
lyn	monstre		maf	mortellement *
lyo	monstrueusement		mag	morte-saison
lyp	monstrueux-se		mah	mortier
lyq	monstruosité		mai	mortifier
lyr	mont		maj	mort-né
lys	montage		mak	mortuaire
lyt	montagnard-e		mal	morue
lyu	montagne		mam	morve
lyv	montagneux-se		man	mosaïque
lyw	montant-e		mao	mosquée

map	mot *		*mci*	mulet
maq	moteur		*mcj*	multiple
mar	motrice		*mck*	multiplication
mas	motif		*mcl*	multiplicité
mat	motion		*mcm*	multiplier
mau	motiver		*mcn*	se multiplier
mav	mou-molle		*mco*	multitude
maw	mouchard		*mcp*	municipal-e *
max	mouchoir		*mcq*	municipalité
may	moudre		*mcr*	munificence
maz	mouillage		*mcs*	munir
mba	mouiller		*mct*	se munir
mbb	moule		*mcu*	munition
mbc	mouler		*mcv*	munitionnaire
mbd	moulin		*mcw*	mur *
mbe	moulinage		*mcx*	mûr-e
mbf	mouliner		*mcy*	muraille
mbg	moulu-e		*mcz*	mûrement
mbh	mourant-e		*mda*	murer
mbi	mourir		*mdb*	mûrier
mbj	mousqueton		*mdc*	mûrir
mbk	mousse		*mdd*	murmure
mbl	mousseline		*mde*	murmurer
mbm	mousser		*mdf*	musc
mbn	mousseux-se		*mdg*	muscat-e
mbo	mousson		*mdh*	muscle
mbp	moût		*mdi*	musculaire
mbq	moutarde *		*mdj*	musée
mbr	mouton *		*mdk*	muséum
mbs	mouture		*mdl*	musicien
mbt	mouvant-e		*mdm*	musicienne
mbu	mouvement		*mdn*	musique *
mbv	mouvoir		*mdo*	mutation
mbw	se mouvoir		*mdp*	mutilation
mbx	moyen-ne *		*mdq*	mutiler
mby	moyennant		*mdr*	mutin-e
mbz	mudde		*mds*	se mutiner
mca	muet-te		*mdt*	mutinerie
mcb	mufti		*mdu*	mutisme
mcc	mugir		*mdv*	mutuel-le
mcd	mugissant-e		*mdw*	mutuellement
mce	mugissement		*mdx*	myope
mcf	muid		*mdy*	myriade
mcg	mulâtre		*mdz*	myriamètre
mch	mule		*mea*	mystère

meb	mystérieusement
mec	mystérieux-se
med	mystificateur
mee	mystification
mef	mystifier
meg	mystique
meh	nabab
mei	nacelle
mej	nacre
mek	nage .
mel	nager
mem	naguère
men	naïf-ve
meo	naissance *
mep	naissant-e
meq	naître *
mer	naïvement
mes	naïveté
met	nantir
meu	nantissement *
mev	narcotique
mew	narguer
mex	narration
mey	narrer
mez	natal-e
mfa	natif-ve
mfb	nation
mfc	national-e *
mfd	nationaliser
mfe	nationalité
mff	natron
mfg	naturalisation
mfh	naturaliser
mfi	naturaliste
mfj	nature
mfk	naturel-le *
mfl	naturellement
mfm	naufrage *
mfn	naufragé-e
mfo	naufragés (les)
mfp	naufrager
mfq	nautique
mfr	naval-e
mfs	navigable
mft	navigateur
mfu	navigation *
mfv	naviguer
mfw	navire *
mfx	navrant-e
mfy	navrer
mfz	ne
mga	néanmoins
mgb	néant
mgc	nébuleux-se
mgd	nécessaire *
mge	nécessairement
mgf	nécessité
mgg	nécessiter
mgh	nec-plus-ultra
mgi	néfaste
mgj	négatif-ve
mgk	négation
mgl	négativement
mgm	négligemment
mgn	négligence
mgo	négligent-e
mgp	négliger *
mgq	se négliger
mgr	négoce
mgs	négociable
mgt	négociant
mgu	négociateur
mgv	négociation *
mgw	négocier *
mgx	nègre
mgy	négrier
mgz	neige
mha	neiger *
mhb	nerf
mhc	nerveux-se
mhd	net-te *
mhe	nettement
mhf	netteté
mhg	nettoyer
mhh	neuf-ve
mhi	neutralisation
mhj	neutraliser
mhk	se neutraliser
mhl	neutralité *
mhm	neutre

mhn	neuvaine		*mjg*	nonciature
mho	neuvième		*mjh*	non-existence
mhp	neveu		*mji*	non-intervention
mhq	ni *		*mjj*	non-jouissance
mhr	niais-e		*mjk*	nonobstant
mhs	niaiserie		*mjl*	non-payement
mht	nièce		*mjm*	non-plus
mhu	nier		*mjn*	non-sens
mhv	nitrate		*mjo*	non-seulement
mhw	nitrique		*mjp*	non-valeur
mhx	nitrite		*mjq*	nord *
mhy	niveau		*mjr*	normal-e *
mhz	niveler		*mjs*	notabilité
mia	nivellement		*mjt*	notable
mib	noble		*mju*	notaire *
mic	noblement		*mjv*	notamment
mid	noblesse		*mjw*	notariat
mie	noce *		*mjx*	note *
mif	nocturne		*mjy*	noter
mig	noël		*mjz*	notice
mih	nœud		*mka*	notification
mii	noir-e *		*mkb*	notifier
mij	noirceur		*mkc*	notion
mik	noircir		*mkd*	notoire
mil	noisette		*mke*	notoirement
mim	noix		*mkf*	notoriété *
min	nolis		*mkg*	notre
mio	noliser		*mkh*	Notre-Dame
mip	nom *		*mki*	nouer
miq	nomade		*mkj*	nougat
mir	nombre *		*mkk*	nourrice
mis	nombreux-se *		*mkl*	nourrir
mit	nomenclature		*mkm*	nourriture
miu	nominal-e *		*mkn*	nous *
miv	nomination *		*mko*	nouveau *
miw	nominativement		*mkp*	nouveau-né
mix	nommer		*mkq*	nouveauté
miy	se nommer		*mkr*	nouvelle *
miz	non *		*mks*	nouvellement
mja	nonagénaire		*mkt*	nouvelliste
mjb	non-avenu-e		*mku*	novateur
mjc	nonce		*mkv*	novation
mjd	nonchalamment		*mkw*	novembre
mje	nonchalance		*mkx*	novice
mjf	nonchalant-e		*mky*	noviciat

mkz	noyau		*mms*	obscur-e
mla	noyer		*mmt*	obscurcir
mlb	se noyer		*mmu*	s'obscurcir
mlc	nu-e		*mmv*	obscurément
mld	nuage		*mmw*	obscurité
mle	nuageux-se		*mmx*	obséder
mlf	nuance		*mmy*	obsèques
mlg	nuancer		*mmz*	observateur
mlh	nuée		*mna*	observation *
mli	nuire		*mnb*	observatoire
mlj	nuisible		*mnc*	observer *
mlk	nuit		*mnd*	s'observer
mll	nul-le		*mne*	obsession
mlm	nullement		*mnf*	obstacle *
mln	nullité		*mng*	obstination
mlo	numéraire		*mnh*	obstiné-e
mlp	numérique		*mni*	obstinément
mlq	numéro *		*mnj*	s'obstiner
mlr	numéroter		*mnk*	obstruction
mls	nue-propriété		*mnl*	obstruer
mlt	nuptial-e *		*mnm*	obtempérer
mlu	nutritif-ve		*mnn*	obtenir *
mlv	nutrition		*mno*	obtention
mlw	oasis		*mnp*	obus
mlx	obéir		*mnq*	obusier
mly	obéissance		*mnr*	obvier
mlz	obéissant-e		*mns*	occasion *
mma	obérer		*mnt*	occasionnellement
mmb	s'obérer		*mnu*	occasionner
mmc	objecter		*mnv*	occident
mmd	objectif-ve		*mnw*	occidental-e
mme	objection		*mnx*	occulte
mmf	objet *		*mny*	occupation
mmg	obligataire *		*mnz*	occuper
mmh	obligation *		*moa*	s'occuper
mmi	obligatoire		*mob*	occurrence
mmj	obligeamment		*moc*	ochavo
mmk	obligeance		*mod*	ocre
mml	obligeant-e		*moe*	octant
mmm	obliger		*mof*	octave
mmn	s'obliger		*mog*	in-octavo
mmo	oblique		*moh*	octobre
mmp	obliquer		*moi*	octogénaire
mmq	oblitérer		*moj*	octroi
mmr	obole		*mok*	octroyer

mol	oculaire		*mqe*	omission
mom	oculiste		*mqf*	omnibus
mon	odeur		*mqg*	omnipotence
moo	odieusement		*mqh*	omnipotent
mop	odieux-se		*mqi*	on *
moq	œil		*mqj*	once
mor	œillette		*mqk*	oncle
mos	œnomètre		*mql*	onction
mot	œuf		*mqm*	onde
mou	œuvre *		*mqn*	ondée
mov	offensant-e		*mqo*	ondoyer
mow	offense		*mqp*	onéreux-se
mox	offensé-e		*mqq*	onyx
moy	offenser		*mqr*	onzième
moz	offensif		*mqs*	opale
mpa	offensive		*mqt*	opaque
mpb	office		*mqu*	opéra *
mpc	officiel-le *		*mqv*	opérateur
mpd	officiellement		*mqw*	opération *
mpe	officier *		*mqx*	opérer
mpf	officieusement		*mqy*	s'opérer
mpg	officieux-se		*mqz*	opiner
mph	officine		*mra*	opiniâtre
mpi	offrande		*mrb*	opiniâtreté
mpj	offrant		*mrc*	opinion *
mpk	offre *		*mrd*	opium
mpl	offrir		*mre*	opportun-e
mpm	offusquer		*mrf*	opportunément
mpn	oie		*mrg*	opportunité
mpo	oiseau		*mrh*	opposant-e
mpp	oiseux-se		*mri*	opposer *
mpq	oisif-ve		*mrj*	s'opposer
mpr	oisiveté		*mrk*	opposition *
mps	oléagineux-se		*mrl*	oppresser
mpt	oléine *		*mrm*	oppresseur
mpu	oligarchie		*mrn*	oppressif-ve
mpv	olive *		*mro*	oppression
mpw	olivier		*mrp*	opprimer
mpx	olographe *		*mrq*	opprobre
mpy	ombrage *		*mrr*	opter
mpz	ombrager		*mrs*	opticien
mqa	ombrageux-se		*mrt*	optimiste
mqb	ombre		*mru*	option
mqc	ombrelle		*mrv*	optique
mqd	omettre		*mrw*	opulence

mrx	opulent-e		*mtq*	originalité
mry	opuscule		*mtr*	origine *
mrz	oque		*mts*	ornement
msa	or *		*mtt*	orner
msb	oracle		*mtu*	ornière
msc	orage *		*mtv*	orphelin
msd	orageux-se *		*mtw*	orpheline
mse	oral-e		*mtx*	orphelinat
msf	orange		*mty*	orseille
msg	oranger		*mtz*	orthodoxe
msh	orateur *		*mua*	orthographe
msi	orbite		*mub*	orthographier
msj	orchestre *		*muc*	orthopédie
msk	ordinaire *		*mud*	os
msl	ordinairement		*mue*	oscillation
msm	ordination		*muf*	osciller
msn	ordonnance *		*mug*	oser
mso	ordonnancement		*muh*	osier
msp	ordonnancer		*mui*	ossements
msq	ordonnateur		*muj*	ostensible
msr	ordonner		*muk*	ostensiblement
mss	ordre *		*mul*	ostensoir
mst	oreille		*mum*	ostentation
msu	ores		*mun*	ostracisme
msv	orfévrerie		*muo*	otage
msw	organe		*mup*	ôter
msx	organique		*muq*	ottoman-e
msy	organisation		*mur*	ou
msz	organisé-e		*mus*	ouate
mta	organiser *		*mut*	oubli *
mtb	s'organiser		*muu*	oublier
mtc	organisme		*muv*	s'oublier
mtd	organiste		*muw*	oublieux-se
mte	orge *		*mux*	ouest *
mtf	orgie		*muy*	oui
mtg	orgue		*muz*	ouï-dire
mth	orgueil		*mva*	ouïr
mti	orgueilleux-se		*mvb*	ouragan
mtj	orient		*mvc*	ourdir
mtk	oriental-e		*mvd*	ours
mtl	orienter		*mve*	outil
mtm	s'orienter		*mvf*	outillé-e
mtn	orifice		*mvg*	outiller
mto	originaire		*mvh*	outrage
mtp	original-e		*mvi*	outrageant-e

mvj	outrager		mxc	paire
mvk	outrageusement		mxd	pairie
mvl	outrance (à) *		mxe	paisible
mvm	outre *		mxf	paître
mvn	outré-e		mxg	paix *
mvo	outrer		mxh	palais
mvp	outrecuidance		mxi	palan
mvq	outrecuidant-e		mxj	pâle
mvr	outre-mesure		mxk	palefrenier
mvs	outre-passer		mxl	pâleur
mvt	ouvert-e		mxm	pâlir
mvu	ouvertement		mxn	palissade
mvv	ouverture *		mxo	palissandre *
mvw	ouvrable		mxp	palliatif-ve
mvx	ouvrage		mxq	pallier
mvy	ouvrer		mxr	palm
mvz	ouvrier		mxs	palme
mwa	ouvrière		mxt	palmier
mwb	ouvrir *		mxu	palmiste *
mwc	s'ouvrir		mxv	palpable
mwd	ovale		mxw	palper
mwe	ovation		mxx	palpitant-e
mwf	oxhoft		mxy	palpitation
mwg	oxydable		mxz	palpiter
mwh	oxyde		mya	pamphlet
mwi	oxyder		myb	pamphlétaire
mwj	s'oxyder		myc	panégyrique
mwk	oxygène		myd	panégyriste
mwl	pacage		mye	panier
mwm	pacager		myf	panification
mwn	pacha		myg	panique
mwo	pachalik		myh	panneau
mwp	pacificateur		myi	panorama
mwq	pacification		myj	pansement
mwr	pacifier		myk	panser
mws	pacifique		myl	panthéon
mwt	pacotille		mym	papa
mwu	pacte		myn	papal-e
mwv	pactiser		myo	papauté
mww	page		myp	pape *
mwx	pagination		myq	papeterie
mwy	pagode		myr	papetier
mwz	paille		mys	papier *
mxa	pain *		myt	papiste
mxb	pair *		myu	Pâques

myv	paquebot		*nan*	parer
myw	paquet		*nao*	se parer
myx	par *		*nap*	parère
myy	para		*naq*	paresse
myz	parabole		*nar*	paresseux-se
mza	parachute		*nas*	parfaire
mzb	parade		*nat*	parfait-e
mzc	paradis		*nau*	parfaitement
mzd	paradoxal-e		*nav*	parfois
mze	paradoxe		*naw*	parfum
mzf	parage		*nax*	parfumer
mzg	paragraphe		*nay*	parfumerie
mzh	paraître		*naz*	parfumeur
mzi	parallèle		*nba*	pari
mzj	parallèlement		*nbb*	parier
mzk	paralyser		*nbc*	parieur
mzl	paralysie		*nbd*	parité
mzm	paralytique		*nbe*	parjure
mzn	parapet		*nbf*	se parjurer
mzo	paraphe		*nbg*	parlement
mzp	parapher		*nbh*	parlementaire
mzq	parapluie		*nbi*	parlementer
mzr	parasite		*nbj*	parler
mzs	paratonnerre		*nbk*	parleur
mzt	parc		*nbl*	parmi
mzu	parcellaire		*nbm*	parodie
mzv	parcelle		*nbn*	parodier
mzw	parce que		*nbo*	paroi
mzx	parchemin		*nbp*	paroisse
mzy	parcheminerie		*nbq*	parole *
mzz	parcheminier		*nbr*	paroli
			nbs	paroxysme
naa	parcimonie		*nbt*	parquer
nab	parcimonieux-se		*nbu*	parquet
nac	parcourir		*nbv*	parrain
nad	parcours		*nbw*	parricide
nae	pardon *		*nbx*	parsemer
naf	pardonnable		*nby*	part *
nag	pardonner		*nbz*	partage
nah	se pardonner		*nca*	partageant
nai	pareil-le		*ncb*	partager
naj	pareillement		*ncc*	partance *
nak	parent		*ncd*	parti *
nal	parente		*nce*	partial-e
nam	parenté		*ncf*	partialement

ncg	partialité	ndz	pastoral-e
nch	participant-e	nea	patauger
nci	participation *	neb	pâte *
ncj	participer	nec	pâté
nck	particularité	ned	patent-e
ncl	particulier-ère *	nee	patentable
ncm	particulièrement	nef	patente *
ncn	partie *	neg	patenté-e
nco	partiel-le *	neh	patenter
ncp	partiellement	nei	paternel-le
ncq	partir *	nej	paternellement
ncr	partisan	nek	paternité
ncs	partition	nel	pathétique
nct	partout	nem	patiemment
ncu	parure	nen	patience *
ncv	parvenir	neo	patient-e
ncw	parvenu	nep	patienter
ncx	pas *	neq	patiner
ncy	passable	ner	patineur
ncz	passablement	nes	pâtisserie
nda	passage	net	pâtissier
ndb	passager-ère	neu	patriarcal-e
ndc	passagèrement	nev	patriarche
ndd	passant-e	new	patrie
nde	passavant	nex	patrimoine
ndf	passe	ney	patrimonial-e
ndg	passé	nez	patriote
ndh	passe-debout	nfa	patriotique
ndi	passe-droit	nfb	patriotiquement
ndj	passementerie	nfc	patriotisme
ndk	passementier	nfd	patron
ndl	passe-partout	nfe	patronage
ndm	passe-port	nff	patronal-e
ndn	passer *	nfg	patronner
ndo	se passer	nfh	patrouille
ndp	passe-temps	nfï	pâturage
ndq	passible	nfj	pâture
ndr	passif	nfk	pâturer
nds	passif-ve	nfl	paupérisme
ndt	passion	nfm	pauvre
ndu	passionnément	nfn	pauvrement
ndv	passionner	nfo	pauvreté
ndw	se passionner	nfp	pavage
ndx	passivement	nfq	se pavaner
ndy	pasteur	nfr	paver

nfs	pavillon		*nhl*	pelote
nft	pavoiser		*nhm*	peloton
nfu	se pavoiser		*nhn*	peluche
nfv	payable		*nho*	pénal-e
nfw	paye		*nhp*	pénalité
nfx	payement *		*nhq*	penchant
nfy	payer *		*nhr*	pencher
nfz	se payer		*nhs*	pendable
nga	payeur		*nht*	pendant *
ngb	pays		*nhu*	pendant-e
ngc	paysage		*nhv*	pendre
ngd	paysagiste		*nhw*	se pendre
nge	paysan-ne		*nhx*	pendu-e
ngf	péage		*nhy*	pendule
ngg	peau *		*nhz*	pénétrant-e
ngh	peausserie		*nia*	pénétration
ngi	peaussier		*nib*	pénétrer
ngj	peccadille		*nic*	se pénétrer
ngk	pêche		*nid*	pénible
ngl	pêcher		*nie*	péniblement
ngm	pêcherie		*nif*	péniche
ngn	pêcheur *		*nig*	péninsule
ngo	pectoral-e		*nih*	pénitence
ngp	pécule		*nii*	pénitent-e
ngq	pécuniaire		*nij*	pénitencier
ngr	pédagogue		*nik*	pénitentiaire
ngs	pédant-e		*nil*	penny
ngt	pédantisme		*nim*	pensée
ngu	pédestrement		*nin*	penser
ngv	peignage		*nio*	penseur *
ngw	peigne		*nip*	pension
ngx	peigner		*niq*	pensionnaire
ngy	peindre		*nir*	pensionner
ngz	peine *		*nis*	pente
nha	peiner		*nit*	Pentecôte
nhb	peintre		*niu*	pénurie
nhc	peinture		*niv*	pépinière
nhd	pelade		*niw*	pépiniériste
nhe	pêle-mêle		*nix*	percale
nhf	peler		*niy*	percaline
nhg	pèlerin		*niz*	perçant-e
nhh	pèlerinage		*nja*	perce (en)
nhi	pelle		*njb*	percement
nhj	pelleterie		*njc*	percepteur
nhk	pelletier		*njd*	perception

nje	percer		*nkx*	pernicieux-se
njf	percevoir		*nky*	péroraison
njg	perche		*nkz*	pérorer
njh	perclus-e		*nla*	perpendiculaire
nji	percussion		*nlb*	perpendiculairement
njj	perdable		*nlc*	perpétration
njk	perdition		*nld*	perpétrer
njl	perdre*		*nle*	perpétuel-le
njm	se perdre		*nlf*	perpétuellement
njn	perdu-e*		*nlg*	perpétuer
njo	père		*nlh*	se perpétuer
njp	péremption		*nli*	perpétuité
njq	péremptoire		*nlj*	perplexe
njr	perfectible		*nlk*	perplexité
njs	perfection		*nll*	perquisition
njt	perfectionnement		*nlm*	persécuter
nju	perfectionner		*nln*	persécuteur
njv	se perfectionner		*nlo*	persécution
njw	perfide		*nlp*	persévérance
njx	perfidement		*nlq*	persévérant-e
njy	perfidie		*nlr*	persévérer
njz	péricliter		*nls*	persiflage
nka	péril*		*nlt*	persifler
nkb	périlleux-se		*nlu*	persistance
nkc	périmer		*nlv*	persistant-e
nkd	périmètre		*nlw*	persister
nke	période		*nlx*	personnage
nkf	périodique		*nly*	personnalité
nkg	périodiquement		*nlz*	personne
nkh	péripétie		*nma*	personnel-le
nki	périphrase		*nmb*	personnellement
nkj	périr		*nmc*	personnifier
nkk	périssable		*nmd*	perspective
nkl	péristyle		*nme*	perspicace
nkm	péritonite		*nmf*	perspicacité
nkn	perle		*nmg*	persuader
nko	permanence*		*nmh*	se persuader
nkp	permanent-e		*nmi*	persuasif-ve
nkq	perméable		*nmj*	persuasion
nkr	permettre		*nmk*	perte*
nks	se permettre		*nml*	pertinemment
nkt	permis*		*nmm*	perturbateur
nku	permission*		*nmn*	perturbation
nkv	permutation		*nmo*	pervers-e
nkw	permuter		*nmp*	perversité

nmq	pervertir		*noj*	pharmaceutique
nmr	se pervertir		*nok*	pharmacie *
nms	pesamment		*nol*	pharmacien
nmt	pesant-e		*nom*	phase
nmu	pesanteur		*non*	phénoménal-e
nmv	pesée		*noo*	phénomène
nmw	pèse-liqueurs		*nop*	philanthrope
nmx	peser		*noq*	philanthropie
nmy	pessimiste		*nor*	philanthropique
nmz	peste		*nos*	philosophe
nna	pestiféré-e		*not*	philosophie
nnb	pestilentiel-le		*nou*	philosophique
nnc	pétaudière		*nov*	phosphate
nnd	pétiller		*now*	phosphore
nne	petit-e *		*nox*	phosphorescence
nnf	petite-fille		*noy*	phosphorique
nng	petitement		*noz*	photographe
nnh	petite-nièce		*npa*	photographie
nni	petitesse		*npb*	photographique
nnj	petite-vérole		*npc*	phrase
nnk	petit-fils		*npd*	phrénologie
nnl	pétition		*npe*	phrénologique
nnm	pétitionnaire		*npf*	phrénologiste
nnn	pétitionner		*npg*	phthisie
nno	petit-neveu		*nph*	phthisique
nnp	petit-texte		*npi*	physicien
nnq	pétri-e		*npj*	physiologie
nnr	pétrification		*npk*	physiologique
nns	pétrifier		*npl*	physiologiste
nnt	pétrin		*npm*	physionomie
nnu	pétrir		*npn*	physionomiste
nnv	pétrole *		*npo*	physique
nnw	pétulance		*npp*	physiquement
nnx	pétulant-e		*npq*	pianiste
nny	peu *		*npr*	piano
nnz	peuplade		*nps*	piastre
noa	peuple		*npt*	pic
nob	peupler		*npu*	picul
noc	peur		*npv*	pièce
nod	peureux-se		*npw*	pied *
noe	peut-être		*npx*	pied-à-terre
nof	pfennig		*npy*	piédestal
nog	pfund		*npz*	piége
noh	phalange		*nqa*	pierre *
noi	phare		*nqb*	pierrerie

nqc	piété		nrv	placarder
nqd	piètre		nrw	place *
nqe	piètrement		nrx	placement *
nqf	pieu		nry	placer
nqg	pieusement		nrz	se placer
nqh	pieux-se		nsa	placet
nqi	pile *		nsb	plafond
nqj	piler *		nsc	plage
nqk	pillage		nsd	plagiaire
nql	pillard		nse	plagiat
nqm	piller		nsf	plaidable
nqn	pilori		nsg	plaidant-e
nqo	pilote		nsh	plaider
nqp	piloter		nsi	plaideur
nqq	pilotis		nsj	plaidoirie
nqr	pinacle		nsk	plaie
nqs	pinceau		nsl	plaignant-e
nqt	pincer		nsm	plaindre
nqu	piocher		nsn	se plaindre
nqv	pionnier		nso	plaine
nqw	pipe		nsp	plainte
nqx	piquant-e		nsq	plaire
nqy	piquer		nsr	se plaire
nqz	se piquer		nss	plaisant-e
nra	piquet		nst	plaisanter
nrb	piqueur		nsu	plaisanterie
nrc	pirate		nsv	plaisir
nrd	piraterie		nsw	plamer
nre	pire		nsx	plan
nrf	pirogue		nsy	planche
nrg	pis		nsz	planchéier
nrh	pisé		nta	plancher
nri	pistache		ntb	planer
nrj	piste		ntc	planète *
nrk	pistole		ntd	planisphère
nrl	piston		nte	plantation *
nrm	piteusement		ntf	plante
nrn	piteux-se		ntg	planter
nro	pitié		nth	planteur
nrp	pitoyable		nti	planton
nrq	pittoresque		ntj	plaque *
nrr	pivot		ntk	plaquer
nrs	pivoter		ntl	plastique
nrt	placage		ntm	plastron
nru	placard		ntn	plat-e

nto	plateau		*nvh*	pluvieux-se
ntp	plate-forme		*nvi*	poêle
ntq	platement		*nvj*	poëme
ntr	platine		*nvk*	poésie
nts	platitude		*nvl*	poëte
ntt	platonique		*nvm*	poétique
ntu	plâtrage		*nvn*	poids *
ntv	plâtre		*nvo*	poignant-e
ntw	plâtrer		*nvp*	poignard
ntx	plausible		*nvq*	poignarder
nty	plébiscite		*nvr*	se poignarder
ntz	plein-e		*nvs*	poignet
nua	pleinement		*nvt*	poil *
nub	plein-pouvoir		*nvu*	poinçon
nuc	plénière		*nvv*	poinçonner
nud	plénipotentiaire *		*nvw*	poindre
nue	plénitude		*nvx*	poing
nuf	pleurer		*nvy*	point *
nug	pleurésie		*nvz*	pointage
nuh	pleureur		*nwa*	pointe
nui	pleurs		*nwb*	pointer
nuj	pleuvoir		*nwc*	pointilleux-se
nuk	pli		*nwd*	pointu-e
nul	pliage		*nwe*	pois
num	pliant-e		*nwf*	poison
nun	plier		*nwg*	poisson
nuo	se plier		*nwh*	poissonneux-se
nup	plomb *		*nwi*	poitrinaire
nuq	plombagine		*nwj*	poitrine
nur	plomber		*nwk*	poivre *
nus	plongeant-e		*nwl*	poix
nut	plonger		*nwm*	polacre
nuu	plongeur		*nwn*	polaire
nuv	ployer		*nwo*	pôle
nuw	pluie *		*nwp*	polémique
nux	plumassier		*nwq*	poli-e
nuy	plume		*nwr*	police *
nuz	plumer		*nws*	poliment
nva	plumet		*nwt*	polir
nvb	plupart (la)		*nwu*	polisson
nvc	pluralité		*nwv*	politesse
nvd	plus *		*nww*	politique *
nve	plusieurs		*nwx*	politiquement
nvf	plus-value		*nwy*	poltron-ne
nvg	plutôt		*nwz*	poltronnerie

nxa	polygame		*nyt*	portée *
nxb	polygamie		*nyu*	portefaix
nxc	polyglotte		*nyv*	portefeuille
nxd	polygone		*nyw*	porter *
nxe	polytechnique *		*nyx*	se porter
nxf	pommade		*nyy*	porteur
nxg	pomme *		*nyz*	porte-voix
nxh	pompe		*nza*	portier
nxi	pomper		*nzb*	portière
nxj	pompeusement		*nzc*	portion
nxk	pompeux-se		*nzd*	portique
nxl	pompier		*nze*	portrait
nxm	poncer		*nzf*	pose
nxn	ponctualité		*nzg*	posément
nxo	ponctuel-le		*nzh*	poser *
nxp	ponctuellement		*nzi*	se poser
nxq	ponctuer		*nzj*	poseur
nxr	pond		*nzk*	positif-ve
nxs	pondage		*nzl*	position *
nxt	pondérable		*nzm*	positivement
nxu	pondération		*nzn*	posséder
nxv	pondérer		*nzo*	possesseur
nxw	pont *		*nzp*	possession *
nxx	ponte		*nzq*	possibilité
nxy	pontife		*nzr*	possible
nxz	pontifical-e		*nzs*	postal-e *
nya	pont-levis		*nzt*	postdater
nyb	ponton		*nzu*	poste *
nyc	pontonnier		*nzv*	poster
nyd	populace		*nzw*	se poster
nye	populaire		*nzx*	postérieur-e
nyf	populariser		*nzy*	postérieurement
nyg	se populariser		*nzz*	postérité
nyh	popularité			
nyi	population		*oaa*	posthume
nyj	populeux-se		*oab*	post-scriptum
nyk	porc		*oac*	postuler
nyl	porcelaine *		*oad*	pot
nym	porphyre		*oae*	potable
nyn	port *		*oaf*	potasse *
nyo	portable		*oag*	pot-de-vin
nyp	portail		*oah*	poteau
nyq	portant-e *		*oai*	potence
nyr	portatif-ve		*oaj*	poterie
nys	porte-drapeau		*oak*	poterne

oal	pouce		*oce*	préau
oam	poud		*ocf*	précaire
oan	poudre		*ocg*	précaution*
oao	poudrière		*och*	se précautionner
oap	poulie		*oci*	précédemment
oaq	poumon		*ocj*	précédent-e
oar	poupe		*ock*	précédents (les ou des)
oas	pour*		*ocl*	précéder
oat	pourchasser		*ocm*	précepte
oau	pourparler		*ocn*	précepteur
oav	pourpre		*oco*	prêcher
oaw	pourquoi*		*ocp*	précieusement
oax	pourrir		*ocq*	précieux-se
oay	se pourrir		*ocr*	précipice
oaz	pourriture		*ocs*	précipitamment
oba	poursuite		*oct*	précipitant
obb	poursuivant		*ocu*	précipitation
obc	poursuivre*		*ocv*	précipiter
obd	se poursuivre		*ocw*	se précipiter
obe	pourtant		*ocx*	préciput
obf	pourvoi		*ocy*	précis-e
obg	pourvoir		*ocz*	précisément
obh	se pourvoir		*oda*	préciser
obi	pourvoyeur		*odb*	précision
obj	pourvu*		*odc*	précité-e
obk	pousse		*odd*	précoce
obl	pousser		*ode*	précocité
obm	se pousser		*odf*	préconçu-e
obn	poussière		*odg*	préconiser
obo	poussif-ve		*odh*	précurseur
obp	poutre		*odi*	prédécédé-e
obq	poutrelle		*odj*	prédécesseur
obr	pouvoir*		*odk*	prédestiné-e
obs	se pouvoir		*odl*	prédicateur
obt	pouzzolane		*odm*	prédiction
obu	prairie		*odn*	prédilection
obv	praticable		*odo*	prédire
obw	praticien		*odp*	prédisposer
obx	pratique		*odq*	prédisposition
oby	pratiquer		*odr*	prééminence
obz	se pratiquer		*ods*	préface
oca	pré		*odt*	préfectoral-e*
ocb	préalable*		*odu*	préfecture*
occ	préalablement		*odv*	préférable
ocd	préambule		*odw*	préférablement

odx	préféré-e		ofq	prérogative
ody	préférence		ofr	près *
odz	préférer		ofs	présage
oea	préfet *		oft	présager
oeb	préjudice *		ofu	presbyte
oec	préjudiciable		ofv	presbytère
oed	préjudiciel-le		ofw	prescription
oee	préjudicier		ofx	prescrire
oef	préjugé		ofy	se prescrire
oeg	préjuger		ofz	préséance
oeh	prélèvement		oga	présence
oei	prélever		ogb	présent-e *
oej	préliminaire		ogc	présentable
oek	prélude		ogd	présentation
oel	préluder		oge	présentement
oem	prématuré-e		ogf	présenter
oen	prématurément		ogg	se présenter
oeo	préméditation *		ogh	préservatif-ve
oep	préméditer		ogi	préserver
oeq	prémices		ogj	se préserver
oer	premier-ère *		ogk	présidence
oes	premièrement		ogl	président *
oet	prémunir		ogm	présidente
oeu	se prémunir		ogn	présider
oev	prenable		ogo	présomptif-ve
oew	prenant-e		ogp	présomption
oex	prendre *		ogq	présomptueux-se
oey	se prendre		ogr	presque
oez	preneur *		ogs	pressant-e
ofa	prénom		ogt	presse *
ofb	préoccupation		ogu	pressé-e
ofc	préoccupé-e		ogv	pressentiment
ofd	préoccuper		ogw	pressentir
ofe	se préoccuper		ogx	presser *
off	préopinant		ogy	se presser
ofg	préopiner		ogz	pression
ofh	préparatif		oha	pressoir
ofi	préparation		ohb	pressurage
ofj	préparatoire *		ohc	pressurer
ofk	préparer		ohd	prestance
ofl	se préparer		ohe	prestation
ofm	prépondérance		ohf	prestige
ofn	prépondérant-e		ohg	-présumable
ofo	préposé-e		ohh	présumer
ofp	préposer		ohi	prêt

ohj	prêt-e		*ojc*	princièrement
ohk	prétendant		*ojd*	principal-e *
ohl	prétendre		*oje*	principalement
ohm	prétendu-e		*ojf*	principauté
ohn	prête-nom		*ojg*	principe
oho	prétentieux-se		*ojh*	printemps
ohp	prétention *		*oji*	priori (à)
ohq	prêter *		*ojj*	priorité
ohr	se prêter		*ojk*	prise
ohs	prêteur		*ojl*	prisée
oht	prétexte *		*ojm*	priser
ohu	prétexter		*ojn*	priseur *
ohv	prétoire		*ojo*	prison *
ohw	prêtre		*ojp*	prisonnier
ohx	preuve *		*ojq*	prisonnière
ohy	prévaloir		*ojr*	privation
ohz	se prévaloir		*ojs*	privauté
oia	prévaricateur		*ojt*	privé-e *
oib	prévarication		*oju*	priver
oic	prévariquer		*ojv*	se priver
oid	prévenance		*ojw*	privilége
oie	prévenant-e		*ojx*	privilégié-e *
oif	prévenir		*ojy*	prix *
oig	préventif-ve		*ojz*	probabilité
oih	prévention		*oka*	probable
oii	préventivement		*okb*	probablement
oij	prévenu-e		*okc*	probante
oik	prévision		*okd*	probe
oil	prévoir		*oke*	probité
oim	prévôt		*okf*	problématique
oin	prévoyance		*okg*	problème
oio	prévoyant-e		*okh*	procédé
oip	prier		*oki*	procéder
oiq	prière		*okj*	procédure
oir	primaire *		*okk*	procès *
ois	primauté		*okl*	processif-ve
oit	prime *		*okm*	procession
oiu	primer		*okn*	procès-verbal
oiv	primeur		*oko*	prochain-e *
oiw	primitif-ve		*okp*	prochainement
oix	primitivement		*okq*	proche
oiy	primordial-e		*okr*	proclamation
oiz	prince *		*oks*	proclamer
oja	princesse *		*okt*	procréer
ojb	princier-ère		*oku*	procuration *

okv	procurer		omo	prohibition
okw	se procurer		omp	proie
okx	procureur *		omq	projectile
oky	prodigalement		omr	projection
okz	prodigalité		oms	projet
ola	prodige		omt	projeter
olb	prodigieusement		omu	prolétaire
olc	prodigieux-se		omv	prolixe
old	prodigue		omw	prolixité
ole	prodiguer		omx	prologue
olf	se prodiguer		omy	prolongation
olg	producteur		omz	prolonge
olh	productif-ve		ona	prolongement
oli	production		onb	prolonger
olj	produire		onc	se prolonger
olk	se produire		ond	promenade
oll	produit *		one	promener
olm	proéminence		onf	se promener
oln	proéminent-e		ong	promesse
olo	profanateur		onh	promettre
olp	profanation		oni	se promettre
olq	profane		onj	promiscuité
olr	profaner		onk	promontoire
ols	proférer		onl	promoteur
olt	professer		onm	promotion
olu	professeur		onn	prompt-e
olv	profession *		ono	promptement *
olw	professionnel-le		onp	promptitude
olx	professorat		onq	promulgation
oly	profit		onr	promulguer
olz	profitable		ons	prôner
oma	profiter		ont	prononcer *
omb	profond-e		onu	se prononcer
omc	profondément		onv	pronostic
omd	profondeur		onw	pronostiquer
ome	profusion		onx	propagande
omf	progéniture		ony	propagateur
omg	programme		onz	propagation
omh	progrès *		ooa	propager
omi	progresser		oob	se propager
omj	progressif-ve		ooc	propension
omk	progression		ood	prophète
oml	progressivement		ooe	prophétie
omm	prohiber		oof	prophétique
omn	prohibitif-ve		oog	prophétiser

ooh	propice		*oqa*	protester *
ooi	proportion		*oqb*	protêt
ooj	proportionnel-le		*oqc*	protocole
ook	proportionnellement		*oqd*	prototype
ool	proportionné-e		*oqe*	protuteur
oom	proportionner		*oqf*	proue
oon	propos *		*oqg*	prouesse
ooo	proposable		*oqh*	prouver
oop	proposer		*oqi*	provenance
ooq	se proposer		*oqj*	provenant-e
oor	proposition		*oqk*	provenir
oos	propre		*oql*	proverbe
oot	proprement		*oqm*	proverbial-e
oou	propreté		*oqn*	providence
oov	propriétaire		*oqo*	province
oow	propriété		*oqp*	provincial-e
oox	prorata (au)		*oqq*	proviseur
ooy	prorogatif-ve		*oqr*	provision *
ooz	prorogation		*oqs*	provisoire
opa	proroger		*oqt*	provisoirement
opb	se proroger		*oqu*	provocateur
opc	proscription		*oqv*	provocation
opd	proscrire		*oqw*	provoquer
ope	proscrit-e		*oqx*	se provoquer
opf	prose		*oqy*	proximité
opg	prosélyte		*oqz*	prudemment
oph	prosélytisme		*ora*	prudence
opi	prospectus		*orb*	prudent-e
opj	prospère		*orc*	prud'homme *
opk	prospérer		*ord*	prussique
opl	prospérité		*ore*	pseudonyme
opm	se prosterner		*orf*	public-que *
opn	prostitué-e		*org*	public
opo	prostituer		*orh*	publication
opp	se prostituer		*ori*	publiciste
opq	prostitution		*orj*	publicité
opr	prostration		*ork*	publier *
ops	prote		*orl*	publiquement
opt	protecteur		*orm*	pudeur
opu	protectrice		*orn*	pudique
opv	protection		*oro*	puéril-e
opw	protégé-e		*orp*	puérilement
opx	protéger		*orq*	puérilité
opy	protestant-e		*orr*	puerpérale
opz	protestation		*ors*	puîné-e

orl	puis		otm	quaker
oru	puiser		otn	qualificatif-ve
orv	puisque		oto	qualification
orw	puissamment		otp	qualifier
orx	puissance		otq	qualité *
ory	puissant-e		otr	quand
orz	puits		ots	quant
osa	pullulation		ott	quantième
osb	pulluler		otu	quantité
osc	pulmonie		oto	quarantaine
osd	pulmonique		otw	quart
ose	pulvérisation		otx	quarter
osf	pulvériser		oty	quarteron
osg	punch		otz	quartier
osh	pund		oua	quartier-maître
osi	punir		oub	quartz
osj	punissable		ouc	quasi
osk	punition		oud	quasi-délit
osl	pupille		oue	quatrième
osm	pupitre		ouf	quatriennal-e
osn	pur-e *		oug	quatuor
oso	purement *		ouh	que *
osp	pureté		oui	quel *
osq	purgatif-ve		ouj	quelle *
osr	purger		ouk	quelconque
oss	se purger		oul	quelque
ost	purification		oum	quelquefois
osu	purifier		oun	quelqu'un-e
osv	puriste		ouo	qu'en dira-t-on
osw	pusillanime		oup	quercitron
osx	pusillanimité		ouq	querelle
osy	putréfaction		our	quereller
osz	se putréfier		ous	se quereller
ota	putride		out	querelleur-se
otb	pyramide		ouu	questeur
otc	pyrite		ouv	question *
otd	pyrotechnie		ouw	questionnaire
ote	pyrotechnique		oux	questionner
otf	quadrangulaire		ouy	questionneur
otg	quadrilatère		ouz	questure
oth	quadrille		ova	quête
oti	quadrupède		ovb	quêter
otj	quadruple		ovc	quêteur
otk	quadrupler		ovd	quêteuse
otl	quai		ove	queue

ovf	qui		*owy*	raccourcir
ovg	quiconque		*owz*	se raccourcir
ovh	quiétude		*oxa*	raccourcissement
ovi	quille		*oxb*	raccroc
ovj	quincaillerie		*oxc*	se raccrocher
ovk	quincaillier		*oxd*	race
ovl	quinconce		*oxe*	rachat
ovm	quinine		*oxf*	rachetable
ovn	quinquennal-e		*oxg*	racheter
ovo	quinquet		*oxh*	se racheter
ovp	quinquina		*oxi*	rachitique
ovq	quintal		*oxj*	rachitisme
ovr	quintessence		*oxk*	racine
ovs	quinteux-se		*oxl*	raclée
ovt	quintuple		*oxm*	racler
ovu	quintupler		*oxn*	racolage
ovv	quinzaine		*oro*	racoler
ovw	quiproquo		*oxp*	racoleur
ovx	quittance		*oxq*	raconter
ovy	quittancer		*oxr*	racornir
ovz	quitte		*oxs*	racornissement
owa	quitter		*oxt*	se racquitter
owb	se quitter		*oxu*	rade
owc	quoi		*oxv*	radeau
owd	quoique		*oxw*	radiation
owe	quote-part		*oxx*	radical-e *
owf	quotidien-ne		*oxy*	radicalement
owg	quotidiennement		*oxz*	radicalisme
owh	quotité		*oya*	radier
owi	rabais		*oyb*	radieux-se
owj	rabaisser		*oyc*	radotage
owk	rabat		*oyd*	radoter
owl	rabattre		*oye*	radoteur
owm	se rabattre		*oyf*	radoub
own	rabbin		*oyg*	radouber
owo	raboter		*oyh*	radoucir
owp	rabougrir		*oyi*	se radoucir
owq	racahout		*oyj*	radoucissement
owr	raccommodage		*oyk*	rafale
ows	raccommodement		*oyl*	raffermir
owt	raccommoder		*oym*	se raffermir
owu	se raccommoder		*oyn*	raffermissement
owv	raccord		*oyo*	raffinage
oww	raccordement		*oyp*	raffiné-e *
owx	raccorder		*oyq*	raffinement

oyr	raffiner		paj	ramification
oys	raffinerie		pak	se ramifier
oyt	raffineur		pal	ramollir
oyu	raffoler		pam	se ramollir
oyv	rafle		pan	rampant- e
oyw	rafler		pao	rampe
oyx	rafraîchir		pap	ramper
oyy	rage		paq	rance
oyz	roide		par	rancir
oza	roideur		pas	rançon
ozb	roidir		pat	rançonner
ozc	se roidir		pau	rancune
ozd	raie		pav	rancunier–ère
oze	rail		paw	rang *
ozf	railler		pax	rangé–e
ozg	se railler		pay	ranger
ozh	raillerie		paz	se ranger
ozi	railleur–euse		pba	ranimer
ozj	raisin *		pbb	se ranimer
ozk	raison *		pbc	rapace
ozl	raisonnable		pbd	rapacité
ozm	raisonnablement		pbe	rapatriement
ozn	raisonnement		pbf	rapatrier
ozo	raisonner		pbg	se rapatrier
ozp	raisonneur–euse		pbh	rapetisser
ozq	rajeunir		pbi	se rapetisser
ozr	rajuster		pbj	rapide *
ozs	râle		pbk	rapidement
ozt	ralentir		pbl	rapidité
ozu	se ralentir		pbm	rapine
ozv	ralentissement		pbn	rappareiller
ozw	râler		pbo	rappel *
ozx	ralliement *		pbp	rappeler *
ozy	rallier		pbq	se rappeler
ozz	se rallier		pbr	rapport
			pbs	rapporter
paa	rallonger		pbt	se rapporter
pab	rallumer		pbu	rapporteur *
pac	se rallumer		pbv	rapprochement
pad	ramadan		pbw	rapprocher
pae	ramasser		pbx	se rapprocher
paf	ramassis		pby	rapt
pag	rame		pbz	rare
pah	ramener		pca	rarement
pai	ramer		pcb	rareté

pcc	ras-e	pdv	réactif-ve
pcd	rasant-e	pdw	réaction
pce	rasement	pdx	réactionnaire
pcf	raser	pdy	réagir
pcg	rassasier	pdz	réal
pch	rassemblement	pea	réalisation
pci	rassembler	peb	réaliser *
pcj	se rassembler	pec	se réaliser
pck	rasseoir	ped	réalité
pcl	rassurant-e	pce	réapparaître
pcm	rassurer	pef	réapparition
pcn	se rassurer	peg	réassignation
pco	ratafia	peh	réassigner
pcp	rate	pei	rebâtir
pcq	rater	pej	rebattre
pcr	ratification *	pek	rebelle
pcs	ratifier	pel	rébellion
pct	ratine	pem	se rebiffer
pcu	ration	pen	rebondir
pcv	rationnel-le	peo	rebondissant-e
pcw	rattacher	pep	reborder
pcx	se rattacher	peq	reboucher
pcy	rattraper	per	rebours
pcz	se rattraper	pes	rebrousser
pda	rature	pet	rebuffade
pdb	raturer	peu	rebut
pdc	ravage	pev	rebutant-e
pdd	ravager	pew	rebuter
pde	ravageur	pex	se rebuter
pdf	ravaler	pey	recacheter
pdg	se ravaler	pez	récalcitrant-e
pdh	ravin	pfa	récapitulation
pdi	ravir	pfb	récapituler
pdj	se raviser	pfc	recéder
pdk	ravissant-e	pfd	recéler
pdl	ravissement	pfe	recéleur
pdm	ravisseur	pff	recéleuse
pdn	ravitaillement	pfg	récemment
pdo	ravitailler	pfh	recensement
pdp	se ravitailler	pfi	recenser
pdq	raviver	pfj	récent-e
pdr	rayer	pfk	récépissé
pds	rayon	pfl	réceptable
pdt	rayonnement	pfm	réception *
pdu	rayonner	pfn	recette *

pfo	recevable	phh	reconduire
pfp	receveur *	phi	réconforter
pfq	recevoir *	phj	reconnaissance
pfr	rechange	phk	reconnaissant-e
pfs	réchapper	phl	reconnaître
pft	recharger	phm	se reconnaître
pfu	réchauffer	phn	reconstituer
pfv	rechausser	pho	reconstruction
pfw	recherche *	php	reconstruire
pfx	rechercher *	phq	recopier
pfy	rechute	phr	recors
pfz	rechuter	phs	recouper
pga	récidive	pht	recourir
pgb	récidiver	phu	recours
pgc	récif	phv	recouvrement *
pgd	récipiendaire	phw	recouvrer
pge	récipient	phx	recouvrir
pgf	réciprocité	phy	récréation
pgg	réciproque	phz	récrépir
pgh	réciproquement	pia	se récrier
pgi	réciproquer	pib	récrimination
pgj	récit	pic	récriminer
pgk	réciter	pid	recrudescence
pgl	réclamation *	pie	recrue
pgm	réclame	pif	recrutement *
pgn	réclamer	pig	recruter
pgo	se réclamer	pih	recruteur
pgp	reclus-e	pii	rectangle
pgq	réclusion	pij	rectangulaire
pgr	récolement	pik	recteur
pgs	recoller	pil	rectification
pgt	récolte	pim	rectifier
pgu	récolter	pin	rectitude
pgv	recommandable	pio	recto
pgw	recommandation *	pip	reçu
pgx	recommandé-e	piq	recueil
pgy	recommander	pir	recueillement
pgz	recommencer	pis	recueillir
pha	récompense	pit	se recueillir
phb	récompenser	piu	recul
phc	recomposer	piv	reculer
phd	recompter	piw	récupérer
phe	réconciliation	pix	récusable
phf	réconcilier	piy	récuser
phg	se réconcilier	piz	se récuser

pja	rédacteur *		*pkt*	refluer
pjb	rédaction		*pku*	refondre
pjc	reddition		*pkv*	refonte
pjd	redemander		*pkw*	réformation
pje	redevable		*pkx*	réforme
pjf	redevance		*pky*	réformer
pjg	redevoir		*pkz*	se réformer
pjh	rédhibitoire		*pla*	réformiste
pji	rédiger		*plb*	refouler
pjj	redire		*plc*	refouloir
pjk	redite		*pld*	réfractaire
pjl	redorer		*ple*	réfraction
pjm	redoublement		*plf*	refrain
pjn	redoubler		*plg*	refroidir
pjo	redoutable		*plh*	se refroidir
pjp	redoute		*pli*	refroidissement
pjq	redouter		*plj*	refuge
pjr	redressement		*plk*	réfugié-e
pjs	redresser		*pll*	se réfugier
pjt	redû		*plm*	refus
pju	réductible		*pln*	refuser *
pjv	réduction		*plo*	se refuser
pjw	réduire		*plp*	réfutation
pjx	réédification		*plq*	réfuter
pjy	réédifier		*plr*	regagner
pjz	réel-le		*pls*	regain
pka	réélection		*plt*	regard
pkb	réélire		*plu*	regarder
pkc	réélu-e		*plv*	régence
pkd	réellement		*plw*	régénérateur
pke	réexportation		*plx*	régénération
pkf	réexporter		*ply*	régénérer
pkg	réfaction		*plz*	régent
pkh	refaire		*pma*	régente
pki	refait-e		*pmb*	régicide
pkj	référé *		*pmc*	régie
pkk	référendaire *		*pmd*	régime *
pkl	référer		*pme*	régiment
pkm	se référer		*pmf*	région
pkn	refermer		*pmg*	régir
pko	refin		*pmh*	régisseur
pkp	réfléchir		*pmi*	registre
pkq	réflecteur		*pmj*	règle *
pkr	refléter		*pmk*	réglé-e
pks	réflexion		*pml*	règlement

pmm	réglementaire		*pof*	réjouissant-e
pmn	réglementer		*pog*	relâche
pmo	régler		*poh*	relâchement
pmp	se régler		*poi*	relâcher
pmq	réglisse *		*poj*	se relâcher
pmr	régnant-e		*pok*	relais
pms	règne		*pol*	relancer
pmt	régner		*pom*	relater
pmu	regorger		*pon*	relatif-ve
pmv	regret		*poo*	relation *
pmw	regrettable		*pop*	relativement
pmx	regretter		*poq*	relaxer
pmy	régularisation		*por*	reléguer
pmz	régulariser		*pos*	se reléguer
pna	régularité		*pot*	relevailles
pnb	régulateur *		*pou*	relevé-e
pnc	régulier-ère		*pov*	relèvement
pnd	régulièrement		*pow*	relever
pne	réhabilitation		*pox*	se relever
pnf	réhabiliter		*poy*	relief
png	se réhabiliter		*poz*	relier
pnh	rehausser		*ppa*	relieur
pni	reichsrath		*ppb*	religieusement
pnj	reichstag		*ppc*	religieux-se
pnk	réimportation		*ppd*	religion
pnl	réimporter		*ppe*	reliquat
pnm	réimprimer		*ppf*	reliquataire
pnn	rein		*ppg*	relire
pno	reine *		*pph*	remaniement
pnp	réinstallation		*ppi*	remanier
pnq	réinstaller		*ppj*	se remarier
pnr	se réinstaller		*ppk*	remarquable
pns	réintégration		*ppl*	remarque
pnt	réintégrer		*ppm*	remarquer
pnu	reiss		*ppn*	remballer
pnv	réitération		*ppo*	rembarquement
pnw	réitérer		*ppp*	rembarquer
pnx	rejaillir		*ppq*	se rembarquer
pny	rejet		*ppr*	remblai
pnz	rejetable		*pps*	remblayer
poa	rejeter *		*ppt*	rembourrer
pob	rejoindre		*ppu*	remboursable
poc	réjouir		*ppv*	remboursement *
pod	se réjouir		*ppw*	rembourser
poe	réjouissance		*ppx*	remède

ppy	remédier
ppz	remercier *
pqa	remercîment
pqb	réméré
pqc	remettre *
pqd	se remettre
pqe	remise *
pqf	rémission
pqg	remonter
pqh	remontrance
pqi	remontrer
pqj	remords
pqk	remorque
pql	remorquer
pqm	remorqueur
pqn	rempart
pqo	remplaçant
pqp	remplacement
pqq	remplacer
pqr	se remplacer
pqs	remplir
pqt	remplissage
pqu	remploi
pqv	remporter
pqw	remuer
pqx	se remuer
pqy	rémunérateur
pqz	rémunération
pra	rémunérer
prb	renaissance
prc	renaître
prd	renchérir
pre	renchérissement
prf	rencontre *
prg	rencontrer
prh	se rencontrer
pri	rendement
prj	rendez-vous
prk	rendre *
prl	se rendre
prm	rendurcir
prn	se rendurcir
pro	rendurcissement
prp	rêne
prq	renégat

prr	renfermer
prs	se renfermer
prt	renforcement
pru	renforcer
prv	se renforcer
prw	renfort
prx	rengagement
pry	se rengager
prz	se rengorger
psa	renier
psb	renom
psc	renommée
psd	renommer
pse	renoncement
psf	renoncer
psg	renonciation
psh	renouer
psi	renouveler
psj	se renouveler
psk	renouvellement
psl	rénovation
psm	renseignement
psn	renseigner
pso	se renseigner
psp	rente *
psq	rentier
psr	rentière
pss	rentrée
pst	rentrer
psu	renversement
psv	renverser
psw	renvoi
psx	renvoyer
psy	réoccupation
psz	réoccuper
pta	réorganisation
ptb	réorganiser
ptc	réouverture
ptd	répandre
pte	se répandre
ptf	reparaître
ptg	réparation
pth	réparer
pti	repartir
ptj	répartir

ptk	répartiteur		*pvd*	réprimer
ptl	répartition		*pve*	reprise
ptm	repasser		*pvf*	reproche
ptn	se repentir		*pvg*	reprocher
pto	repentir		*pvh*	se reprocher
ptp	répercuter		*pvi*	reproducteur
ptq	repère		*pvj*	reproduction
ptr	répertoire		*pvk*	reproduire
pts	repeser		*pvl*	se reproduire
ptt	répéter		*pvm*	réprouver
ptu	se répéter		*pvn*	reps
ptv	répétiteur		*pvo*	reptile
ptw	répétition		*pvp*	républicain-e *
ptx	répit		*pvq*	républicanisme
pty	replacer		*pvr*	république *
ptz	replanter		*pvs*	répudier
pua	replâtrage		*pvt*	répugnance
pub	replâtrer		*pvu*	répugnant-e
puc	replier		*pvv*	répugner
pud	se replier		*pvw*	répulsion
pue	réplique		*pvx*	réputation
puf	répliquer		*pvy*	réputer
pug	répondant		*pvz*	requérant-e
puh	répondre *		*pwa*	requérir
pui	réponse		*pwb*	requête *
puj	report		*pwc*	requis-e
puk	reporter		*pwd*	réquisition
pul	se reporter		*pwe*	réquisitionner
pum	repos		*pwf*	réquisitoire
pun	reposer		*pwg*	réseau
puo	se reposer		*pwh*	réserve *
pup	repoussant-e		*pwi*	réserver
puq	repousser		*pwj*	se réserver
pur	répréhensible		*pwk*	réservoir
pus	reprendre		*pwl*	résidant-e
put	représaille		*pwm*	résidence
puu	représentant *		*pwn*	résident
puv	représentatif-ve		*pwo*	résider
puw	représentation		*pwp*	résidu
pux	représenter		*pwq*	résignation
puy	se représenter		*pwr*	résigner
puz	répressif-ve		*pws*	se résigner
pva	répression		*pwt*	résiliation
pvb	réprimande		*pwu*	résilier *
pvc	réprimander		*pwv*	résine

pww	résipiscence		*pyp*	se restreindre
pwx	résistance *		*pyq*	restrictif-ve
pwy	résister		*pyr*	restriction
pwz	résolution		*pys*	résultant
pxa	résolutoire		*pyt*	résultat *
pxb	résoudre		*pyu*	résulter
pxc	se résoudre		*pyv*	résumé
pxd	respect		*pyw*	résumer
pxe	respectable		*pyx*	se résumer
pxf	respecter		*pyy*	rétablir
pxg	respectif-ve		*pyz*	se rétablir
pxh	respectivement		*pza*	rétablissement
pxi	respectueusement		*pzb*	retard *
pxj	respectueux-se *		*pzc*	retardataire
pxk	respirable		*pzd*	retarder *
pxl	respiration		*pze*	retenir
pxm	respirer		*pzf*	retentir
pxn	resplendir		*pzg*	retentissant-e
pxo	resplendissant-e		*pzh*	retentissement
pxp	responsabilité		*pzi*	retenu
pxq	responsable		*pzj*	retenue
pxr	ressac		*pzk*	réticence
pxs	ressaisir		*pzl*	rétif-ve
pxt	ressemblance		*pzm*	retirer
pxu	ressemblant-e		*pzn*	se retirer
pxv	ressembler		*pzo*	retomber
pxw	se ressembler		*pzp*	retorquer
pxx	ressentiment		*pzq*	retors
pxy	ressentir		*pzr*	retoucher
pxz	se ressentir		*pzs*	retour
pya	resserrement		*pzt*	retourner
pyb	resserrer		*pzu*	se retourner
pyc	ressort		*pzv*	retracer
pyd	ressortir		*pzw*	rétractation
pye	ressortissant-e		*pzx*	rétracter
pyf	ressource		*pzy*	se rétracter
pyg	restant-e		*pzz*	retrait *
pyh	restaurant			
pyi	restauration		*qaa*	retraite *
pyj	restaurer		*qab*	retranchement
pyk	reste		*qac*	retrancher *
pyl	rester		*qad*	se retrancher
pym	restituer		*qae*	retrécir
pyn	restitution		*qaf*	retremper
pyo	restreindre		*qag*	se retremper

qah	rétribuer		*qca*	révision *
qai	rétribution		*qcb*	revivre
qaj	rétroactif-ve		*qcc*	révocation
qak	rétroaction		*qcd*	revoir
qal	rétrocéder		*qce*	révolte
qam	rétrocession		*qcf*	révolté-e
qan	rétrograde		*qcg*	révolter
qao	rétrograder		*qch*	se révolter
qap	rétrospectif-ve		*qci*	révolu-e
qaq	retrouver		*qcj*	révolution
qar	se retrouver		*qck*	révolutionnaire
qas	réunion *		*qcl*	révolutionner
qat	réunir		*qcm*	révoqué-e
qau	se réunir		*qcn*	révoquer
qav	réussir		*qco*	revue
qaw	réussite		*qcp*	rez-de-chaussée
qax	revanche		*qcq*	rhétorique
qay	rêve		*qcr*	rhum
qaz	revêche		*qcs*	rhumatisme
qba	réveil		*qct*	riche *
qbb	réveiller		*qcu*	richement
qbc	se réveiller		*qcv*	richesse
qbd	révélateur		*qcw*	ricin *
qbe	révélation		*qcx*	ricocher
qbf	révéler		*qcy*	ricochet
qbg	revendeur		*qcz*	ridicule
qbh	revendication		*qda*	ridiculement
qbi	revendiquer		*qdb*	rien
qbj	revenir		*qdc*	rieur-euse
qbk	revente		*qdd*	rigide
qbl	revenu		*qde*	rigidité
qbm	rêver		*qdf*	rigoureusement
qbn	reverdir		*qdg*	rigoureux-se *
qbo	révérence		*qdh*	rigsdag
qbp	révérend-e		*qdi*	rigueur
qbq	révérer		*qdj*	riksdaler
qbr	rêverie		*qdk*	riposte
qbs	revers		*qdl*	riposter
qbt	reverser		*qdm*	rire
qbu	reversible		*qdn*	risée
qbv	revêtement		*qdo*	risible
qbw	revêtir		*qdp*	risque *
qbx	revient *		*qdq*	risquer
qby	revirement		*qdr*	se risquer
qbz	reviser		*qds*	rite

qdt	rivage		qfm	roulement
qdu	rival-e		qfn	rouler *
qdv	rivaliser		qfo	roulette
qdw	rivalité		qfp	roupie
qdx	rive		qfq	route *
qdy	riverain-e		qfr	routier-ère
qdz	rivière		qfs	routine
qea	rixdaler		qft	routinier-ère
qeb	rixe		qfu	rouvrir
qec	riz		qfv	se rouvrir
qed	rizière		qfw	royal-e *
qee	robe		qfx	royalement
qef	robuste		qfy	royaliste
qeg	roc		qfz	royaume
qeh	rocailleux-se		qga	royauté
qei	roche		qgb	ruban
qej	rocher		qgc	rubbio
qek	rôder		qgd	rubis
qel	rœde		qge	rubrique
qem	rogatoire		qgf	ruche
qen	roi *		qgg	rude
qeo	rôle		qgh	rudement
qep	roman		qgi	rudesse
qeq	romancier		qgj	rue
qer	romanesque		qgk	se ruer
qes	rompre		qgl	ruine
qet	rond-e		qgm	ruiner
qeu	ronde *		qgn	se ruiner
qev	ronger		qgo	ruineux-se *
qew	roquefort *		qgp	ruisseau
qex	rose		qgq	ruisseler
qey	rotation		qgr	rumeur *
qez	rottolo		qgs	ruminer
qfa	rouage		qgt	runder
qfb	rouble		qgu	rupture
qfc	rouble-papier		qgv	rural-e
qfd	roue		qgw	ruse
qfe	rouennerie		qgx	rusé-e
qff	rouge *		qgy	ruser
qfg	rougir		qgz	rustique
qfh	rouille		qha	rustre
qfï	rouiller		qhb	ruth
qfj	se rouiller		qhc	sa
qfk	roulage *		qhd	sable
qfl	rouleau		qhe	sabord

qhf	sabre
qhg	sabrer
qhh	sac
qhi	saccade
qhj	saccage
qhk	saccagé-e
qhl	saccager
qhm	saccharifère
qhn	saccharimètre
qho	sacramentel-le
qhp	sacre
qhq	sacré-e
qhr	sacrement
qhs	sacrer
qht	sacrifice
qhu	sacrifier
qhv	se sacrifier
qhw	sacrilége
qhx	sacristie
qhy	safran
qhz	sagace
qia	sagacité
qib	sage
qic	sage-femme
qid	sagement
qie	sagène
qif	sagesse
qig	sagou
qih	saignée
qii	saigner
qij	se saigner
qik	saillant-e
qil	saillie
qim	saillir
qin	sain-e *
qio	saindoux *
qip	sainement
qiq	saint-e
qir	sainteté
qis	saisi
qit	saisie *
qiu	saisir
qiv	se saisir
qiw	saisissable
qix	saisissant-e
qiy	saisissement
qiz	saison
qja	salaire
qjb	salaison
qjc	salarier
qjd	sale
qje	salement
qjf	saler
qjg	saline
qjh	salir
qji	se salir
qjj	salle
qjk	salon
qjl	salpêtre
qjm	salpêtrière
qjn	salsepareille
qjo	salubre
qjp	salubrité
qjq	saluer
qjr	salut
qjs	salutaire
qjt	salve
qju	samedi
qjv	sanction
qjw	sanctionner
qjx	sanctuaire
qjy	sandal *
qjz	sang *
qka	sang-froid
qkb	sanglant-e
qkc	sangler
qkd	sanglot
qke	sangloter
qkf	sangsue
qkg	sanguin-e
qkh	sanguinaire
qki	sanitaire
qkj	sans *
qkk	sans-souci
qkl	santé *
qkm	saper
qkn	sapeur
qko	saphir
qkp	sapin *
qkq	sarcasme

qkr	sarcastique		qmk	se scandaliser
qks	sardine		qml	sceau
qkt	sardonique		qmm	scélérat
qku	sarrasin (blé)		qmn	scellé *
qkv	satellite		qmo	sceller
qkw	satiété		qmp	scène
qkx	satin		qmq	sceptique
qky	satire		qmr	sceptre
qkz	satirique		qms	schelling
qla	satisfaction		qmt	schismatique
qlb	satisfaire		qmu	schisme
qlc	se satisfaire		qmv	schiste *
qld	satisfaisant-e *		qmw	schoppen
qle	satisfait-e		qmx	scie
qlf	saturation		qmy	sciemment
qlg	saturer		qmz	science *
qlh	saucisson		qna	scientifique
qli	sauf *		qnb	scier
qlj	sauf-ve		qnc	scierie
qlk	sauf-conduit		qnd	scinder
qll	saut		qne	scission
qlm	sauter		qnf	scolaire
qln	sauterelle		qng	scorbut
qlo	sauvage		qnh	scorie
qlp	sauvegarde		qni	scorzo
qlq	sauvegarder		qnj	scrupule
qlr	sauver		qnk	scrupuleusement
qls	se sauver		qnl	scrupuleux-se
qlt	sauvetage		qnm	scruter
qlu	sauveteur		qnn	scrutin *
qlv	sauveur		qno	scudo
qlw	savant-e		qnp	sculpter
qlx	savoir		qnq	sculpteur
qly	savoir-faire		qnr	sculpture
qlz	savoir-vivre		qns	se
qma	savon *		qnt	séance *
qmb	savonnerie		qnu	séant-e
qmc	savonnier		qnv	sec-èche
qmd	savourer		qnw	sécher
qme	savoureux-se		qnx	sécheresse
qmf	scabreux-se		qny	second-e *
qmg	scandale		qnz	secondaire
qmh	scandaleux-se		qoa	seconde
qmi	scandaleusement		qob	secondement
qmj	scandaliser		qoc	seconder

qod	secouer		qpw	semestriel-le
qoe	se secouer		qpx	semestriellement
qof	secourable		qpy	séminaire
qog	secourir		qpz	semis
qoh	secours		qqa	semonce
qoi	secousse		qqb	semoule
qoj	secret-ète *		qqc	sénat
qok	secret *		qqd	sénateur
qol	secrétaire *		qqe	sénatus-consulte
qom	secrétariat *		qqf	sens *
qon	secrètement		qqg	sensation
qoo	sectaire		qqh	sensé-e
qop	secte		qqi	sensibilité
qoq	section		qqj	sensible
qor	séculariser		qqk	sensiblement
qos	séculier-ère		qql	sensualité
qot	sécurité		qqm	sensuel-le
qou	sédentaire		qqn	sentence
qov	séditieux-se		qqo	sentencieux-se
qow	sédition		qqp	sentier
qox	séducteur		qqq	sentiment
qoy	séduction		qqr	sentimental-e
qoz	séduire		qqs	sentinelle
qpa	seers		qqt	sentir
qpb	seigle		qqu	se sentir
qpc	seigneur *		qqv	séparation
qpd	seigneurie		qqw	séparément
qpe	sein		qqx	séparer
qpf	seizième		qqy	se séparer
qpg	séjour		qqz	septembre
qph	séjourner		qra	septennal-e
qpi	sel		qrb	septentrional-e
qpj	selle		qrc	septième
qpk	sellerie		qrd	septuagénaire
qpl	sellier		qre	sépulture
qpm	selon		qrf	séquestration
qpn	semaille		qrg	séquestre
qpo	semaine		qrh	séquestrer
qpp	semainier		qri	se séquestrer
qpq	sémaphore		qrj	sérail
qpr	semblable		qrk	serein-e
qps	sembler		qrl	serf-ve
qpt	semence		qrm	sergent
qpu	semer		qrn	sergent-fourrier
qpv	semestre		qro	sergent-major

qrp	série		qti	sicaire
qrq	sérieusement		qtj	siècle
qrr	sérieux–se *		qtk	siége *
qrs	serment *		qtl	siéger
qrt	sermon		qtm	sien–ne
qru	sermoner		qtn	siffler
qrv	serre		qto	signal
qrw	serre-file		qtp	signalement
qrx	serrement		qtq	signaler
qry	serrer		qtr	se signaler
qrz	se serrer		qts	signataire
qsa	serrure		qtt	signature
qsb	serrurerie		qtu	signe
qsc	serrurier		qtv	signer
qsd	servage		qtw	significatif–ve
qse	servant		qtx	signification
qsf	servante		qty	signifier *
qsg	serviable		qtz	silbergroschen
qsh	service *		qua	silence
qsi	servile		qub	silencieusement
qsj	servilité		quc	silencieux–se
qsk	servir		qud	silicium
qsl	serviteur		que	sillon
qsm	servitude		quf	sillonner
qsn	sésame *		qug	silo
qso	session		quh	similaire
qsp	seul–e *		qui	similitude
qsq	seulement		quj	simple
qsr	séve		quk	simplement *
qss	sévère		qul	simplicité
qst	sévèrement		qum	simplifier
qsu	sévérité		qun	simulacre
qsv	sévices		quo	simulation
qsw	sévir		qup	simuler
qsx	sevrer		quq	simultané–e
qsy	se sevrer		qur	simultanément
qsz	sexagénaire		qus	sincère
qta	sexe		qut	sincèrement
qtb	sextuple		quu	sincérité
qtc	sextupler		quv	sinécure
qtd	shah		quw	sine quâ non
qte	shako		qux	singer
qtf	shérif		quy	singularité
qtg	si		quz	singulier–ère
qth	siccatif–ve		qva	singulièrement

qvb	sinistre
qvc	sinon
qvd	siroco
qve	sirop
qvf	sis-e
qvg	site
qvh	situation
qvi	situer
qvj	sixain
qvk	sixième
qvl	sixièmement
qvm	skalpund
qvn	sloop
qvo	sobre
qvp	sobrement
qvq	sobriété
qvr	sociable
qvs	social-e
qvt	sociétaire
qvu	société *
qvv	sœur
qvw	soi
qvx	soie *
qvy	soierie
qvz	soif
qwa	soigner
qwb	se soigner
qwc	soigneusement
qwd	soigneux-se
qwe	soin
qwf	soir *
qwg	soirée
qwh	soit
qwi	sol
qwj	solaire
qwk	soldat
qwl	solde
qwm	solder
qwn	soleil
qwo	solennel-le
qwp	solennellement
qwq	solennité
qwr	solidaire
qws	solidairement
qwt	solidarité
qwu	solide
qwv	solidement
qww	solidifier
qwx	solidité
qwy	solitaire
qwz	solitairement
qxa	solitude
qxb	solive
qxc	sollicitation
qxd	solliciter
qxe	solliciteur
qxf	solliciteuse
qxg	sollicitude
qxh	solotnick
qxi	soluble
qxj	solution
qxk	solvabilité
qxl	solvable
qxm	sombre
qxn	sombrer
qxo	sommaire
qxp	sommairement
qxq	sommation *
qxr	somme
qxs	sommeil
qxt	sommer
qxu	sommet
qxv	sommité
qxw	somnambule
qxx	somptueusement
qxy	somptueux-se
qxz	somptuosité
qya	son
qyb	sondage
qyc	sonde
qyd	sonder *
qye	songe-creux
qyf	songer
qyg	sonnant-e
qyh	sonner
qyi	sonnette
qyj	sonore
qyk	sonorité
qyl	sophiste
qym	sophistication

qyn	sophistiquer	*raf*	souillure
qyo	sophistiqueur	*rag*	soulagement
qyp	sorbonne	*rah*	soulager
qyq	sordide	*rai*	se soulager
qyr	sordidement	*raj*	soulèvement
qys	sornette	*rak*	soulever
qyt	sort	*ral*	se soulever
qyu	sortable	*ram*	souligner
qyv	sortant-e	*ran*	soulte
qyw	sorte *	*rao*	soumettre
qyx	sortie	*rap*	se soumettre
qyy	sortir	*raq*	soumission
qyz	se sortir	*rar*	soumissionnaire
qza	sot-te	*ras*	soumissionner
qzb	sottement	*rat*	soupape
qzc	sottise	*rau*	soupçon
qzd	soubresaut	*rav*	soupçonner
qze	souche	*raw*	soupçonneux-se
qzf	souci	*rax*	soupirail
qzg	se soucier	*ray*	soupirer
qzh	soucieux-se	*raz*	souple
qzi	soudage	*rba*	souplement
qzj	soudain-e	*rbb*	souplesse
qzk	soudainement	*rbc*	source
qzl	soude	*rbd*	sourciller
qzm	souder	*rbe*	sourd-e
qzn	soudoyer	*rbf*	sourdement
qzo	soudure	*rbg*	sourdine
qzp	soufflage	*rbh*	sourd-muet
qzq	souffle	*rbi*	sourire
qzr	souffler	*rbj*	sournois-e
qzs	soufflet	*rbk*	sous *
qzt	souffleter	*rbl*	sous-aide
qzu	souffrance	*rbm*	sous-amendement
qzv	souffrant-e	*rbn*	sous-commissaire *
qzw	souffrir	*rbo*	souscripteur
qzx	soufrage	*rbp*	souscription
qzy	soufre	*rbq*	souscrire
qzz	soufrer	*rbr*	sous-directeur
		rbs	sous-entendu
raa	soufrière	*rbt*	sous-intendant *
rab	souhait *	*rbu*	sous-lieutenant *
rac	souhaiter	*rbv*	sous-locataire
rad	souiller	*rbw*	sous-louer
rae	se souiller	*rbx*	sous-marin-e

rby	sous-officier		*rdr*	spectateur
rbz	sous-ordre		*rds*	spectre
rca	sous-préfecture		*rdt*	spéculateur
rcb	sous-préfet		*rdu*	spéculatif-ve
rcc	sous-seing privé		*rdv*	spéculation
rcd	soussigné-e		*rdw*	spéculer
rce	soustraction		*rdx*	sphère
rcf	soustraire		*rdy*	sphérique
rcg	se soustraire		*rdz*	spint
rch	soutane		*rea*	spiral-e
rci	soutenable		*reb*	spiritualiste
rcj	soutènement		*rec*	spirituel-le
rck	soutenir		*red*	spirituellement
rcl	se soutenir		*ree*	spiritueux-se
rcm	souterrain-e		*ref*	spleen
rcn	soutien		*reg*	splendeur
rco	soutirage		*reh*	splendide
rcp	soutirer		*rei*	splendidement
rcq	souvenance		*rej*	spoliateur
rcr	se souvenir		*rek*	spoliation
rcs	souvenir		*rel*	spolier
rct	souvent		*rem*	spontané-e
rcu	souverain		*ren*	spontanéité
rcv	souveraine		*reo*	spontanément
rcw	souverainement		*rep*	stabilité
rcx	souveraineté		*req*	stable
rcy	soyeux-se		*rer*	stade
rcz	spacieusement		*res*	stage
rda	spacieux-se		*ret*	stagiaire
rdb	spadassin		*reu*	stagnant-e
rdc	spahis		*rev*	stagnation
rdd	sparterie		*rew*	stalle
rde	spécial-e		*rex*	stance
rdf	spécialement		*rey*	staro
rdg	spécialiser		*rez*	station *
rdh	spécialité		*rfa*	stationnaire
rdi	spécie		*rfb*	stationner
rdj	spécieusement		*rfc*	statistique
rdk	spécieux-se		*rfd*	statuaire
rdl	spécification		*rfe*	statue
rdm	spécifier		*rff*	statuer
rdn	spécifique		*rfg*	statu-quo
rdo	spécifiquement		*rfh*	statut
rdp	spécimen		*rfi*	stéarine
rdq	spectacle		*rfj*	stéarique

rfk	stellionataire	*rhd*	subalterne
rfl	sténographe	*rhe*	subdélégation
rfm	sténographie	*rhf*	subdélégué
rfn	sténographier	*rhg*	subdéléguer
rfo	sténographique	*rhh*	subdiviser
rfp	steppe	*rhi*	subdivision
rfq	stère	*rhj*	subir
rfr	stéréotyper	*rhk*	subit-e
rfs	stérile	*rhl*	subitement *
rft	stérilité	*rhm*	subjuguer
rfu	sterling (livre)	*rhn*	sublime
rfv	stigmate	*rho*	sublimer
rfw	stigmatiser	*rhp*	submerger
rfx	stimuler	*rhq*	submersion
rfy	stipendier	*rhr*	subordination
rfz	stipulation	*rhs*	subordonné-e
rga	stipuler	*rht*	subordonner
rgb	stock-fish	*rhu*	suborner
rgc	stock *	*rhv*	subrécargue
rgd	stoïque	*rhw*	subreptice
rge	stoïquement	*rhx*	subrepticement
rgf	stratagème	*rhy*	subrogation
rgg	stratégie	*rhz*	subrogé-e *
rgh	stratégique	*ria*	subroger
rgi	stratégiste	*rib*	subséquent-e
rgj	stréma	*ric*	subside
rgk	strict-e	*rid*	subsidiaire
rgl	strictement	*rie*	subsidiairement
rgm	strophe	*rif*	subsistance *
rgn	structure	*rig*	subsister
rgo	stuc	*rih*	substance
rgp	studieusement	*rii*	substantiel-le
rgq	studieux-se	*rij*	substantiellement
rgr	stupéfaction	*rik*	substituer
rgs	stupéfait-e	*ril*	substitut *
rgt	stupéfiant-e	*rim*	substitution
rgu	stupéfier	*rin*	subterfuge
rgv	stupeur	*rio*	subtil-e
rgw	stupide	*rip*	subtilement
rgx	stupidité	*riq*	subtilisation
rgy	stuver	*rir*	subtiliser
rgz	style	*ris*	subtilité
rha	stylet	*rit*	subvenir
rhb	suave	*riu*	subvention
rhc	suavité	*riv*	subversif-ve

riw	subversion	*rkp*	sulfure
rix	subvertir	*rkq*	sulfureux-se
riy	suc	*rkr*	sulfurique *
riz	succéder	*rks*	sultan
rja	se succéder	*rkt*	sultane
rjb	succès *	*rku*	superbe
rjc	successeur	*rkv*	supercherie
rjd	successibilité	*rkw*	superfétation
rje	successible	*rkx*	superficie
rjf	successif-ve	*rky*	superficiel-le
rjg	succession	*rkz*	superficiellement
rjh	successivement	*rla*	superfin-e
rji	succinct-e	*rlb*	superflu-e
rjj	succinctement	*rlc*	superfluité
rjk	succomber	*rld*	supérieur-e *
rjl	succulent-e	*rle*	supérieurement
rjm	succursale	*rlf*	supériorité
rjn	sucre *	*rlg*	superlativement
rjo	sucrer	*rlh*	superposer
rjp	sucrerie	*rli*	superposition
rjq	sud *	*rlj*	superstitieusement
rjr	suer	*rlk*	superstitieux-se
rjs	suffire	*rll*	superstition
rjt	se suffire	*rlm*	supplanter
rju	suffisamment	*rln*	suppléant-e *
rjv	suffisance	*rlo*	suppléer
rjw	suffisant-e	*rlp*	supplément
rjx	suffocation	*rlq*	supplémentaire
rjy	suffoquer	*rlr*	supplication
rjz	suffragant	*rls*	supplice
rka	suffrage	*rlt*	supplicié-e
rkb	suggérer	*rlu*	supplier
rkc	suggestion	*rlv*	supplique
rkd	suicide	*rlw*	support
rke	se suicider	*rlx*	supportable
rkf	suif *	*rly*	supporter
rkg	suint *	*rlz*	supposable
rkh	suinter	*rma*	supposer
rki	suite	*rmb*	supposition
rkj	suivant-e	*rmc*	suppressif-ve
rkk	suivre	*rmd*	suppression
rkl	se suivre	*rme*	supprimer
rkm	sujet-te *	*rmf*	suppuration
rkn	sujétion	*rmg*	suppurer
rko	sulfate	*rmh*	supputation

rmi	supputer		*rob*	surprendre
rmj	suprématie		*roc*	surprise
rmk	suprême		*rod*	sursaut
rml	sur *		*roe*	surseoir
rmm	sûr-e *		*rof*	sursis
rmn	surabondamment		*rog*	surtaxe
rmo	surabondance		*roh*	surtaxer
rmp	surabondant-e		*roi*	surtout
rmq	surabonder		*roj*	surveillance *
rmr	surannation		*rok*	surveillant-e
rms	suranné-e		*rol*	surveiller *
rmt	surcharge		*rom*	survenant-e
rmu	surcharger		*ron*	survenir
rmv	surcroît		*roo*	survenu-e
rmw	surdité		*rop*	survie
rmx	sûrement		*roq*	survivance
rmy	surenchère		*ror*	survivant-e
rmz	surenchérir		*ros*	survivre
rna	surenchérisseur		*rot*	sus (en)
rnb	sûreté		*rou*	susceptibilité
rnc	surexcitation		*rov*	susceptible
rnd	surexciter		*row*	susciter
rne	surface		*rox*	suscription
rnf	surfaire		*roy*	susdit-e
rng	surfin-e *		*roz*	suspect-e
rnh	surgir		*rpa*	suspecter
rni	surhausser		*rpb*	suspendre *
rnj	surhumain-e		*rpc*	suspens (en) *
rnk	surintendance		*rpd*	suspensif-ve
rnl	surintendant-e		*rpe*	suspension
rnm	surlendemain		*rpf*	suspicion
rnn	surmener		*rpg*	sustentation
rno	surmonter		*rph*	sustenter
rnp	surnager		*rpi*	suzerain-e
rnq	surnaturel-le		*rpj*	suzeraineté
rnr	surnom		*rpk*	svelte
rns	surnommer		*rpl*	sybarite
rnt	surnuméraire		*rpm*	symbole
rnu	surnumérariat		*rpn*	symbolique
rnv	surpasser		*rpo*	symboliser
rnw	se surpasser		*rpp*	symétrie
rnx	surpayer		*rpq*	symétrique
rny	surplomber		*rpr*	symétriquement
rnz	surplus		*rps*	sympathie
roa	surprenant-e		*rpt*	sympathique

rpu	sympathiser		*rrn*	tailler
rpv	symptôme		*rro*	tailleur
rpw	synagogue		*rrp*	taillis
rpx	synallagmatique *		*rrq*	tain
rpy	syncope		*rrr*	taire
rpz	syndic		*rrs*	se taire
rqa	syndical-e		*rrt*	talc
rqb	syndicat		*rru*	talcaire
rqc	synode		*rrv*	talent
rqd	synonyme		*rrw*	talion
rqe	synoptique		*rrx*	talisman
rqf	synthèse		*rry*	Talmud
rqg	systématique		*rrz*	talmudiste
rqh	systématiquement		*rsa*	talon
rqi	système		*rsb*	talonner
rqj	ta		*rsc*	talus
rqk	tabac *		*rsd*	tambour
rql	tabatière		*rse*	tambour-maître
rqm	tabernacle		*rsf*	tambour-major
rqn	tablature		*rsg*	tamisage
rqo	table		*rsh*	tamis
rqp	tableau		*rsi*	tamiser
rqq	tabletier		*rsj*	tampon
rqr	tablette		*rsk*	tamponner
rqs	tabletterie		*rsl*	tan
rqt	tablier		*rsm*	tancer
rqu	tabloin		*rsn*	tandis que
rqv	tache ou tâche		*rso*	tangage
rqw	tacher ou tâcher		*rsp*	tangibilité
rqx	tâcheron		*rsq*	tangible
rqy	tacite		*rsr*	tanière
rqz	tacitement		*rss*	tannage
rra	taciturne		*rst*	tanné-e
rrb	taciturnité		*rsu*	tanner
rrc	tact		*rsv*	tannerie
rrd	tacticien		*rsw*	tanneur
rre	tactique		*rsx*	tanin
rrf	taël		*rsy*	tant *
rrg	taffetas		*rsz*	tante
rrh	tafia		*rta*	tantôt
rri	taillanderie		*rtb*	tapage
rrj	taillandier		*rtc*	tapageur
rrk	taillant		*rtd*	tapioca
rrl	taille *		*rte*	tapis
rrm	taille-douce		*rtf*	tapisser

rtg	tapisserie		*ruz*	Te-Deum
rth	tapissier		*rva*	teindre
rti	tapissière		*rvb*	teint-e
rtj	taquin-e		*rvc*	teinture
rtk	taquinement		*rvd*	teintureric
rtl	taquiner		*rve*	teinturier
rtm	se taquiner		*rvf*	tel-le *
rtn	taquinerie		*rvg*	télégramme
rto	taraud		*rvh*	télégraphe
rtp	tarauder		*rvi*	télégraphier *
rtq	tard		*rvj*	télégraphique
rtr	tarder		*rvk*	télégraphiquement *
rts	tardif-ve		*rvl*	télescope
rtt	tardivement		*rvm*	tellement
rtu	tare *		*rvn*	téméraire
rtv	taré-e		*rvo*	témérairement
rtw	tarer		*rvp*	témérité
rtx	se targuer		*rvq*	témoignage
rty	tarif		*rvr*	témoigner
rtz	tarifer		*rvs*	témoin *
rua	tarir		*rvt*	tempérament
rub	se tarir		*rvu*	tempérance
ruc	tarissement		*rvv*	tempérant-e
rud	tartan		*rvw*	température
rue	tartane		*rvx*	tempéré-e
ruf	tartre		*rvy*	tempérer
rug	tartrique *		*rvz*	tempête
ruh	tas		*rwa*	tempêter
rui	tassement		*rwb*	tempêtueux-se
ruj	tasser		*rwc*	temple
ruk	tâter		*rwd*	temporaire
rul	tâtonnement		*rwe*	temporairement
rum	tâtonner		*rwf*	temporel-le
run	taureau		*rwg*	temporisation
ruo	taux		*rwh*	temporiser
rup	taverne		*rwi*	temps *
ruq	taxateur		*rwj*	tenable
rur	taxation		*rwk*	tenace
rus	taxe		*rwl*	ténacité
rut	taxer		*rwm*	tenaille
ruu	te		*rwn*	tenancier
ruv	technique		*rwo*	tenant-e
ruw	technologie		*rwp*	tendance
rux	technologique		*rwq*	tendant-e
ruy	tchevert		*rwr*	tender

rws	tendre *		ryl	terrier
rwt	se tendre		rym	terrifier
rwu	tendrement		ryn	terrine
rwv	tendresse		ryo	territoire *
rww	tendu-e		ryp	territorial-e
rwx	ténèbres		ryq	terroir
rwy	ténébreusement		ryr	terrorisme
rwz	ténébreux-se		rys	terroriste
rxa	teneur		ryt	tertiaire
rxb	tenir *		ryu	tes
rxc	se tenir *		ryv	testament *
rxd	tension		ryw	testamentaire
rxe	tentant-e		ryx	testateur
rxf	tentation		ryy	testatrice
rxg	tentative		ryz	tester
rxh	tente		rza	testimonial-e
rxi	tenter		rzb	teston
rxj	tenture		rzc	tête *
rxk	tenu-e		rzd	tête-à-tête
rxl	tenue		rze	têtu-e
rxm	térébenthine *		rzf	texte
rxn	tergiversation		rzg	textile
rxo	tergiverser		rzh	textuel-le
rxp	terme *		rzi	textuellement
rxq	terminaison		rzj	texture
rxr	terminer *		rzk	thaler
rxs	terne		rzl	thé
rxt	ternir		rzm	théâtral-e
rxu	se ternir		rzn	théâtre
rxv	terrain *		rzo	thème
rxw	terrasse		rzp	théocratie
rxx	terrassement		rzq	théocratique
rxy	terrasser		rzr	théologie *
rxz	se terrasser		rzs	théologien
rya	terrassier		rzt	théologique
ryb	terre *		rzu	théorème
ryc	terreau		rzv	théoricien
ryd	terre-neuvier		rzw	théorie
rye	terre-plein		rzx	théorique
ryf	terrer		rzy	thérapeutique
ryg	terrestre		rzz	thermal-e
ryh	terreur			
ryi	terreux-se		saa	thermomètre
ryj	terrible		sab	thésauriser
ryk	terriblement		sac	thésauriseur

sad	thèse	*sbw*	titulaire
sae	thon	*sbx*	toast
saf	thuya	*sby*	tocsin
sag	tiare	*sbz*	toi
sah	tic	*sca*	toile
sai	tiède	*scb*	toilerie
saj	tièdement	*scc*	toilette
sak	tiédeur	*scd*	toise
sal	tiédir	*sce*	toiser
sam	tien-ne	*scf*	toison
san	tiercement	*scg*	toit
sao	tiercer	*sch*	toiture
sap	tiers	*sci*	tôle
saq	tige	*scj*	tolérable
sar	tigre	*sck*	tolérance
sas	tillac	*scl*	tolérant-e
sat	timbre	*scm*	tolérer
sau	timbré	*scn*	tombeau
sav	timbrer	*sco*	tomber
saw	timide	*scp*	tombereau
sax	timidement	*scq*	toman
say	timidité	*scr*	tome
saz	timon	*scs*	tomme
sba	timonier	*sct*	tomolo
sbb	timoré-e	*scu*	ton
sbc	tinctorial-e	*scv*	tondage
sbd	tintement	*scw*	tonde
sbe	tinter	*scx*	tondre
sbf	tir	*scy*	tonique
sbg	tirade	*scz*	tonnant-e
sbh	tirage	*sda*	tonnage
sbi	tiraillement	*sdb*	tonne
sbj	tirailler	*sdc*	tonneau
sbk	tirailleur	*sdd*	tonnelier
sbl	tirant-d'eau	*sde*	tonner
sbm	tirer	*sdf*	tonnerre
sbn	se tirer	*sdg*	tonos
sbo	tireur	*sdh*	tonsuré
sbp	tiroir	*sdi*	tonte
sbq	tissage	*sdj*	tontine
sbr	tisser	*sdk*	topaze
sbs	tisserand	*sdl*	topographe
sbt	tissu	*sdm*	topographie
sbu	titre	*sdn*	topographique
sbv	titrer	*sdo*	torche

sdp	torchis	*sfi*	tourteau *
sdq	tordage	*sfj*	Toussaint (la)
sdr	tordre	*sfk*	tout-e
sds	torpeur	*sfl*	tout-à-coup
sdt	torpille	*sfm*	tout-à-fait
sdu	torrent	*sfn*	toutefois
sdv	torrentueux-se	*sfo*	tout-puissant
sdw	torride	*sfp*	toxique
sdx	tort	*sfq*	tracas
sdy	tortueusement	*sfr*	tracasser
sdz	tortueux-se	*sfs*	se tracasser
sea	torture	*sft*	tracasserie
seb	torturer	*sfu*	tracassier-ère
sec	tory	*sfv*	trace
sed	torysme	*sfw*	tracé
see	tôt	*sfx*	tracé-e
sef	total-e	*sfy*	tracer
seg	totalement	*sfz*	traction
seh	totaliser	*sga*	tradition
sei	totalité	*sgb*	traditionnel-le
sej	touage	*sgc*	traditionnellement
sek	touchant-e	*sgd*	traducteur
sel	touche	*sge*	traduction
sem	toucher	*sgf*	traduire
sen	se toucher	*sgg*	trafic
seo	touée	*sgh*	trafiquer
sep	touer	*sgi*	tragédie
seq	touffu-e	*sgj*	tragique
ser	toujours	*sgk*	tragiquement
ses	tour	*sgl*	trahir
set	tourbe	*sgm*	trahison
seu	tourbière	*sgn*	train
sev	tourbillon	*sgo*	traînard
sew	tourbillonnant-e	*sgp*	traîneau
sex	tourbillonner	*sgq*	traînée
sey	tourelle	*sgr*	traîner
sez	touriste	*sgs*	se traîner
sfa	tourment	*sgt*	trait
sfb	tourmente	*sgu*	traitable
sfc	tourmenter	*sgv*	traite *
sfd	se tourmenter	*sgw*	traité *
sfe	tournant-e	*sgx*	traitement
sff	tournée	*sgy*	traiter
sfg	tourner	*sgz*	traître
sfh	se tourner	*sha*	traîtreusement

shb	trajectoire		*siu*	transplanter
shc	trajet		*siv*	transport
shd	trame		*siw*	transportable
she	tramer		*six*	transporter
shf	tranchant-e		*siy*	se transporter
shg	tranchée		*siz*	transposer
shh	trancher		*sja*	transposition
shi	tranquille		*sjb*	transvaser
shj	tranquillement		*sjc*	transversal-e
shk	tranquilliser		*sjd*	transversalement
shl	se tranquilliser		*sje*	trappiste
shm	tranquillité		*sjf*	trapu-e
shn	transaction		*sjg*	traquenard
sho	transatlantique		*sjh*	traquer
shp	transbordement		*sji*	travail *
shq	transborder		*sjj*	travailler
shr	transcendance		*sjk*	travailleur
shs	transcendant-e		*sjl*	travée
sht	transcription		*sjm*	travers
shu	transcrire		*sjn*	traversée
shv	transe		*sjo*	traverser
shw	transférable		*sjp*	travestir
shx	transfèrement		*sjq*	trébucher
shy	transférer		*sjr*	trébuchet
shz	transfert		*sjs*	trèfle
sia	transformation		*sjt*	treizième
sib	transformer		*sju*	tremblement *
sic	se transformer		*sjv*	trembler
sid	transfuge		*sjw*	trempe
sie	transgresser		*sjx*	tremper
sif	transi-e		*sjy*	trentième
sig	transiger		*sjz*	trépidation
sih	transit		*ska*	trépignement
sii	transition		*skb*	trépigner
sij	transitoire		*skc*	très *
sik	translation		*skd*	trésor
sil	transmettre		*ske*	trésorerie
sim	transmissible		*skf*	trésorier *
sin	transmission		*skg*	tressaillement
sio	transmutation		*skh*	tressaillir
sip	transparence		*ski*	tresser
siq	transparent-e		*skj*	tréteau
sir	transpercer		*skk*	treuil
sis	transpiration		*skl*	trêve
sit	transpirer		*skm*	triage

skn	triangle		*smg*	troc
sko	triangulaire		*smh*	troisième *
skp	tribord		*smi*	trois-mâts
skq	tribu		*smj*	trois-six * •
skr	tribulation		*smk*	trombe
sks	tribun		*sml*	tromblon
skt	tribunal *		*smm*	trompe
sku	tribune		*smn*	trompe-l'œil
skv	tribut		*smo*	tromper
skw	tributaire		*smp*	se tromper
skx	tricher		*smq*	tromperie
sky	tricheur		*smr*	trompette
skz	tricolore		*sms*	trompette-major
sla	triennal-e		*smt*	trompeur-se
slb	trier *		*smu*	tronc
slc	trigonométrie		*smv*	tronçon
sld	trigonométrique		*smw*	trône
sle	trimbaler		*smx*	tronqué-e
slf	trimer		*smy*	tronquer
slg	trimestre		*smz*	trop
slh	trimestriel-le		*sna*	trophée
sli	trimestriellement		*snb*	tropical-e
slj	triomphal-e		*snc*	tropique
slk	triomphalement		*snd*	trop-plein
sll	triomphant-e		*sne*	troquer
slm	triomphateur		*snf*	troqueur
sln	triomphe *		*sng*	trouble
slo	triompher		*snh*	troubler *
slp	triple		*sni*	se troubler
slq	triplement		*snj*	trouée
slr	tripler		*snk*	troupe
sls	triplicata		*snl*	troupeau
slt	tripot		*snm*	troupier
slu	tripotage		*snn*	trousse
slv	tripoter		*sno*	trousseau
slw	tripoteur		*snp*	trouvé-e
slx	trisaïeul		*snq*	trouver
sly	triste		*snr*	se trouver
slz	tristement		*sns*	truchement
sma	tristesse		*snt*	truffe
smb	trituration		*snu*	truffé-e
smc	triturer		*snr*	truffière
smd	trivial-e		*snw*	tu
sme	trivialement		*snx*	tube
smf	trivialité		*sny*	tuer

snz	se tuer		*sps*	unanimité *
soa	tuerie		*spt*	uni-e
sob	tuile		*spu*	uniforme
soc	tuilerie		*spv*	uniformément
sod	tulle (tissu)		*spw*	uniformité
soe	tumeur		*spx*	uniment
sof	tumulte		*spy*	union
sog	tumultueusement		*spz*	unique
soh	tumultueux-se		*sqa*	uniquement
soi	tunique		*sqb*	unir
soj	tunnel		*sqc*	s'unir
sok	turban		*sqd*	unisson (à l')
sol	turbine		*sqe*	unitaire
som	turbulence		*sqf*	unité
son	turbulent-e		*sqg*	univers
soo	turpitude		*sqh*	universalité
sop	turque (livre)		*sqi*	universel-le *
soq	turquoise		*sqj*	universellement
sor	tutélaire		*sqk*	universitaire
sos	tutelle		*sql*	université
sot	tuteur *		*sqm*	unze
sou	tutrice		*sqn*	urbain-e
sov	type		*sqo*	urbanité
sow	typhoïde *		*sqp*	urgence
sox	typhon		*sqq*	urgent-e *
soy	typhus		*sqr*	urne
soz	typographe		*sqs*	us et coutumes
spa	typographie		*sqt*	usage *
spb	typographique		*squ*	usance
spc	tyran		*sqv*	user
spd	tyrannie		*sqw*	usine
spe	tyrannique		*sqx*	usité-e
spf	tyranniser		*sqy*	ustensile
spg	ukase		*sqz*	usuel-le
sph	ulcérer		*sra*	usuellement
spi	uléma		*srb*	usufructaire
spj	ultérieur-e		*src*	usufruit
spk	ultérieurement		*srd*	usufruitier-ère
spl	ultimatum		*sre*	usuraire
spm	ultra		*srf*	usurairement
spn	ultramontain-e		*srg*	usure
spo	ultramontanisme		*srh*	usurier
spp	une		*sri*	usurpateur
spq	unanime		*srj*	usurpation
spr	unanimement		*srk*	usurper

srl	utérin-e		ste	validement
srm	utile *		stf	valider
srn	utilement		stg	validité
sro	utiliser		sth	vallée
srp	utilité *		sti	vallon
srq	utopie		stj	valoir *
srr	utopiste		stk	value
srs	vacance *		stl	van
srt	vacant-e		stm	vandalisme
sru	vacarme		stn	vanille
srv	vacation		sto	vanité
srw	vaccine		stp	vaniteux-se
srx	vacciner		stq	vanner
sry	vache *		str	vannerie
srz	vacillant-e		sts	vannier
ssa	vacillation		stt	vanter
ssb	vaciller		stu	se vanter
ssc	vade-mecum		stv	vanterie
ssd	va-et-vient		stw	vapeur *
sse	vagabond-e		stx	vaquer
ssf	vagabondage		sty	vara
ssg	vagabonder		stz	variabilité
ssh	vague		sua	variable
ssi	vaguement		sub	variation
ssj	vaguemestre		suc	varier
ssk	vaillamment		sud	variété
ssl	vaillance		sue	varietur (ne)
ssm	vaillant-e		suf	vase
ssn	vaille que vaille		sug	vaseux-se
sso	vain-e *		suh	vassal-e
ssp	vaincre		sui	vasselage
ssq	vaincu		suj	vaste
ssr	vainement		suk	vat
sss	vainqueur		sul	vatican
sst	vaisseau *		sum	va-tout
ssu	vaiselle		sun	vaudeville
ssv	valable		suo	vaudevilliste
ssw	valablement		sup	vaurien
ssx	valet		suq	se vautrer
ssy	valeter		sur	veau
ssz	valeur *		sus	vedette
sta	valeureusement		sut	védro
stb	valeureux-se		suu	végétal-e
stc	validation		suv	végétation
std	valide		suw	végéter

sux	véhémence		*swq*	venu-e
suy	véhément-e		*swr*	ver
suz	véhicule		*sws*	véracité
sva	veille		*swt*	ver-à-soie
svb	veiller		*swu*	verbal-e *
svc	veine		*swv*	verbalement
svd	vélin		*sww*	verbaliser
sve	velléité		*swx*	verbe
svf	vélocipède		*swy*	verbeux-se
svg	vélocité		*swz*	verbiage
svh	velours		*sxa*	verdet
svi	velouté-e		*sxb*	verdict
svj	veltage		*sxc*	verdoyant-e
svk	velte		*sxd*	verdoyer
svl	velter		*sxe*	verdure
svm	vénal-e		*sxf*	véreux-se
svn	vénalité		*sxg*	verglas
svo	vendable		*sxh*	vergue
svp	vendange		*sxi*	véridique
svq	vendanger		*sxj*	vérificateur
svr	vendangeur		*sxk*	vérification
svs	vendeur		*sxl*	vérifier
svt	vendre *		*sxm*	vérin
svu	se vendre		*sxn*	véritable
svv	vendredi		*sxo*	véritablement
svw	vendu-e *		*sxp*	vérité
svx	vénérable		*sxq*	verjus
svy	vénération		*sxr*	vermeil
svz	vénérer		*sxs*	vermicelle
swa	veneur		*sxt*	vermicellier
swb	vengeance		*sxu*	vermillon
swc	venger		*sxv*	vermoulu-e
swd	se venger		*sxw*	vermout
swe	vengeur		*sxx*	vernir
swf	véniel-le		*sxy*	vernis
swg	venimeux-se		*sxz*	verre
swh	venin		*sya*	verrerie
swi	venir		*syb*	verroterie
swj	vent *		*syc*	verrou
swk	vente *		*syd*	verrouiller
swl	venter		*sye*	vers
swm	ventilateur		*syf*	versant
swn	ventilation		*syg*	versatile
swo	ventiler		*syh*	versatilité
swp	ventre		*syi*	verschok

syj	versement		*tab*	vice
syk	versé-e		*tac*	vice-amiral
syl	verser		*tad*	vice-chancelier
sym	version		*tae*	vice-consul
syn	verso		*taf*	vice-consulat
syo	verste		*tag*	vice-présidence
syp	vert-e *		*tah*	vice-président *
syq	vertement		*tai*	vice-reine
syr	vertical-e		*taj*	vice-roi *
sys	verticalement		*tak*	vice-royauté
syt	vertige		*tal*	vice versâ
syu	vertigineux-se		*tam*	vicier
syv	vertu		*tan*	vicieusement
syw	vertueusement		*tao*	vicieux-se
syx	vertueux-se		*tap*	vicinal-e *
syy	verve		*taq*	vicissitude
syz	vesce		*tar*	vicomte
sza	vestige		*tas*	vicomtesse
szb	vêtement		*tat*	victime
szc	vétéran		*tau*	victoire
szd	vétérinaire *		*tav*	victorieusement
sze	vétille		*taw*	victorieux-se
szf	vétilleux-se		*tax*	victuaille
szg	vêtir		*tay*	vide
szh	se vêtir		*taz*	vider
szi	veto		*tba*	vie *
szj	vêtu-e		*tbb*	vierkante
szk	vétusté		*tbc*	viertel
szl	veuf		*tbd*	vieux
szm	veuve		*tbe*	vieille
szn	veuvage		*tbf*	vieillard
szo	vexation		*tbg*	vieillerie
szp	vexatoire		*tbh*	vieillesse
szq	vexer		*tbi*	vieillir
szr	viable		*tbj*	vierge
szs	viaduc		*tbk*	vif-vive *
szt	viager-ère *		*tbl*	vigilance
szu	viande		*tbm*	vigilant-e
szv	viatique		*tbn*	vigne
szw	vibrant-e		*tbo*	vigneron
szx	vibration		*tbp*	vignoble
szy	vibrer		*tbq*	vigoureusement
szz	vicaire		*tbr*	vigoureux-se
			tbs	vigueur
taa	vicariat		*tbt*	vil-e

tbu	vilain-e		*tdn*	vis-à-vis
tbv	vilainement		*tdo*	viscère
tbw	vilement		*tdp*	viscosité
tbx	vilenie		*tdq*	visée
tby	villa		*tdr*	viser
tbz	village		*tds*	visible
tca	villageois		*tdt*	visiblement
tcb	villageoise		*tdu*	vision
tcc	ville *		*tdv*	visionnaire
tcd	villégiature		*tdw*	visite *
tce	vin *		*tdx*	visiter
tcf	vinaigre		*tdy*	visiteur
tcg	vindicatif-ve		*tdz*	visqueux-se
tch	vindicte		*tea*	visser
tci	vineux-se		*teb*	visuel-le
tcj	vingtième		*tec*	vital-e
tck	vinicole		*ted*	vitalité
tcl	vinification		*tee*	vite
tcm	viol		*tef*	vitesse
tcn	violateur		*teg*	viticole
tco	violation		*teh*	viticulteur
tcp	violemment		*tei*	vitre
tcq	violence		*tej*	vitrer
tcr	violent-e *		*tek*	vitrier
tcs	violenter		*tel*	vitrifier
tct	violer		*tem*	vitriol
tcu	violon		*ten*	vivace
tcv	violoncelle		*teo*	vivacité
tcw	violoniste		*tep*	vivant-e
tcx	vipère		*teq*	vivat
tcy	virement		*ter*	vivement
tcz	virer		*tes*	vivifiant-e
tda	virginal-e		*tet*	vivifier
tdb	virginité		*teu*	vivoter
tdc	viril-e		*tev*	vivre
tdd	virilement		*tew*	viziriat
tde	virilité		*tex*	vocabulaire
tdf	virtualité		*tey*	vocal-e
tdg	virtuellement		*tez*	vocation
tdh	virtuose		*tfa*	vociférations
tdi	virulence		*tfb*	vociférer
tdj	virulent-e		*tfc*	vœu
tdk	vis		*tfd*	vogue
tdl	visa		*tfe*	voguer
tdm	visage		*tff*	voici

tfg	voie		*tgz*	voter *
tfh	voilà		*tha*	votif-ve
tfi	voile *		*thb*	votre *
tfj	voiler		*thc*	vouer
tfk	se voiler		*thd*	se vouer
tfl	voilerie		*the*	vouloir
tfm	voilier		*thf*	vous *
tfn	voilure		*thg*	voûte
tfo	voir *		*thh*	se voûter
tfp	se voir		*thi*	voyage
tfq	voirie		*thj*	voyager
tfr	voisin		*thk*	voyageur *
tfs	voisine		*thl*	voyageuse
tft	voisinage		*thm*	voyer
tfu	voilure		*thn*	vrai-e
tfv	voiturer		*tho*	vraiment
tfw	voiturier		*thp*	vraisemblable
tfx	voix *		*thq*	vraisemblablement
tfy	vol		*thr*	vraisemblance
tfz	volage		*ths*	vu
tga	volatil-e		*tht*	vue *
tgb	volatilisation		*thu*	vulgaire
tgc	volatiliser		*thv*	vulgairement
tgd	se volatiliser		*thw*	vulgariser
tge	volcan		*thx*	vulgarité
tgf	volcanique		*thy*	vulnérable
tgg	voler		*thz*	wagon *
tgh	voleur		*tia*	warrant
tgi	voleuse		*tib*	warranter *
tgj	volontaire		*tic*	whig
tgk	volontairement		*tid*	whist
tgl	volonté		*tie*	wigtge
tgm	volontiers		*tif*	wiskey
tgn	voltaïque		*tig*	wisse
tgo	volte-face		*tih*	yacht
tgp	voltiger		*tii*	yard
tgq	voltigeur		*tij*	yatagan
tgr	volubilité		*tik*	yeux
tgs	volume		*til*	yole
tgt	volumineux-se		*tim*	yrmlik
tgu	volupté		*tin*	zélateur
tgv	voluptueux-se		*tio*	zèle
tgw	vomir		*tip*	zélé-e
tgx	votant		*tiq*	zénith
tgy	vote		*tir*	zéphyr

tis	zéro		*tiz*	zoll
tit	zibeline		*tja*	zone *
tiu	zinc *		*tjb*	zoographie
tiv	zingueur		*tjc*	zoologie
tiw	zizanie		*tjd*	zoologique
tix	zocchino		*tje*	zootomie
tiy	zodiaque		*tjf*	zouave

GÉOGRAPHIE ET NATIONS

tjg	Abbeville		*tkn*	Alsace
tjh	Abyssinie		*tko*	Alsacien-ne
tji	Açores		*tkp*	Amérique *
tjj	Aden		*tkq*	Américain-e
tjk	Adriatique		*tkr*	Amiens
tjl	Afghanistan		*tks*	Amsterdam
tjm	Afrique *		*tkt*	Ancône
tjn	Africain-e		*tku*	Andrinople *
tjo	Agen		*tkv*	Angers
tjp	Agra		*tkw*	Angleterre *
tjq	Ain		*tkx*	Anglais-e
tjr	Aisne		*tky*	Angoulême
tjs	Aix *		*tkz*	Annam
tjt	Aix en Savoie		*tla*	Annamite
tju	Aix-la-Chapelle		*tlb*	Annecy
tjv	Ajaccio		*tlc*	Antilles
tjw	Alais		*tld*	Anvers·
tjx	Alby		*tle*	Anzin
tjy	Alençon		*tlf*	Arabie
tjz	Alep *		*tlg*	Arabe
tka	Alexandrette		*tlh*	Arcachon
tkb	Alexandrie		*tli*	Ardèche
tkc	Alger *		*tlj*	Ardennes
tkd	Algérie		*tlk*	Argentine (république)
tke	Algérien-ne		*tll*	Arkhangel
tkf	Alicante *		*tlm*	Ariége·
tkg	Allemagne *		*tln*	Arménie
tkh	Allemand-e		*tlo*	Arménien-ne
tki	Allier		*tlp*	Arras
tkj	Alpes		*tlq*	Asie
tkk	Alpes (Basses-)		*tlr*	Asiatique
tkl	Alpes (Hautes-)		*tls*	Astinwal
tkm	Alpes-Maritimes		*tlt*	Astrakhan

tlu	Athènes		*tnn*	Bayonne
tlv	Athénien-ne		*tno*	Beaucaire
tlw	Atlantique		*tnp*	Beauce
tlx	Aube		*tnq*	Beaujolais
tly	Aubin		*tnr*	Beauvais
tlz	Aubusson		*tns*	Belfast
tma	Auch		*tnt*	Belfort
tmb	Auckland		*tnu*	Belgique *
tmc	Aude		*tnv*	Belge
tmd	Augsbourg		*tnw*	Belgrade
tme	Australie *		*tnx*	Belle-Ile
tmf	Autriche *		*tny*	Bénarès
tmg	Autrichien-ne		*tnz*	Bender
tmh	Autun		*toa*	Bengale *
tmi	Auxerre		*tob*	Bergem
tmj	Aveyron		*toc*	Berlin
tmk	Avignon		*tod*	Berne
tml	Azof *		*toe*	Besançon
tmm	Badajoz		*tof*	Bessarabie
tmn	Bade		*tog*	Beyrouth
tmo	Badois-e		*toh*	Béziers
tmp	Bagdad *		*toi*	Biarritz
tmq	Bagnères-de-Bigorre		*toj*	Birmingham
tmr	Bagnères-de-Luchon		*tok*	Bischwiller
tms	Bagnols		*tol*	Blanc (mont)
tmt	Bahia *		*tom*	Blanzy
tmu	Balaruc		*ton*	Blois
tmv	Bâle		*too*	Bogota
tmw	Baléares		*top*	Bohême
tmx	Baltimore		*toq*	Bois-le-Duc
tmy	Baltique		*tor*	Bolivie
tmz	Bamberg		*tos*	Bombay
tna	Bangkok		*tot*	Boue
tnb	Barcelone		*tou*	Bonn
tnc	Baréges		*tov*	Bonne-Espérance (cap)
tnd	Bari		*tow*	Bordeaux *
tne	Bar-le-Duc		*tox*	Bordelais-e
tnf	Barletta		*toy*	Bornéo
tng	Basse-Terre		*toz*	Bosnie
tnh	Bassora		*tpa*	Bosphore (le)
tni	Bastia		*tpb*	Boston
tnj	Batavia		*tpc*	Botany-Bay
tnk	Bath		*tpd*	Bothnie
tnl	Bavière		*tpe*	Bouches-du-Rhône
tnm	Bavarois-e		*tpf*	Bougie

tpg	Boulogne	*tqz*	Cambrai
tph	Bourbonnais	*tra*	Cambridge
tpi	Bourg	*trb*	Campêche
tpj	Bourges	*trc*	Canada
tpk	Bourgogne *	*trd*	Canaries *
tpl	Brabant	*tre*	Candie
tpm	Bradford	*trf*	Canée (la)
tpn	Brandebourg	*trg*	Cannes
tpo	Brême	*trh*	Cantal
tpp	Brésil *	*tri*	Canton
tpq	Brésilien-ne	*trj*	Cap (le)
tpr	Breslau	*trk*	Caracas
tps	Bresse	*trl*	Caramanie *
tpt	Brest	*trm*	Carcassonne
tpu	Bretagne *	*trn*	Carlsbad
tpv	Brie	*tro*	Carlscrona
tpw	Brindisi	*trp*	Carlsruhe
tpx	Bristol	*trq*	Caroline
tpy	Brooklyn	*trr*	Carrare *
tpz	Brousse	*trs*	Carthagène
tqa	Bruges	*trt*	Caspienne (mer)
tqb	Brunn	*tru*	Cassel
tqc	Bruxelles	*trv*	Catalogne
tqd	Bucharest	*trw*	Cattégat
tqe	Bude	*trx*	Cayenne
tqf	Buénos-Ayres *	*try*	Cenis (mont)
tqg	Buffalo	*trz*	Césarée
tqh	Bulgarie	*tsa*	Cette
tqi	Burgos	*tsb*	Ceylan *
tqj	Caboul	*tsc*	Châlons-sur-Marne
tqk	Cachemire	*tsd*	Châlon-sur-Saône
tql	Cadix	*tse*	Chambéry
tqm	Caen	*tsf*	Champagne *
tqn	Cagliari	*tsg*	Chandernagor
tqo	Cahors	*tsh*	Chantilly
tqp	Caire (le)	*tsi*	Charente
tqq	Calabre *	*tsj*	Charente-Inférieure
tqr	Calais	*tsk*	Charleroi
tqs	Calcutta	*tsl*	Charleston
tqt	Calédonie (Nouvelle-)	*tsm*	Charleville
tqu	Californie	*tsn*	Chartres
tqv	Callao	*tso*	Châtellerault
tqw	Calle (la)	*tsp*	Chemnitz
tqx	Calvados	*tsq*	Cher
tqy	Cambodge	*tsr*	Cherbourg

tss	Chester *		*tul*	Danois-e
tst	Chicago		*tum*	Dantzig
tsu	Chili *		*tun*	Dardanelles
tsv	Chine		*tuo*	Darmstadt
tsw	Chinois-e		*tup*	Delhi
tsx	Cholet		*tuq*	Dellys
tsy	Christiana		*tur*	Devonshire
tsz	Chypre		*tus*	Diarbékir
tta	Cincinnati		*tut*	Dieppe
ttb	Ciotat (la)		*tuu*	Dieuze
ttc	Civita-Vecchia		*tuv*	Dijon
ttd	Clermont-Ferrand		*tuw*	Djeddah
tte	Clèves		*tux*	Djigelly
ttf	Coblentz		*tuy*	Dominique (la)
ttg	Cochinchine *		*tuz*	Donawerth
tth	Colmar		*tva*	Dore (mont)
tti	Cologne		*tvb*	Douai
ttj	Colombie		*tvc*	Doubs
ttk	Compiègne		*tvd*	Dordogne
ttl	Constance		*tve*	Douvres
ttm	Constantine *		*tvf*	Dresde
ttn	Constantinople		*tvg*	Drôme
tto	Copenhague		*tvh*	Drontheim
ttp	Cordoue		*tvi*	Dublin
ttq	Corée		*tvj*	Dunkerque
ttr	Corfou		*tvk*	Dusseldorf
tts	Corogne (la)		*tvl*	Eaux-Bonnes
ttt	Coromandel		*tvm*	Ecosse
ttu	Corrèze		*tvn*	Ecossais-e
ttv	Corse *		*tvo*	Edimbourg
ttw	Côte-d'Or		*tvp*	Egypte *
ttx	Côtes-du-Nord		*tvq*	Egyptien-ne
tty	Cracovie		*tvr*	Elbe
ttz	Créfeld		*tvs*	Elberfeld
tua	Creil		*tvt*	Elbeuf
tub	Crémone		*tvu*	Elseneur
tuc	Creuse		*tvv*	Ems
tud	Creusot (le)		*tvw*	Enghien
tue	Crimée *		*tvx*	Epernay
tuf	Cronstadt		*tvy*	Epinal
tug	Cuba *		*tvz*	Epsom
tuh	Curaçao		*twa*	Equateur
tui	Dalmatie		*twb*	Erfurt
tuj	Damas		*twc*	Erivan
tuk	Danemark *		*twd*	Erzeroum

twe	Escaut		*txx*	Gascogne
twf	Espagne *		*txy*	Gênes
twg	Espagnol-e		*txz*	Genève
twh	Essen		*tya*	Géorgie *
twi	Etats-Unis *		*tyb*	Gers
twj	Eure		*tyc*	Gironde
twk	Eure-et-Loir		*tyd*	Givet
twl	Evreux		*tye*	Givors
twm	Falmouth		*tyf*	Glascow
twn	Fernambouc		*tyg*	Goa
two	Fernando-Po		*tyh*	Gorée
twp	Fère (la)		*tyi*	Grande-Bretagne
twq	Ferrare		*tyj*	Granville
twr	Ferté-sous-Jouarre		*tyk*	Grasse
tws	Ferrol (le)		*tyl*	Grèce *
twt	Fez		*tym*	Grec-que
twu	Finistère		*tyn*	Greenock
twv	Finlande		*tyo*	Greenwich
tww	Fionie		*typ*	Grenade
twx	Fiume		*tyq*	Grenoble
twy	Flèche (la)		*tyr*	Groënland
twz	Flessingue		*tys*	Grosswarden
txa	Florence		*tyt*	Guadeloupe (la)
txb	Floride		*tyu*	Guayra (la) *
txc	Folkstone		*tyv*	Guatimala *
txd	Fontainebleau		*tyw*	Guinée
txe	Fort-de-France		*tyx*	Guipuscoa
txf	Fourchambault		*tyy*	Guyane
txg	Fou-Tcheou		*tyz*	Hainaut
txh	France *		*tza*	Haïti *
txi	Français-e *		*tzb*	Halifax
txj	Francfort (Mein)		*tzc*	Hambourg
txk	Francfort (Oder)		*tzd*	Hang-Tcheou
txl	Fribourg		*tze*	Hanovre
txm	Funchal		*tzf*	Hartlepool
txn	Galata		*tzg*	Havane (la)
txo	Galatz		*tzh*	Havre (le)
txp	Galicie		*tzi*	Haye (la)
txq	Galles		*tzj*	Heidelberg
txr	Gallipoli		*tzk*	Helsingborg
txs	Gand		*tzl*	Hérault
txt	Gange		*tzm*	Hesse-Darmstadt
txu	Gap		*tzn*	Himalaya
txv	Gard		*tzo*	Hoerde
txw	Garonne (Haute-)		*tzp*	Hogue (la)

tzq	Hollande *		*ubi*	Kentucky
tzr	Hollandais-e		*ubj*	Kertch
tzs	Holstein		*ubk*	Kherson
tzt	Hombourg		*ubl*	Khiva
tzu	Honduras		*ubm*	Khokand
tzv	Hong-Kong		*ubn*	Khoraçan
tzw	Hongrie		*ubo*	Kiel
tzx	Hongrois-e		*ubp*	Kiew
tzy	Horn (cap)		*ubq*	Kingston
tzz	Hudson (mer)		*ubr*	Kioto
			ubs	Kœnigsberg
uaa	Hull		*ubt*	Konieh
uab	Hyères		*ubu*	Kurratchee
uac	Ille-et-Vilaine		*ubv*	Lahore
uad	Indes *		*ubw*	Landau
uae	Indien-ne		*ubx*	Landes
uaf	Indo-Chine		*uby*	Langres
uag	Indre		*ubz*	Languedoc
uah	Indre-et-Loire		*uca*	Laon
uai	Inspruck		*ucb*	Leeds
uaj	Ioniennes (îles)		*ucc*	Leipzig
uak	Irlande		*ucd*	Leith
ual	Irlandais-e		*uce*	Lemberg
uam	Islande		*ucf*	Léon
uan	Isère		*ucg*	Leyde
uao	Ispahan		*uch*	Liége
uap	Issoudun		*uci*	Lille
uaq	Italie *		*ucj*	Lima
uar	Italien-ne		*uck*	Limoges
uas	Jaffa		*ucl*	Lintz
uat	Jamaïque (la)		*ucm*	Lisbonne
uau	Japon		*ucn*	Liverpool
uav	Japonais-e *		*uco*	Livourne
uaw	Jassy		*ucp*	Loir-et-Cher
uax	Java *		*ucq*	Loire
uay	Jeddo		*ucr*	Loire (Haute-)
uaz	Jersey		*ucs*	Loire-Inférieure
uba	Jérusalem		*uct*	Loiret
ubb	Jura		*ucu*	Lombardie
ubc	Jutland		*ucv*	Londres
ubd	Kabyle		*ucw*	Lorient
ube	Kabylie		*ucx*	Lorraine
ubf	Karikal		*ucy*	Lorrain-e
ubg	Kehl		*ucz*	Lot
ubh	Kent		*uda*	Lot-et-Garonne

udb	Louisiane *	*ueu*	Mascate
udc	Louisville	*uev*	Masulipatam
udd	Louvain	*uew*	Matanzas
ude	Louviers	*uex*	Maubeuge
udf	Lozère	*uey*	Maurice
udg	Lubeck	*uez*	Mayence
udh	Lucerne	*ufa*	Mayenne
udi	Lunéville	*ufb*	Mayotte
udj	Luxembourg	*ufc*	Mecklembourg
udk	Luxembourgeois-e	*ufd*	Mecque (la)
udl	Lyon	*ufe*	Méditerranée
udm	Macao	*uff*	Melbourne
udn	Mâcon	*ufg*	Melun
udo	Mâconnais	*ufh*	Mers-el-Kébir
udp	Madagascar	*ufi*	Messine
udq	Madère	*ufj*	Metz
udr	Madras *	*ufk*	Meurthe-et-Moselle
uds	Madrid	*ufl*	Meuse
udt	Maëstricht	*ufm*	Mexico
udu	Magdebourg	*ufn*	Mexique
udv	Mahé	*ufo*	Mexicain-e
udw	Maine-et-Loire	*ufp*	Mézières
udx	Malabar *	*ufq*	Michigan
udy	Malacca	*ufr*	Milan
udz	Malaga *	*ufs*	Mississipi
uea	Malines	*uft*	Missouri
ueb	Malte	*ufu*	Mitidja (la)
uec	Manche	*ufv*	Mobile
ued	Manchester	*ufw*	Modène
uee	Manheim	*ufx*	Mogador
uef	Manille	*ufy*	Moldavie
ueg	Mans (le)	*ufz*	Monaco
ueh	Mantoue	*uga*	Mons
uei	Maracaïbo *	*ugb*	Montauban
uej	Marennes	*ugc*	Montenegro
uek	Marmara (mer)	*ugd*	Montevideo *
uel	Marne	*uge*	Montpellier
uem	Marne (Haute-)	*ugf*	Montréal
uen	Maroc	*ugg*	Moscou
ueo	Marocain-e	*ugh*	Mostaganem
uep	Maronite	*ugi*	Moulins
ueq	Marseille	*ugj*	Mozambique
uer	Marseillais-e *	*ugk*	Mulhouse
ues	Martinique (la) *	*ugl*	Munich
uet	Maryland	*ugm*	Munster

ugn	Murcie		*uig*	Orléans
ugo	Muret		*uih*	Ormutz
ugp	Mysore *		*uii*	Orne
ugq	Namur		*uij*	Ostende
ugr	Nancy		*uik*	Oswégo
ugs	Nangasaki		*uil*	Ottawa
ugt	Nankin		*uim*	Ourals (monts)
ugu	Nantes		*uin*	Oxford
ugv	Naples		*uio*	Pacifique
ugw	Narbonne		*uip*	Padoue
ug.x	Nassau		*uiq*	Palerme
ugy	Natal		*uir*	Pampelune
ugz	Nauplie		*uis*	Panama
uha	Navarre		*uit*	Para *
uhb	Neufchâtel		*uiu*	Paraguay
uhc	Nevers		*uiv*	Paris *
uhd	Newcastle		*uiw*	Parisien-ne
uhe	New-Haven		*uix*	Parme
uhf	New-York		*uiy*	Pas-de-Calais
uhg	Nice		*uiz*	Patna
uhh	Nicolaïew		*uja*	Pau
uhi	Nièvre		*ujb*	Pavie
uhj	Nil		*ujc*	Pékin
uhk	Nîmes		*ujd*	Pensylvanie
uhl	Ning-Po		*uje*	Périgueux
uhm	Noire (mer)		*ujf*	Perm
uhn	Nord		*ujg*	Pérou
uho	Norfolk		*ujh*	Perpignan
uhp	Normandie		*uji*	Perse *
uhq	Norvége		*ujj*	Persan-e
uhr	Norvégien-ne		*ujk*	Pesth
uhs	Nossi-Bé		*ujl*	Philadelphie
uht	Nottingham		*ujm*	Philippeville
uhu	Noukahiva		*ujn*	Philippines
uhv	Nouvelle-Orléans		*ujo*	Picardie
uhw	Nubie		*ujp*	Piémont
uhx	Nuremberg		*ujq*	Piémontais-e
uhy	Nijni-Nowgorod		*ujr*	Pirée (le)
uhz	Océanie		*ujs*	Pittsbourg
uia	Odessa *		*ujt*	Plata (la)
uib	Oise		*uju*	Plombières
uic	Olmutz		*ujv*	Plymouth
uid	Oran		*ujw*	Pô
uie	Orel		*ujx*	Pointe-à-Pitre
uif	Orenbourg		*ujy*	Poitiers

ujz	Pologne *		*uls*	Rochelle (la)
uka	Polonais-e		*ult*	Rodez
ukb	Poméranie		*ulu*	Rome
ukc	Pondichéry		*ulv*	Romain-e
ukd	Port-au-Prince		*ulw*	Rosario
uke	Portland		*ulx*	Rotterdam
ukf	Port-Louis		*uly*	Roubaix
ukg	Porto		*ulz*	Rouen
ukh	Port-Saïd		*uma*	Roussillon
uki	Porto-Rico *		*umb*	Russie *
ukj	Portsmouth		*umc*	Russe
ukk	Portugal *		*umd*	Sahara
ukl	Portugais-e		*ume*	Saïgon
ukm	Posen		*umf*	Saint-Brieuc
ukn	Potsdam		*umg*	Saint-Cloud
uko	Prague		*umh*	Saint-Cyr *
ukp	Presbourg		*umi*	Saint-Denis
ukq	Privas		*umj*	Saint-Dizier
ukr	Provence *		*umk*	Saint-Domingue *
uks	Prusse		*uml*	Saint-Étienne
ukt	Prussien-ne		*umm*	Saint-Gall
uku	Puy-de-Dôme		*umn*	Saint-Gobain
ukv	Pyrénées		*umo*	Saint-Louis
ukw	Pyrénées (Basses-)		*ump*	Saint-Malo
ukx	Pyrénées (Hautes-)		*umq*	Saint-Nazaire
uky	Pyrénées-Orientales		*umr*	Saint-Pétersbourg
ukz	Québec		*ums*	Saint-Pierre
ula	Quito		*umt*	Saint-Quentin
ulb	Rambouillet		*umu*	Saint-Thomas
ulc	Ravenne		*umv*	Sainte-Croix
uld	Reggio		*umw*	Salamanque
ule	Reims		*umx*	Salem
ulf	Rennes		*umy*	Salford
ulg	Réunion (la)		*umz*	Salonique *
ulh	Revel		*una*	Salzbourg
uli	Rhin		*unb*	San Francisco
ulj	Rhodes		*unc*	Santander
ulk	Rhône		*und*	Santiago *
ull	Richmond		*une*	Saône
ulm	Riga		*unf*	Saône (Haute-)
uln	Rio-Janeiro *		*ung*	Saône-et-Loire
ulo	Rio-Nuñez		*unh*	Saragosse
ulp	Rive-de-Gier		*uni*	Sardaigne
ulq	Roanne		*unj*	Sarthe
ulr	Rochefort		*unk*	Savoie

unl	Savoie (Haute-)		*upe*	Stora
unm	Saxe *		*upf*	Stralsund
unn	Saxon-ne		*upg*	Strasbourg
uno	Schaffhouse		*uph*	Stuttgard
unp	Schleswig		*upi*	Suède *
unq	Scutari		*upj*	Suédois-e
unr	Sébastopol		*upk*	Suez
uns	Sedan		*upl*	Suisse *
unt	Seeland		*upm*	Sumatra *
unu	Seine-et-Marne		*upn*	Sund
unv	Seine-et-Oise		*upo*	Sunderland
unw	Seine-Inférieure		*upp*	Surate
unx	Semlin		*upq*	Swansea
uny	Sénégal *		*upr*	Sydney
unz	Sénégambie		*ups*	Syra
uoa	Sens		*upt*	Syrie *
uob	Seringapatam		*upu*	Szegedin
uoc	Serrawezza *		*upv*	Taganrok
uod	Servie		*upw*	Tage
uoe	Serbe		*upx*	Taïti
uof	Séville		*upy*	Tamise
uog	Sèvres (Deux-)		*upz*	Tanger
uoh	Seyne (la)		*uqa*	Tarare
uoi	Shang-Haï		*uqb*	Tarbes
uoj	Sheffield		*uqc*	Tarn
uok	Siam		*uqd*	Tarn-et-Garonne
uol	Siamois-e		*uqe*	Tarragone
uom	Sibérie		*uqf*	Tauris
uon	Sicile		*uqg*	Téhéran
uoo	Sierra-Leone		*uqh*	Ténériffe
uop	Silésie		*uqi*	Terre-Neuve
uoq	Singapour *		*uqj*	Tessin
uor	Smolensk		*uqk*	Texas
uos	Smyrne *		*uql*	Thann
uot	Soissons		*uqm*	Thionville
uou	Somme		*uqn*	Tien-Tsin
uov	Soudan		*uqo*	Tiflis
uow	Sou-Tcheou-Fou		*uqp*	Tlemcen
uox	Southampton		*uqq*	Tobolsk
uoy	Spa		*uqr*	Tolède
uoz	Spanishtown		*uqs*	Toronto
upa	Spezzia (la)		*uqt*	Toscane *
upb	Stettin		*uqu*	Toulon
upc	Stoke		*uqv*	Toulouse
upd	Stockholm		*uqw*	Tours

uqx	Transylvanie		*ush*	Verdun
uqy	Trébizonde		*usi*	Vérone
uqz	Trèves		*usj*	Versailles
ura	Trieste		*usk*	Vert (cap)
urb	Tripoli		*usl*	Verviers
urc	Trouville		*usm*	Vésuve
urd	Troyes		*usn*	Vic
ure	Tulle		*uso*	Vichy
urf	Tunis *		*usp*	Vienne
urg	Turcoing		*usq*	Vienne (Haute-)
urh	Turin		*usr*	Vierzon
uri	Turkestan		*uss*	Villefranche
urj	Turquie *		*ust*	Villers
urk	Turc-que		*usu*	Vilna
url	Tyrol		*usv*	Vincennes
urm	Tyrolien-ne		*usw*	Virginie
urn	Ulm		*usx*	Vitoria
uro	Upsal		*usy*	Voiron
urp	Uriage		*usz*	Volga
urq	Uruguay		*uta*	Vosges
urr	Utrecht		*utb*	Vouziers
urs	Valachie		*utc*	Washington
urt	Valaque		*utd*	Weimar
uru	Valence		*ute*	Westphalie
urv	Valenciennes		*utf*	Wiesbaden
urw	Valladolid		*utg*	Windsor
urx	Valparaiso		*uth*	Woolwich
ury	Vannes		*uti*	Wurtemberg
urz	Var *		*utj*	Wurtzbourg
usa	Varna		*utk*	Xérès
usb	Varsovie		*utl*	Yarmouth
usc	Vaucluse		*utm*	Yokohama
usd	Vendée		*utn*	Yonne
use	Vénézuéla		*uto*	York
usf	Venise		*utp*	Zanzibar *
usg	Vera-Cruz (la)		*utq*	Zurich

LOCUTIONS DIVERSES

---

utr	à l'abandon	*uuu*	est accouchée heureuse-ment
uts	abandonnez vos droits		
utt	do vos prétentions	*uuv*	accueil favorable
utu	nous abandonnons nos droits	*uuw*	accueil défavorable
utv	do nos prétentions	*uux*	accusez réception télé-graphiquement
utw	ils abandonnent leurs droits	*uuy*	nous accusons réception
utx	do leurs prétentions	*uuz*	achetez à
uty	abonnez-vous	*uva*	achetez à livrer
utz	d'abord	*uvb*	achetez en disponible
uua	abstraction faite de	*uvc*	achetez à terme
uub	académie de médecine	*uvd*	achetez au comptant
uuc	académie des beaux-arts	*uve*	achetez au mieux
uud	académie des inscrip-tions et belles-lettres	*uvf*	achetez aux conditions d'usage
uue	académie des sciences	*uvg*	achetez si les prix bais-sent à
uuf	académie française	*uvh*	achetez en liquidation
uug	acceptez sans réserve	*uvi*	do do fin courant
uuh	do sous réserve de	*uvj*	do do 15 prochain
uui	do sous toutes réserves	*uvk*	do do fin prochain
uuj	do immédiatement	*uvl*	do do dont 100
uuk	nous acceptons sans ré-serve	*uvm*	do do do 50
uul	do sous réserve de	*uvn*	do do do 40
uum	do sous toutes réserves	*uvo*	do do do 25
uun	do votre offre	*uvp*	do do do 20
uuo	nous accepterions si	*uvq*	do do do 10
uup	accès difficile	*uvr*	do do do 5
uuq	accès facile	*uvs*	do do do 2
uur	d'accord avec	*uvt*	do do do 1
uus	nous sommes d'accord	*uvu*	achetez en liquidation fin courant, dont 100
uut	l'accord se fera	*uvv*	do do do do 50

uvw	Achetez en liquidation fin courant, dont 40
uvx	do do do do 25
uvy	do do do do 20
uvz	do do do do 10
uwa	do do do do 5
uwb	do do do do 2
uwc	do do do do 1
uwd	achetez en liquidon au 15 prochn, dont 100
uwe	do do do do 50
uwf	do do do do 40
uwg	do do do do 25
uwh	do do do do 20
uwi	do do do do 10
uwj	do do do do 5
uwk	do do do do 2
uwl	do do do do 1
uwm	achetez en liquidon fin prochain, dont 100
uwn	do do do do 50
uwo	do do do do 40
uwp	do do do do 25
uwq	do do do do 20
uwr	do do do do 10
uws	do do do do 5
uwt	do do do do 2
uwu	do do do do 1
uwv	achetez en disponible au comptant
uww	do do à terme
uwx	do do condons d'use
uwy	do do au mieux
uwz	achetez à livrer à l'heureuse arrivée du navire, au comptant
uxa	do do do à terme
uxb	do do do ctions d'use
uxc	do do do au mieux
uxd	achetez à livrer sur désignation de navire flottant, au comptant
uxe	do do do à terme
uxf	do do do ctions d'use
uxg	do do do au mieux
uxh	achetez à livrer sur navire à désigner, au comptant
uxi	do do do à terme
uxj	do do do ctions d'use
uxk	do do do au mieux
uxl	achetez ferme, au comptant, pour recevoir le
uxm	do do à terme, do
uxn	do do au mieux, do
uxo	pouvons-nous acheter?
uxp	devons-nous acheter si
uxq	avons acheté à
uxr	avons acheté à livrer
uxs	do do en disponible
uxt	do do à terme
uxu	do do au comptant
uxv	do do au mieux
uxw	do do condons d'use
uxx	do do en baisse
uxy	do do en liquidation
uxz	do do fin courant
uya	do do au 15 prochn
uyb	do do fin prochain
uyc	do do en liqon, dont 100
uyd	do do do do 50
uye	do do do do 40
uyf	do do do do 25
uyg	do do do do 20
uyh	do do do do 10
uyi	do do do do 5
uyj	do do do do 2
uyk	do do do do 1
uyl	avons acheté en liquidon fin courant, dont 100
uym	do do do do 50
uyn	do do do do 40
uyo	do do do do 25
uyp	do do do do 20
uyq	do do do do 10
uyr	do do do do 5
uys	do do do do 2
uyt	do do do do 1
uyu	avons acheté en liquidon au 15 prochn, dont 100

uyv	avons acheté en liquid^{on} au 15 prochⁿ, dont 50
uyw	d° d° d° d° 40
uyx	d° d° d° d° 25
uyy	d° d° d° d° 20
uyz	d° d° d° d° 10
uza	d° d° d° d° 5
uzb	d° d° d° d° 2
uzc	d° d° d° d° 1
uzd	avons acheté en liquid^{on} fin prochⁿ, dont 100
uze	d° d° d° d° 50
uzf	d° d° d° d° 40
uzg	d° d° d° d° 25
uzh	d° d° d° d° 20
uzi	d° d° d° d° 10
uzj	d° d° d° d° 5
uzk	d° d° d° d° 2
uzl	d° d° d° d° 1
uzm	avons acheté en disponible, au comptant
uzn	d° d° à terme
uzo	d° d° cond^{ons} d'us^e
uzp	d° à livrer à l'heur^{se} arrivée, au comptant
uzq	d° d° d° à terme
uzr	d° d° d° ^{ctions} d'us^e
uzs	avons acheté à livrer sur désignation de navire flottant, au comptant
uzt	d° d° d° à terme
uzu	d° d° d° ^{ctions} d'us^e
uzv	avons acheté à livrer sur navire à désigner, au comptant
uzw	d° d° d° à terme
uzx	d° d° d° ^{ctions} d'us^e
uzy	avons acheté ferme, au comptant, pour recevoir le
uzz	d° d° à terme, d°
vaa	acide citrique
vab	acide sulfurique
vac	acide tartrique
vad	il est acquitté
vae	acte authentique
vaf	acte d'accusation
vag	acte de décès
vah	acte de mariage
vai	acte de naissance
vaj	administrateur de service
vak	adressez immédiatement
val	adressez-nous immédiatement
vam	adressez-vous à
van	l'affaire est terminée
vao	affaire bonne
vap	affaire d'Etat
vaq	affaire mauvaise
var	l'affaire est arrangée
vas	l'affaire est annulée
vat	affrétez le navire
vau	avons affrété le navire
vav	afin de, afin que
vaw	à l'affût
vax	agence Reuter
vay	agence Havas
vaz	agent comptable
vba	agent d'affaires
vbb	agent de change
vbc	agent de police
vbd	agissez en conséquence
vbe	agissez promptement
vbf	agissez prudemment
vbg	agréé au tribunal de commerce
vbh	agrégé ès-lettres
vbi	agrégé ès-sciences
vbj	à l'aide
vbk	d'ailleurs
vbl	fausse alarme
vbm	vive alarme
vbn	fausse alerte
vbo	vive alerte
vbp	aliénation mentale
vbq	alun raffiné
vbr	amande amère
vbs	amande fine
vbt	amande princesse

vbu	amande surfine		*vdn*	année courante
vbv	ambassade d'Allemagne		*vdo*	année passée
vbw	ambassadeur d⁰		*vdp*	année prochaine
vbx	ambassade d'Angleterre		*vdq*	commencement d'année
vby	ambassadeur d⁰		*vdr*	fin d'année
vbz	ambassade d'Autriche		*vds*	en anticipation
vca	ambassadeur d⁰		*vdt*	d'aplomb
vcb	ambassade de Belgique		*vdu*	apparence bonne
vcc	ambassadeur d⁰		*vdv*	apparence mauvaise
vcd	ambassade du Brésil		*vdw*	appel de fonds
vce	ambassadeur d⁰		*vdx*	appel nominal
vcf	ambassade du Danemark		*vdy*	en appel
vcg	ambassadeur d⁰		*vdz*	appel en cassation
vch	ambassade d'Espagne		*vea*	sans appel
vci	ambassadeur d⁰		*veb*	à l'approche
vcj	ambassade des Etats-Unis		*vec*	nous approuvons
vck	ambassadeur d⁰		*ved*	nous n'approuvons pas
vcl	ambassade de France		*vee*	à l'appui
vcm	ambassadeur d⁰		*vef*	sans appui
vcn	ambassade de Grèce		*veg*	seul appui
vco	ambassadeur d⁰		*veh*	faites-vous appuyer
vcp	ambassade de Hollande		*vei*	nous vous appuierons
vcq	ambassadeur d⁰		*vej*	arbitre de commerce
vcr	ambassade d'Italie		*vek*	arc de triomphe
vcs	ambassadeur d⁰		*vel*	armée de réserve
vct	ambassade de Perse		*vem*	armée d'observation
vcu	ambassadeur d⁰		*ven*	corps d'armée
vcv	ambassade du Portugal		*veo*	l'armée marche en avant
vcw	ambassadeur d⁰		*vep*	l'armée est campée
vcx	ambassade de Russie		*veq*	l'armée est en retraite
vcy	ambassadeur d⁰		*ver*	on a arrêté
vcz	ambassade du Sᵗ-Siége		*ves*	faites arrêter
vda	ambassadeur d⁰		*vet*	arrestation maintenue
vdb	ambassade de Suède		*veu*	arrêté ministériel
vdc	ambassadeur d⁰		*vev*	arrêté municipal
vdd	ambassade de Suisse		*vew*	arrêté préfectoral
vde	ambassadeur d⁰		*vex*	en arrière
vdf	ambassade de Turquie		*vey*	à l'arrivée
vdg	ambassadeur d⁰		*vez*	aspirant de marine
vdh	amendement adopté		*vfa*	assemblée constituante
vdi	amendement rejeté		*vfb*	assemblée fédérale
vdj	à l'amiable		*vfc*	assemblée nationale
vdk	à l'ancienneté		*vfd*	assemblée générale
vdl	année bonne		*vfe*	faites assigner
vdm	année mauvaise		*vff*	l'assignation est lancée

vfg	assistance judiciaire	vgu	avoine Odessa
vfh	assistance publique	vgv	avoine Rodosto
vfi	assur^{nce} contre l'incendie	vgw	avoine Samsoun
vfj	assurance sur la vie	vgx	baccalauréat ès-lettres
vfk	assurance maritime	vgy	bachelier ès-lettres
vfl	faites assurer contre l'in- cendie	vgz	baccalauréat ès-sciences
		vha	bachelier ès-sciences
vfm	faites assurer navire	vhb	bail résilié
vfn	assurez cargaison	vhc	bailleur de fonds
vfo	attaché d'ambassade	vhd	bains de mer
vfp	on vous attend impa- tiemment	vhe	grande baisse
		vhf	être à la baisse
vfq	en attendant	vhg	il y a ballottage entre
vfr	attendu que	vhh	balles de coton
vfs	auditeur au conseil d'Etat	vhi	balles de laine
vft	au mieux	vhj	balles de soie
vfu	aussi bien que	vhk	balles de farine
vfv	aussi peu que	vhl	banqueroute frauduleuse
vfw	aussitôt affaire conclue, télégraphiez	vhm	les bans sont publiés
		vhn	la bataille est engagée
vfx	aussitôt décision prise, télégraphiez	vho	la bataille est gagnée
		vhp	la bataille est perdue
vfy	aussitôt lettre reçue	vhq	bateau à vapeur
vfz	aussitôt dépêche reçue	vhr	bateau à voiles
vga	nous sommes autorisés	vhs	bateau pêcheur
vgb	nous vous autorisons	vht	bâtiment de guerre
vgc	ils sont autorisés	vhu	bâtiment marchand
vgd	autorité civile	vhv	bénédiction nuptiale
vge	autorité militaire	vhw	sous bénéfice d'inventaire
vgf	avant de, ou que	vhx	besoin d'argent
vgg	allez de l'avant	vhy	bien entendu
vgh	ne vous mettez pas en avant	vhz	bilan satisfaisant
		via	nous avons déposé bilan
vgi	avarie majeure	vib	ils ont déposé bilan
vgj	faites constater l'avarie	vic	bill d'indemnité
vgk	à l'avenir	vid	billet à ordre
vgl	nous sommes avisés	vie	billet de banque
vgm	nous vous avisons	vif	blé dur
vgn	ils ont été avisés	vig	blé tendre
vgo	avocat à la cour d'appel	vih	blé d'Afrique
vgp	avocat général d°	vii	blé d'Amérique
vgq	avocat à la cour de cass^{on}	vij	blé de Berdianska
vgr	avocat général d°	vik	blé de Burgos
vgs	avoine Bretagne	vil	blé du Danube
vgt	avoine Danube	vim	blé d'Égypte

vin	blé d'Énos		*vke*	il n'est bruit que
vio	blé d'Espagne		*vkf*	budget des affaires étran-
vip	blé irka d'Azof			gères
viq	blé de Marianapoli		*vkg*	dᵒ de l'agriculture et
vir	blé d'Odessa			du commerce
vis	blé de Pologne		*vkh*	dᵒ des finances
vit	blé de Salonique		*vki*	dᵒ de la guerre
viu	il est blessé grièvement		*vkj*	dᵒ de l'inst. publique
viv	il est blessé légèrement		*vkk*	dᵒ de l'intérieur
viw	il est blessé mortellement		*vkl*	dᵒ de la justice
vix	en bloc		*vkm*	dᵒ de la marine
viy	bois à brûler		*vkn*	dᵒ des trav. publics
viz	bois d'acajou		*vko*	le budget est voté
vja	bois de Campêche Laguna		*vkp*	bulletin de l'armée
vjb	bois de Campêche Saint-		*vkq*	bulletin des lois
	Domingue		*vkr*	bulletin du jour
vjc	bois de chêne		*vks*	le bureau est constitué
vjd	bois de fustet		*vkt*	bureau des longitudes
vje	bois jaune Cuba		*vku*	bureau de placement
vjf	bois jaune Maracaïbo		*vkv*	bureau de tabac
vjg	bois réglisse Alicante		*rkw*	atteindre son but
vjh	bois réglisse Tortose		*vkx*	manquer son but
vji	bois palissandre		*vky*	être en butte
vjj	bois de sandal		*vkz*	cabinet d'affaires
vjk	bois de sapan		*vla*	cabinet du juge d'insᵒⁿ
vjl	bois de sapin		*vlb*	cabinet du ministre
vjm	bon de caisse		*vlc*	cacao Guayra
vjn	bonification acceptée		*vld*	cacao Guayaquil
vjo	bonification refusée		*vle*	cacao Haïti
vjp	bon sens		*vlf*	cacao Maracaïbo
vjq	bornez vos prétentions		*vlg*	cacao Para
njr	nous bornons nos préten-		*vlh*	cacao Porto-Cabello
	tions		*vli*	cacao Trinidad
vjs	sans borne		*vlj*	cachou brun
vjt	bourse calme		*vlk*	cachou jaune
vju	bourse ferme		*vll*	cachou noir
vjv	bourse en baisse		*vlm*	café Bally
vjw	bourse en hausse		*vln*	café Bourbon
rjx	à bout portant		*vlo*	café Bonthyne
vjy	brevet d'invention		*vlp*	café Ceylan nat. trié
vjz	brigadier-fourrier		*vlq*	café Ceylan plantation
vka	brigadier de gendarmerie			roulé
vkb	bruit de bourse		*vlr*	dᵒ grosse fève
vkc	bruit calomnieux		*vls*	dᵒ moyenne fève
rkd	faux bruit		*vlt*	dᵒ petite fève

vlu	café Guayra jaune
vlv	d⁰ Guayra vert
vlw	d⁰ Java
vlx	d⁰ Malabar
vly	d⁰ Maracaïbo
vlz	d⁰ Martinique
vma	d⁰ Moka-Aden
vmb	d⁰ Moka-Alexandrie
vmc	d⁰ Mysore
vmd	d⁰ Porto-Rico
vme	café Rio lavé supérieur
vmf	d⁰ 1ʳᵉ bonne
vmg	d⁰ 1ʳᵉ ordinaire
vmh	d⁰ ordinaire
vmi	d⁰ 2ᵉ ordinaire
vmj	d⁰ Bahia
vmk	d⁰ Haïti
vml	d⁰ Santos
vmm	café Saint-Domingue
vmn	d⁰ Santiago
vmo	d⁰ Sénégal
vmp	dᵉ Wynard
vmq	d⁰ Zanzibar
vmr	cahier des charges
vms	caisse centrale
vmt	d⁰ d'amortissement
vmu	d⁰ d'épargne
vmv	d⁰ de retraite
vmw	d⁰ des dépôts et con-signations
vmx	caissier principal
vmy	calamité publique
vmz	calcul erroné
vna	camp retranché
vnb	camphre raffiné
vnc	canal d'irrigation
vnd	canal de navigation
vne	candidat conservateur
vnf	d⁰ bonapartiste
vng	d⁰ légitimiste
vnh	d⁰ orléaniste
vni	d⁰ républicain
vnj	d⁰ radical
vnk	a posé sa candidature
vnl	canéfice en sortes
vnm	cannelle Ceylan
vnn	d⁰ de Chine
vno	d⁰ Malabar
vnp	canne à sucre
vnq	capitaine adjudᵗ-major
vnr	capitaine d'armes
vns	d⁰ d'artillerie
vnt	d⁰ de cavalerie
vnu	d⁰ d'état-major
vnv	d⁰ de frégate
vnw	d⁰ de gendarmerie
vnx	d⁰ du génie
vny	d⁰ d'habillement
vnz	d⁰ d'infanterie
voa	d⁰ instructeur
vob	d⁰ marchand
voc	d⁰ rapporteur
vod	d⁰ de recrutement
voe	d⁰ trésorier
vof	d⁰ de vaisseau
vog	capital compromis
voh	d⁰ perdu
voi	d⁰ et intérêts
voj	caporal-fourrier
vok	la cargaison est avariée
vol	en cas de
vom	dans tous les cas
von	casier judiciaire
voo	a été cassé de son grade
vop	cause commune
voq	en connaissance de cause
vor	à cause
vos	hors de cause
vot	gain de cause
vou	causer dommage
vov	fournissez caution
vow	nous fournirons caution
vox	sujet à caution
voy	caveau de famille
voz	centre de gravité
vpa	le centre droit
vpb	le centre gauche
vpc	grande cérémonie
vpd	certificat de bonne con-duite

vpe	certificat d'aptitude	*rqx*	chevalier d'industrie
vpf	d° d'origine	*rqy*	chevalier de la Légion d'honneur
vpg	cessation de commerce		
vph	d° de payement	*rqz*	au choix
vpi	cession de biens	*vra*	premier choix
vpj	d° de droits	*vrb*	deuxième choix
vpk	chambre civile	*vrc*	troisième choix
vpl	d° criminelle	*vrd*	cisconstances atténuantes
vpm	d° de commerce	*vre*	la circulation est interceptée
vpn	d° des avoués		
vpo	d° des communes	*vrf*	première classe
vpp	d° des députés	*vrg*	deuxième classe
vpq	d° des lords	*vrh*	troisième classe
vpr	d° des notaires	*vri*	clause expresse
vps	d° des pairs	*vrj*	clerc principal
vpt	d° des représentants	*vrk*	climat malsain
vpu	d° des requêtes	*vrl*	climat sain
vpv	d° des seigneurs	*vrm*	cochenilles Canaries grises
vpw	champ de bataille		
vpx	champ d'honneur	*vrn*	d° noires
vpy	bonne chance	*vro*	cocons d'Andrinople
vpz	le change baisse	*vrp*	cocons de Cochinchine
vqa	d° hausse	*vrq*	cocons japonais
vqb	d° baissera	*vrr*	cocons Salonique
vqc	d° haussera	*vrs*	cocons Syrie
vqd	d° se maintient	*vrt*	collége électoral
vqe	d° se maintiendra	*vru*	Collége de France
vqf	chanvre d'Italie	*vrv*	colonel d'artillerie
vqg	d° de Russie	*vrw*	colonel de cavalerie
vqh	charbon de bois	*vrx*	colonel d'état-major
vqi	d° de terre	*vry*	colonel de gendarmerie
vqj	chef d'accusation	*vrz*	colonel du génie
vqk	chef d'administration	*vsa*	colonel d'infanterie
vql	chef de bataillon	*vsb*	colportage accordé
vqm	chef de bureau	*vsc*	colportage refusé
vqn	chef de cabinet	*vsd*	Comédie française
vqo	chef de division	*vse*	comité d'artillerie
vqp	chef d'escadron	*vsf*	comité de cavalerie
vqq	chef d'état-major	*vsg*	comité d'état-major
vqr	chef d'orchestre	*vsh*	comité des fortifications
vqs	chef de gare	*vsi*	comité de gendarmerie
vqt	chef-lieu de préfecture	*vsj*	comité d'infanterie
vqu	chemin de fer	*vsk*	commandant d'artillerie
vqv	chemin de ronde	*vsl*	d° d'état-major
vqw	chemin vicinal	*vsm*	d° de gendarmerie

vsn	commandant du génie	*vtz*	conduite màuvaise
vso	d° en chef	*vua*	congestion célébrale
vsp	commandeur de la Légion d'honneur	*vub*	congrès national
		vuc	congrès international
vsq	commanditaire associé	*vud*	prenez connaissance
vsr	nous sommes commandités	*vue*	conseil d'administration
		vuf	conseil d'amirauté
vss	ils sont commandités	*vug*	d° d'Etat
vst	commis voyageur	*vuh*	d° de famille
vsu	commissaire central	*vui*	d° de guerre
vsv	d° de police	*vuj*	d° de l'inst°ⁿ publique
vsw	d° du gouvernement	*vuk*	d° de justice
vsx	d° de marine	*vul*	d° des ministres
vsy	d° général de marine	*vum*	d° des prud'hommes
vsz	d° priseur	*vun*	d° de révision
vta	d° rapporteur	*vuo*	d° de santé
vtb	commissariat de la marine	*vup*	d° de surveillance
		vuq	d° général
vtc	commissariat de police	*vur*	d° municipal
vtd	commission et ducroire	*vus*	d° privé
vte	commissionnaire en marchandises	*vut*	conseiller à la cour d'appel
vtf	d° de roulage	*vuu*	d° à la cour de cassation
vtg	en commun	*vuv*	d° à la cour des comptes
vth	recevez compliments de condoléance	*vuw*	d° d'Etat
		vux	d° de préfecture
vti	compte d'achat	*vuy*	d° général
vtj	compte de vente	*vuz*	d° municipal
vtk	concours général	*vva*	d° référendaire
vtl	concours agricole	*vvb*	consentement accordé
vtm	concours régional	*vvc*	consentement refusé
vtn	notre concours vous est acquis	*vvd*	conservation des hypothèques
vto	nous comptons sur votre concours	*vve*	Conservatoire de musique
		vvf	d° des arts et métiers
vtp	en concurrence avec	*vvg*	prendre en considération
vtq	jusqu'à concurrence de	*vvh*	expédier en consignation
vtr	condamné à mort	*vvi*	faire constater
vts	d° à la déportation	*vvj*	consul général
vtt	d° à la prison	*vvk*	consulat général
vtu	d° aux trav. forcés	*vvl*	contraint et forcé
vtv	d° aux dépens	*vvm*	contrainte par corps
vtw	conditions acceptées	*vvn*	contrat de mariage
vtx	conditions refusées	*vvo*	contrat synallagmatique
vty	conduite bonne	*vvp*	sans contredit

vvq	convention verbale
vvr	convention par écrit
vvs	corbeille de mariage
vvt	Corps législatif
vvu	ouvrir un crédit
vvv	coton Bengale
vvw	coton Égypte
vvx	coton Géorgie
vvy	coton Jumel
vvz	coton Louisiane
vwa	coton Oomra
vwb	coton Sorocaba
vwc	coton Syrie
vwd	coton Tarsous
vwe	coulisse hausse
vwf	coulisse baisse
vwg	coup de tête
vwh	coup de main
vwi	coup de bourse
vwj	coup d'État
vwk	à coup sûr
vwl	grosses coupures
vwm	petites coupures
vwn	cour d'appel
vwo	cour d'assises
vwp	cour de cassation
vwq	cour des comptes
vwr	cour martiale
vws	courrier arrivé
vwt	courrier en retard
vwu	courrier en vue
vwv	courtier d'assurances
vww	courtier de commerce
vwx	courtier maritime
vwy	couvrez-nous sans retard
vwz	de crainte que
vxa	créance perdue
vxb	créance privilégiée
vxc	créancier chirographaire
vxd	do hypothécaire
vxe	crédit de 1er ordre
vxf	crédit de 2e ordre
vxg	crédit de 3e ordre
vxh	crédit illimité
vxi	crédit compromis

vxj	cuirs de bœuf, salés verts
vxk	do salés secs
vxl	do en poils, secs
vxm	cuirs de vache, salés verts
vxn	do salés secs
vxo	do en poils, secs
vxp	peaux de cheval salées, vertes
vxq	do salées, sèches
vxr	do en poils, sèches
vxs	peaux de mouton en laine, salées
vxt	do en laine, sèches
vxu	do 1/2 laine, salées
vxv	do 1/2 laine, sèches
vxw	do tondards, salées
vxx	do tondards, sèches
vxy	peaux d'agneau
vxz	peaux de chèvre
vya	cuivre jaune Banca
vyb	do do Chili
vyc	do do français
vyd	cuivre Espagne en plaques
vye	cuivre Chili en lingots
vyf	cuivre Chili rouge en feuilles
vyg	cuivre Chili rouge à doublage
vyh	cuivre Chili jaune à doublage
vyi	curcuma Bengale
vyj	curcuma Madras
vyk	dangereusement malade
vyl	être en danger
vym	déballez immédiatement
vyn	débarquez activement
vyo	débiteur douteux
vyp	débiteur insolvable
vyq	nous sommes débordés
vyr	déception grande
vys	déchéance prononcée
vyt	sous peine de déchéance
vyu	déchet de route
vyv	nous nous décidons

vyw	décidez-vous
vyx	décision importante
vyy	être en déconfiture
vyz	grande découverte
vza	déduction faite
vzb	défaite complète
vzc	à défaut
vzd	défense expresse
vze	déférer le serment
vzf	défiez-vous
vzg	en dehors
vzh	au delà
vzi	délit de presse
vzj	flagrant délit
vzk	demain matin
vzl	demain soir
vzm	demandes nombreuses
vzn	demande accordée
vzo	demande refusée
vzp	démarches vaines
vzq	mettre en demeure
vzr	donner démission
vzs	dénégation formelle
vzt	denrées coloniales
vzu	départ avancé
vzv	départ retardé
vzw	avons reçu votre dépêche
vzx	grand déploiem^t de force
vzy	au dépourvu
vzz	depuis peu
waa	depuis que
wab	député de la droite
wac	député du centre droit
wad	député de l'ext^{me} droite
wae	député de la gauche
waf	député du centre gauche
wag	député de la gauche ré-publicaine
wah	député de l'ext^{me} gauche
wai	en dernier lieu
waj	déroute complète
wak	dès à présent
wal	être en grand désarroi
wam	nous nous désistons
wan	ils se désistent
wao	désistez-vous
wap	grand désordre
waq	détermination irrévoca-ble
war	détournement de fonds
was	d° de marchaudises
wat	en détresse
wau	passer le détroit
wav	dette flottante
waw	dette publique
wax	grande difficulté
way	directeur général
waz	direction générale
wba	direction générale des contributions directes
wbb	d° d° indirectes
wbc	d° d° de l'enregis-trement et des domaines
wbd	d° d° des douanes
wbe	d° d° des télégrap^{hes}
wbf	d° d° des manufact. de l'Etat
wbg	d° d° des postes
wbh	discours d'ouverture
wbi	nous sommes à votre dis-position
wbj	tenez-vous à notre dis-position
wbk	docteur en droit
wbl	docteur en médecine
wbm	dommages et intérêts
wbn	sans doute
wbo	mettre en doute
wbp	ne mettre pas en doute
wbq	droits de douanes
wbr	droits d'entrée
wbs	droit commun
wbt	avoir le droit
wbu	n'avoir pas le droit
wbv	la droite
wbw	l'extrême droite
wbx	eaux minérales
wby	envoyez-nous échantillon

wbz	à courte échéance
wca	Ecole centrale
wcb	Ecole communale
wcc	Ecole d'application d'artillerie et du génie
wcd	École d'application de médecine et pharmacie
wce	École de droit
wcf	Ecole d'état-major
wcg	Ecole de médecine
wch	Ecole de Saint-Cyr
wci	Ecole de Saumur
wcj	Ecole des arts et métiers
wck	Ecole des chartes
wcl	Ecole des mines
wcm	Ecole des ponts et chaussées
wcn	École forestière
wco	Ecole normale supérieure
wcp	Ecole polytechnique
wcq	Ecole préparatoire
wcr	Ecole primaire
wcs	Ecole vétérinaire
wct	effets de campement
wcu	effet de commerce
wcv	faire tous ses efforts
wcw	avoir tous les égards
wcx	élection de domicile
wcy	élections générales
wcz	do partielles
wda	do au conseil général
wdb	do municipales
wdc	il est élu
wdd	pressez l'embarquement
wde	suspendez l'embarquement
wdf	l'embarquement est terminé
wdg	embranchement du chemin de fer
wdh	do de route
wdi	grande émotion
wdj	empereur d'Allemagne
wdk	empereur d'Autriche
wdl	empereur du Brésil
wdm	empereur de Chine
wdn	empereur du Japon
wdo	empereur du Maroc
wdp	empereur de Russie
wdq	empereur de Turquie
wdr	avez-vous encaissé
wds	nous avons encaissé
wdt	les encaissements suffiront
wdu	les encaissements ne suffiront pas
wdv	enceinte fortifiée
wdw	on vendra aux enchères
wdx	on a vendu aux enchères
wdy	aller à l'encontre
wdz	enfant légitime
wea	enfant naturel
web	enseigne de vaisseau
wec	enterrement civil
wed	entreprise hasardeuse
wee	à l'envers
wef	envers et contre tous
weg	envoyez par prochain courrier
weh	nous enverrons par prochain courrier
wei	nous avons envoyé par dernier courrier
wej	essence de térébenthine
wek	étain Banca
wel	état de siége
wem	état civil
wen	hors d'état
weo	état normal
wep	mettre en état
weq	état-major de la marine
wer	états généraux
wes	faire des excuses
wet	expertise amiable
weu	expertise judiciaire
wev	hâtez expédition
wew	expert en marchandises
wex	expert maritime
wey	expert en écritures
wez	expropriation forcée

wfa	faites exproprier		*wgs*	grande fortune
wfb	facture acquittée		*wgt*	bonne fortune
wfc	faculté de droit		*wgu*	nous fournissons sur vous
wfd	faculté des lettres		*wgv*	nous fournirons sur vous
wfe	faculté de médecine		*wgw*	fournissez sur nous
wff	faculté des sciences		*wgx*	franco d'emballage
wfg	faculté de théologie		*wgy*	d° de port
wfh	faillite déclarée		*wgz*	d° d° et d'emballage
wfi	avez-vous fait		*wha*	froid rigoureux
wfj	faites déclarer en faillite		*whb*	fromage Chester
wfk	le fait est certain		*whc*	d° Gruyère
wfl	ne pouvoir faire		*whd*	d° Hollande
wfm	pouvoir faire		*whe*	d° Roquefort
wfn	on a fait		*whf*	en suite
wfo	prendre sur le fait		*whg*	les funérailles auront lieu
wfp	être sûr de son fait		*whh*	galles blanches de Syrie
wfq	farines de Paris supérieures		*whi*	d° Smyrne
wfr	d° de Paris 8 marques		*whj*	galles noires d'Alep
wfs	d° Tuzelles minot extra		*whk*	d° d° et vertes
wft	d° TS		*whl*	avec garantie
wfu	d° R		*whm*	sans garantie
wfv	d° M		*whn*	exiger garantie
wfw	d° COS		*who*	garde nationale
wfx	d° BSD entière blé dur		*whp*	garde républicaine
wfy	d° FBD 1re		*whq*	prenez garde
wfz	d° FBD 2e		*whr*	se tenir sur ses gardes
wga	d° FBD 3e		*whs*	être en gare
wgb	farine de maïs		*wht*	faire monter en gare
wgc	grande faute		*whu*	recevoir en gare
wgd	nous vous félicitons		*whv*	la gauche
wge	feu grisou		*whw*	la gauche républicaine
wgf	feu d'artifice		*whx*	l'extrême gauche
wgg	fièvre violente		*why*	général command^t en chef
wgh	fièvre typhoïde		*whz*	général d'artillerie
wgi	figues Cosenza		*wia*	général de brigade
wgj	figues de Smyrne		*wib*	général de cavalerie
wgk	figues marseillaises		*wic*	général de division
wgl	fin courant		*wid*	général du génie
wgm	fin prochain		*wie*	gens de bien
wgn	maintes fois		*wif*	honnêtes gens
wgo	de fond en comble		*wig*	gomme adragante 1er blanc
wgp	force majeure		*wih*	gomme blanche en sortes
wgq	à forfait		*wii*	gomme blanche rousse
wgr	four à chaux		*wij*	gomme arabique

wik	gomme benjoin larmeux
wil	gomme benjoin en sortes
wim	gomme damar
win	gomme laque
wio	gomme sandaraque
wip	gomme suakin
wiq	pour votre gouverne
wir	faire grâce
wis	graines de moutarde
wit	d° jaunes
wiu	d° d'arachides
wiv	d° d° décortiquées
wiw	d° de colza
wix	d° de cotons
wiy	d° de lin
wiz	d° de pavots
wja	d° de ravisons
wjb	d° de sésames de l'Inde
wjc	d° d° du Levant
wjd	grand chancelier de la Légion d'honneur
wje	grand-croix de la Légion d'honneur
wjf	grand officier de la Légion d'honneur
wjg	bon gré mal gré
wjh	de gré à gré
wji	greffe de cour d'appel
wjj	d° de cour de cassion
wjk	d° de justice de paix
wjl	d° du tribunal de 1re instance
wjm	d° de commerce
wjn	greffier en chef
wjo	greffier audiencier
wjp	se mettre en grève
wjq	guerre civile
wjr	halle aux blés
wjs	halle aux vins
wjt	halles centrales
wju	au hasard
wjv	par hasard
wjw	grande hausse
wjx	être à la hausse
wjy	homme de lettres
wjz	hôpital civil
wka	hôpital militaire
wkb	hôtel de ville
wkc	huile d'olive d'Aix surfine
wkd	d° fine
wke	huile de Toscane surfine
wkf	d° fine
wkg	huile du Var surfine
wkh	d° fine
wki	huile sésame de l'Inde surfine
wkj	d° fine
wkk	huile sésame du Levant surfine
wkl	d° fine
wkm	huile d'arachides surfine
wkn	d° fine
wko	huile de colza
wkp	huile d'arachides
wkq	huile de coco
wkr	huile de copras
wks	huile de cotons
wkt	huile de lin
wku	huile d'oléine
wkv	huile de palmiste
wkw	huile de pavots
wkx	huile de ravisons
wky	huile de ricin
wkz	huile de sésames
wla	huile de pulpes et grignons d'olives
wlb	huiles d'olive, lampantes
wlc	d° d° à fabrique
wld	huile de ressences de Calabre
wle	d° d° de Corse
wlf	d° d° de Provence
wlg	d° d° de Toscane
wlh	huile de pétrole épurée
wli	essence de pétrole
wlj	huile de schiste
wlk	hypothèques légales
wll	impératrice d'Allemagne
wlm	d° d'Autriche
wln	d° du Brésil

wlo	impératrice de Russie	*wnd*	journal le Corriere Mercantile
wlp	il est très-important		
wlq	être dans l'impossibilité	*wne*	d° le Courrier de Marseille
wlr	mauvaise impression		
wls	bonne impression	*wnf*	d° le Courrier d'Orient
wlt	violent incendie	*wng*	d° le Courrier du Havre
wlu	être dans l'incertitude	*wnh*	d° le Czas
wlv	dissipez notre incertitude	*wni*	d° le Daily-News
wlw	exigez une indemnité	*wnj*	d° l'Echo agricole
wlx	fausse indication	*wnk*	d° l'Epoca
wly	indigos Bengale	*wnl*	d° l'Étoile d'Orient
wlz	indigos Caraque	*wnm*	d° l'Événement
wma	indigos Guatemala	*wnn*	d° le Figaro
wmb	indigos Madras	*wno*	d° le Français
wmc	par indivis	*wnp*	d° la France
wmd	induire en erreur	*wnq*	d° la Gaceta
wme	ingénieur des mines	*wnr*	d° le Galignani's Messenger
wmf	ingénieur des ponts et chaussées	*wns*	d° le Gaulois
wmg	ingénieur civil	*wnt*	d° la Gazette d'Augsbourg
wmh	prendre l'initiative		
wmi	faire insérer dans	*wnu*	d° la Gazette de Cologne
wmj	inspecteur divisionnaire		
wmk	inspecteur principal	*wnv*	d° la Gazette de France
wml	inspecteur général	*wnw*	d° la Gazette de la Croix
wmm	inspection générale	*wnx*	d° la Gazette de l'Allemagne du Nord
wmn	donnez-nous vos instructions		
		wny	d° la Gazette de Vienne
wmo	intendant militaire	*wnz*	d° la Gazette des tribunaux
wmp	par intérim		
wmq	faire invasion	*woa*	d° la Germania
wmr	inventaire judiciaire	*wob*	d° l'Ibéria
wms	à l'inverse de	*woc*	d° l'Indépendance belge
wmt	à l'issue		
wmu	heureuse issue	*wod*	le Journal de Mulhouse
wmv	issue fatale	*woe*	le Journal de Paris
wmw	jour de l'an	*wof*	le Journal des Débats
wmx	journal l'Assemblée nationale	*wog*	le Journal de Saint-Pétersbourg
wmy	d° les Affiches parisiennes	*woh*	le Journal du Havre
		woi	le Journal Officiel
wmz	d° l'Ackbar d'Alger	*woj*	d° le Levant-Herald
wna	d° l'Avenir national	*wok*	d° la Liberté
wnb	d° le Bien public	*wol*	d° le Messager du Midi
wnc	d° le Constitutionnel	*wom*	d° le Monde

won	journal le Moniteur de l'armée	*wpv*	juge au tribunal de 1re instance
woo	do le Moniteur univer-sel	*wpw*	juge au tribunal de com-merce
wop	do le Morning Adverti-ser	*wpx*	juge de paix
woq	do le Morning-Post	*wpy*	juge d'instruction
wor	do le National	*wpz*	juge commissaire
wos	do la Nazione	*wqa*	juge honoraire
wot	do le New-York Herald	*wqb*	juge suppléant
wou	do le Nord	*wqc*	justice de paix
wov	do la Nouvelle Presse libre	*wqd*	jugement contradictoire
wow	do le Nouvelliste de Rouen	*wqe*	jugement de défaut
wox	do l'Opinione	*wqf*	faites signifier jugement
woy	do l'Opinion nationale	*wqg*	jusqu'à ce que
woz	do l'Ordre	*wqh*	lâchez la main
wpa	do l'Osservatore Ro-mano	*wqi*	laines lavées
wpb	do le Pall-Mall Gazette	*wqj*	laines lavées à dos
wpc	do le Paris-Journal	*wqk*	laines en suint
wpd	do la Patrie	*wql*	laines d'Alger
wpe	do le Pays	*wqm*	laines d'Australie
wpf	do le Phare de la Loire	*wqn*	laines de Buénos-Ayres
wpg	do la Presse	*wqo*	laines de Bagdad
wph	do la Presse de Vienne	*wqp*	laines de Caramanie
wpi	do le Progrès de Lyon	*wqq*	laines de Constantine
wpj	do le Rappel	*wqr*	laines de Crimée
wpk	do la République fran-çaise	*wqs*	laines de Géorgie
wpl	do la Revue des Deux-Mondes	*wqt*	laines de Kassapbachi
wpm	do le Salut public de Lyon	*wqu*	laines de Maroc
wpn	do la Semaine finan-cière	*wqv*	laines de Mazagan
wpo	do le Sémaphore de Marseille	*wqw*	laines de Russie
wpp	do le Siècle	*wqx*	laines mérinos de Russie
wpq	do le Soir	*wqy*	laines métis de Russie
wpr	do le Temps	*wqz*	laines de Montevideo
wps	do le Times	*wra*	laines de Mossoul
wpt	do l'Union	*wrb*	laines de Salonique
wpu	do l'Univers	*wrc*	laines de Syrie
		wrd	laines de Tunis
		wre	avoir toute latitude
		wrf	légataire universel
		wrg	sur lest
		wrh	lettre anonyme
		wri	lettre d'avis
		wrj	lettre de change
		wrk	lettre de crédit
		wrl	lettre chargée

wrm	lettre confidentielle	wsx	locataire principal
wrn	lettre d'ordre	wsy	loge maçonnique
wro	lettre de recommandation	wsz	la loi est abrogée
		wta	la loi est votée
wrp	lettre de service	wtb	gagner un lot de
wrq	nous vous confirmons notre lettre du	wtc	machine à coudre
		wtd	machine à vapeur
wrr	notre lettre de ce jour vous porte	wte	machine électrique
		wtf	tenir la main
wrs	répondez télégraphiquement à notre lettre du	wtg	être entre bonne main
		wth	maison d'arrêt
wrt	nous avons reçu votre lettre du	wti	maison de banque
		wtj	maison de commerce
wru	nous avons reçu lettre contenant	wtk	maître des requêtes
		wtl	major d'artillerie
wrv	libération du territoire	wtm	major de cavalerie
wrw	liberté de la presse	wtn	major de gendarmerie
wrx	licencié en droit	wto	major du génie
wry	licencié ès-lettres	wtp	major d'infanterie
wrz	licencié ès-sciences	wtq	à la majorité de
wsa	au lieu de	wtr	à une grande majorité
wsb	lieutenant d'artillerie	wts	maladie contagieuse
wsc	d° de cavalerie	wtt	mandat d'amener
wsd	d° d'état-major	wtu	mandat impératif
wse	d° de gendarmerie	wtv	mandement d'évêque
wsf	d° du génie	wtw	manière de voir
wsg	d° d'infanterie	wtx	manufacture d'armes
wsh	lieutenant-colonel d'artillerie	wty	manufacture des tabacs
		wtz	marbre de Carrare
wsi	lieutenant-colonel de cavalerie	wua	marbre de Serrawezza
		wub	au marc le franc
wsj	d° d'état-major	wuc	marchandise courante
wsk	d° de gendarmerie	wud	marchandise invendable
wsl	d° du génie	wue	marche forcée
wsm	d° d'infanterie	wuf	surveiller la marche
wsn	lingot d'argent	wug	marché régulateur
wso	lingot de cuivre	wuh	maréchal de France
wsp	lingot d'étain	wui	maréchal commandant en chef
wsq	lingot d'or		
wsr	liquidateur amiable	wuj	maréchal des logis
wss	liquidateur judiciaire	wuk	d° d° chef
wst	être en liquidation	wul	d° d° fourrier
wsu	liste civile	wum	marée basse
wsv	grand livre	wun	marée haute
wsw	livre de caisse	wuo	mariage d'argent

wup	mariage d'inclination
wuq	mariage de raison
wur	riche mariage
wus	nouveaux mariés
wut	marine de guerre
wuu	marine marchande
wuv	marque de fabrique
wuw	en masse
wux	masse des créanciers
wuy	mât d'artimon
wuz	mât de beaupré
wva	mât de misaine
wvb	grand mât
wvc	médaille d'argent
wvd	médaille d'honneur
wve	médaille d'or
wvf	médaille de bronze
wvg	un meeting a eu lieu
wvh	par mégarde
wvi	membre de la commission
wvj	de même que
wvk	il en est de même
wvl	être à même de
wvm	mener à bonne fin
wvn	mention honorable
wvo	au mépris de
wvp	message du président de la république
wvq	nous sommes en mesure
wvr	mettez-vous en mesure
wvs	ils sont en mesure
wvt	nous serons en mesure
wvu	ils seront en mesure
wvv	la mesure est comble
wvw	faites pour le mieux
wvx	nous ferons pour le mieux
wvy	au milieu
wvz	mine d'argent
wwa	mine de charbon
wwb	mine de cuivre
wwc	mine d'or
wwd	mine de plomb
wwe	ministère des affaires étrangères
wwf	ministère de l'agriculture et du commerce
wwg	d° des finances
wwh	d° de la guerre
wwi	d° de l'instruction publique
wwj	d° de l'intérieur
wwk	d° de la justice
wwl	d° de la marine
wwm	d° des travaux publics
wwn	ministère tory
wwo	ministère whig
wwp	ministre par intérim
wwq	ministre des affaires étrangères
wwr	d° de l'agriculture et du commerce
wws	d° des finances
wwt	d° de l'instruction publique
wwu	d° de l'intérieur
wwv	d° de la justice
www	d° de la marine
wwx	d° des travaux publics
wwy	d° plénipotentiaire
wwz	à une minorité de
wxa	à une forte minorité
wxb	être dans la misère
wxc	apport' des modifications
wxd	à moins de (ou que)
wxe	au moins
wxf	dernier moment
wxg	à tout moment
wxh	grand monde
wxi	nouveau monde
wxj	avoir le monopole
wxk	par monts et par vaux
wxl	mort subitement
wxm	mot d'ordre
wxn	mot de ralliement
wxo	mur d'enceinte
wxp	mur mitoyen
wxq	en nantissement
wxr	a fait naufrage
wxs	navigation fluviale

wxt	navigation maritime
wxu	navire en partance
wxv	faites le nécessaire
wxw	le nécessaire est fait
wxx	ne négligez pas
wxy	nous ne négligeons pas
wxz	nous ne négligerons pas
wya	avez-vous négocié?
wyb	pourriez-vous négocier?
wyc	nous pouvons négocier
wyd	la négociation est faite
wye	négociation impossible
wyf	il neige abondamment
wyg	net produit
wyh	garder la neutralité
wyi	secondes noces
wyj	en grand nombre
wyk	nomination assurée
wyl	d° est à l'Officiel
wym	note diplomatique
wyn	note de négociation
wyo	bonne note
wyp	mauvaise note
wyq	prenez note
wyr	nous prenons note
wys	de notoriété publique
wyt	nouvelle officielle
wyu	donnez-nous des nouvelles
wyv	recevoir des nouvelles
wyw	fausse nouvelle
wyx	numéro d'ordre
wyy	numéro matricule
wyz	objet d'art
wza	faire observer
wzb	observations fondées
wzc	observations non fondées
wzd	obstacle insurmontable
wze	obstacles sont levés
wzf	obtenir une indemnité
wzg	faire naître l'occasion
wzh	mettre tout en œuvre
wzi	se mettre à l'œuvre
wzj	officier comptable
wzk	d° principal comptable
wzl	d° de la Lég. d'honneur
wzm	offres nombreuses
wzn	offre sérieuse
wzo	offre avantageuse
wzp	faites-nous une offre
wzq	porter ombrage
wzr	ne porter pas ombrage
wzs	grand opéra
wzt	opération avantageuse
wzu	opération commerciale
wzv	opération financière
wzw	opération industrielle
wzx	l'opération a réussi
wzy	l'opération réussira
wzz	faire une opération brillante
xaa	faire une opération ruineuse
xab	d° importante
xac	avoir bonne opinion
xad	avoir mauvaise opinion
xae	mettre opposition
xaf	faire de l'opposition
xag	opposer vive résistance
xah	orage violent
xai	orateur éloquent
xaj	ordonnance de non-lieu
xak	ordonnance de police
xal	ordre du jour
xam	ordre moral
xan	ordre public
xao	jusqu'à nouvel ordre
xap	il a été mis à l'ordre du jour
xaq	l'ordre n'a pas été troublé
xar	d° ne sera pas troublé
xas	maintenir l'ordre
xat	mettre de l'ordre dans ses affaires
xau	passez-nous vos ordres
xav	attendez nos ordres
xaw	nous attendons vos ordres
xax	nous attendrons d°
xay	avez-vous exécuté nos ordres ?

xaz	vos ordres sont exécutés	*xcr*	peu à peu
xba	d° seront exécutés	*xcs*	sous peu
xbb	organisez-vous promptement	*xct*	tant soit peu
xbc	orges d'Afrique	*xcu*	attendre de pied ferme
xbd	orges d'Egypte	*xcv*	être sur pied
xbe	orges de Russie	*xcw*	sur le pied de
xbf	orges de Syrie	*xcx*	pierre calcaire
xbg	oubli impardonnable	*xcy*	pierre de taille
xbh	poursuivre à outrance	*xcz*	pierre lithographique
xbi	en outre	*xda*	pile électrique
xbj	passez outre	*xdb*	place forte
xbk	pair d'Angleterre	*xdc*	placement de fonds
xbl	demander pardon	*xdd*	plomb laminé
xbm	obtenir son pardon	*xde*	plomb 1re fusion
xbn	par parenthèse	*xdf*	plomb 2e fusion
xbo	manquer de parole	*xdg*	pluie battante
xbp	prendre la parole	*xdh*	au plus
xbq	prendre part à	*xdi*	sans plus
xbr	partez immédiatement	*xdj*	en plus
xbs	prendre un parti	*xdk*	ni plus ni moins
xbt	en partie	*xdl*	poids et mesures
xbu	en majeure partie	*xdm*	poids de douane
xbv	par partie égale	*xdn*	point d'appui
xbw	en participation	*xdo*	point d'honneur
xbx	pas à pas	*xdp*	point de vue
xby	laissez passer	*xdq*	sur tous les points
xbz	pâté de foie gras	*xdr*	poils de chèvres
xca	patente brute	*xds*	poivres blancs
xcb	patente nette	*xdt*	poivre noir Malabar
xcc	pâtes alimentaires	*xdu*	poivre noir Pénang
xcd	pâtes d'Italie	*xdv*	poivre noir Singapore
xce	prenez patience	*xdw*	poivre noir Sumatra
xcf	payez sous escompte de	*xdx*	police correctionnelle
xcg	pendant que	*xdy*	police municipale
xch	libre penseur	*xdz*	pommes de terre
xci	perdu corps et biens	*xea*	porcelaine de Chine
xcj	péril en la demeure	*xeb*	porcelaine du Japon
xck	en permanence	*xec*	porcelaine de Saxe
xcl	permis de chasse	*xed*	porcelaine de Sèvres
xcm	permis de circulation	*xee*	à portée
xcn	en permission	*xef*	prendre position
xco	sans permission	*xeg*	potasse d'Amérique
xcp	être en perte	*xeh*	potasse de Russie
xcq	en pure perte	*xei*	pour que
		xej	pour peu que

xek	pour et contre
xel	c'est pourquoi
xem	pourvu que
xen	pouvoir exécutif
xeo	pouvoir absolu
xep	prenez vos précautions
xeq	préfecture de police
xer	préfet de police
xes	au préjudice de
xet	sans préjudice de
xeu	avec préméditation
xev	sans préméditation
xew	premier président de la cour d'appel
xex	premier président de la cour de cassation
xey	premier président de la cour des comptes
xez	il y a preneur à
xfa	nous prendrions à
xfb	on a pris à
xfc	de près
xfd	à présent
xfe	président de la Confédération suisse
xff	président de la république des États-Unis
xfg	président de la république française
xfh	président de l'Assemblée nationale
xfi	d° de la commission
xfj	d° du conseil d'administrat^on
xfk	d° du conseil d'Etat
xfl	d° d° des ministres
xfm	d° d° de surveillance
xfn	d° de la cour d'appel
xfo	d° de chambre à la cour d'appel
xfp	d° honoraire à la cour d'appel
xfq	d° de la cour de cassation
xfr	président de chambre à la cour de cassation
xfs	d° honoraire à la cour de cassation
xft	d° de la cour des comptes
xfu	d° honoraire de la cour des comptes
xfv	d° du tribunal de première instance
xfw	d° du tribunal de commerce
xfx	prétentions sont exagérées
xfy	sous prétexte de
xfz	faire ses preuves
xga	prince héritier
xgb	prince impérial
xgc	prince du sang
xgd	prince royal
xge	prince conjoint
xgf	princesse royale
xgg	prendre possession
xgh	les prix sont avilis
xgi	les prix sont calmes
xgj	les prix sont lourds
xgk	les prix sont fermes
xgl	les prix sont en hausse
xgm	les prix sont en baisse
xgn	les prix se maintiennent
xgo	à prix de revient
xgp	prix courant
xgq	bon procès
xgr	procès douteux
xgs	procès gagné
xgt	mauvais procès
xgu	procès perdu
xgv	remettez-nous procuration
xgw	procureur général de la cour d'appel
xgx	procureur général de la cour de cassation
xgy	procureur de la république

xgz	profession de foi
xha	faire des progrès rapides
xhb	à propos
xhc	à tout propos
xhd	hors de propos
xhe	propositions sont acceptées
xhf	propositions sont refusées
xhg	faites protester
xhh	on a laissé protester
xhi	nous avons fait protester faute d'acceptation
xhj	nous protestons contre
xhk	par provision
xhl	provision insuffisante
xhm	purement et simplement
xhn	qualité marchande et de recette
xho	question préalable
xhp	quoi que ce soit
xhq	raisins de Malaga
xhr	raison d'Etat
xhs	avec raison
xht	prendre rang
xhu	rappelé à l'ordre
xhv	battre le rappel
xhw	sauf ratification
xhx	rapporteur de la commission
xhy	réalisez au mieux
xhz	receveur particulier des finances
xia	recherches infructueuses
xib	faites rechercher
xic	réclamation non fondée
xid	réclamation admise
xie	activer les recouvrements
xif	rédacteur en chef
xig	aller en référé
xih	refuser formellement
xii	règle générale
xij	sous le régime de la communauté
xik	sous le régime dotal
xil	reine d'Angleterre

xim	reine de Bavière
xin	reine de Belgique
xio	reine de Danemark
xip	reine d'Espagne
xiq	reine de Grèce
xir	reine de Hollande
xis	reine d'Italie
xit	reine de Portugal
xiu	reine de Prusse.
xiv	reine de Saxe
xiw	reine de Suède
xix	relations extérieures
xiy	contre remboursement
xiz	nous vous remercions
xja	nous attendons vos remises
xjb	une rencontre a eu lieu
xjc	rente viagère
xjd	répondez télégraphiquement
xje	représentant de commerce
xjf	résultat favorable
xjg	mis en retrait d'emploi
xjh	réunion électorale
xji	risques et périls
xjj	roi d'Angleterre
xjk	roi de Bavière
xjl	roi de Belgique
xjm	roi de Danemark
xjn	roi d'Espagne
xjo	roi de Grèce
xjp	roi de Hollande
xjq	roi d'Italie
xjr	roi de Portugal
xjs	roi de Prusse
xjt	roi de Saxe
xju	roi de Suède
xjv	rumeur publique
xjw	il s'agit de
xjx	il ne s'agit pas de
xjy	saindoux comestible
xjz	saindoux à fabrique
xka	mettre saisie-arrêt
xkb	sauf mieux

xkc	savon blanc d'olive
xkd	do corps gras divers
xke	savon d'oléine
xkf	savon à froid
xkg	savon bleu pâle et vif, coupe ferme
xkh	do do moyenne ferme
xki	do do moyenne
xkj	savon recuit
xkk	les scellés sont apposés
xkl	faites apposer les scellés
xkm	scrutin secret
xkn	scrutin de liste
xko	séance orageuse
xkp	garder le secret
xkq	secrétaire d'ambassade
xkr	secrétaire de l'Assemblée nationale
xks	secrétaire général
xkt	secrétariat général
xku	prêter serment
xkv	service obligatoire
xkw	rendre service
xkx	société anonyme
xky	société en commandite
xkz	société en nom collectif
xla	société secrète
xlb	soies, filature du Bengale
xlc	soies, do de Brousse
xld	soies, do de China.
xle	soies, do d'Espagne
xlf	soies, do de Grèce
xlg	soies, do du Japon
xlh	soies, do de Syrie
xli	sommation préalable
xlj	sommation respectueuse
xlk	sonder le terrain
xll	à souhait
xlm	sous-commissaire de marine
xln	sous-lieutenant d'artillerie
xlo	do de cavalerie
xlp	do du génie
xlq	do d'infanterie
xlr	sous-intendant adjoint
xls	en station
xlt	stock abondant
xlu	stock faible
xlv	subrogé-tuteur
xlw	subsistances militaires
xlx	substitut du procureur général
xly	substitut du procureur de la république
xlz	le succès est certain
xma	sucre des Antilles
xmb	sucre Bahia
xmc	sucre Fernambouc
xmd	sucre Guadeloupe
xme	sucre Havane blond
xmf	do do do cristallisé
xmg	do do non cristallisé
xmh	do Martinique
xmi	do Maurice
xmj	do Réunion
xmk	do raffiné, pain 1er choix
xml	do do papier 1 1/2 0/0
xmm	do do do 7 0/0
xmn	de do pain 2e choix
xmo	do do do papier 1 1/2 0/0
xmp	do do do papier 7 0/0
xmq	sucre pilé
xmr	suffrage universel
xms	suif d'Amérique
xmt	suif de France
xmu	suif de Russie
xmv	en suspens
xmw	tare brute
xmx	tare nette
xmy	tel quel, ou telle quelle
xmz	témoin à charge
xna	témoin à décharge
xnb	en temps utile
xnc	temps d'arrêt
xnd	tenir compte
xne	testament olographe
xnf	le testament est annulé
xng	tourteaux d'arachides
xnh	tourteaux de colza
xni	tourteaux de copras

xnj	tourteaux de cotons
xnk	tourteaux de lin
xnl	tourteaux de palmiste
xnm	tourteaux de ravison
xnn	tourteaux de ricin
xno	d° de sésame blanc
xnp	d° de sésame noir
xnq	traite impayée
xnr	traite non acceptée
xns	traité de paix
xnt	traité postal
xnu	traité de commerce
xnv	tribunal de commerce
xnw	tribunal de 1re instance
xnx	tribunal de simple police
xny	trois-six de vin, bon goût
xnz	trois-six de betterave
xoa	trois-six de marc
xob	à l'unanimité
xoc	il est urgent
xod	utilité publique
xoe	exproprié pour cause d'utilité publique
xof	être en vacances
xog	faire valoir
xoh	vendez à
xoi	vendez à livrer
xoj	vendez en disponible
xok	vendez à terme
xol	vendez au comptant
xom	vendez au mieux
xon	d° aux cond°° d'usage
xoo	d° si les prix montent à
xop	d° en liquidation
xoq	d° d° fin courant
xor	d° d° 15 prochain
xos	d° d° fin prochain
xot	d° d° dont 100
xou	d° d° dont 50
xov	d° d° dont 40
xow	d° d° dont 25
xox	d° d° dont 20
xoy	d° d° dont 10
xoz	d° d° dont 5
xpa	d° d° dont 2
xpb	vendez en liq°°, dont 1
xpc	d° d° fin cour° dont 100
xpd	d° d° d° dont 50
xpe	d° d° d° dont 40
xpf	d° d° d° dont 25
xpg	d° d° d° dont 20
xph	d° d° d° dont 10
xpi	d° d° d° dont 5
xpj	d° d° d° dont 2
xpk	d° d° d° dont 1
xpl	vendez en liquidation au 15 prochain, dont 100
xpm	d° d° d° dont 50
xpn	d° d° d° dont 40
xpo	d° d° d° dont 25
xpp	d° d° d° dont 20
xpq	d° d° d° dont 10
xpr	d° d° d° dont 5
xps	d° d° d° dont 2
xpt	d° d° d° dont 1
xpu	vendez en liquidation fin prochain, dont 100
xpv	d° d° d° dont 50
xpw	d° d° d° dont 40
xpx	d° d° d° dont 25
xpy	d° d° d° dont 20
xpz	d° d° d° dont 10
xqa	d° d° d° dont 5
xqb	d° d° d° dont 2
xqc	d° d° d° dont 1
xqd	vendez disponible, au comptant
xqe	d° d° à terme
xqf	d° d° cond°°° d'us°
xqg	d° d° au mieux
xqh	vendez à livrer à l'heureuse arrivée du navire, au comptant
xqi	d° d° à terme
xqj	d° d° cond°°° d'us°
xqk	d° d° au mieux
xql	vendez à livrer sur désignation de navire flottant, au comptant
xqm	d° d° à terme

xqn	vendez à livrer sur dési-gnation de navire flot-tant, aux cond^ons d'us^e
xqo	d° d° au mieux
xqp	vendez à livrer sur navire à désigner, au compt^t
xqq	d° d° à terme
xqr	d° d° cond^ons d'us^e
xqs	d° d° au mieux
xqt	vendez ferme, au comp-tant, pour livrer le
xqu	d° d° à terme, d°
xqv	d° d° au mieux, d°
xqw	pouvons-nous vendre?
xqx	devrons-nous vendre si
xqy	avons vendu à
xqz	avons vendu à livrer
xra	avons vendu en disponible
xrb	avons vendu comptant
xrc	d° d° cond^ons d'us^e
xrd	d° d° en liquidation
xre	d° d° d° fin courant
xrf	d° d° d° du 15 proch^n
xrg	d° d° d° fin prochain
xrh	d° d° d° dont 100
xri	d° d° d° d'ont 50
xrj	d° d° d° dont 40
xrk	d° d° d° dont 25
xrl	d° d° d° dont 20
xrm	d° d° d° dont 10
xrn	d° d° d° dont 5
xro	d° d° d° dont 2
xrp	d° d° d° dont 1
xrq	avons vendu en liquida-tion fin cour^t, dont 100
xrr	d° d° d° dont 50
xrs	d° d° d° dont 40
xrt	d° d° d° dont 25
xru	d° d° d° dont 20
xrv	d° d° d° dont 10
xrw	d° d° d° dont 5
xrx	d° d° d° dont 2
xry	d° d° d° dont 1
xrz	avons vendu en liquidat^on au 15 proch^n, dont 100
xsa	avons vendu en liquid^on au 15 proch^n, dont 50
xsb	d° d° d° dont 40
xsc	d° d° d° dont 25
xsd	d° d° d° dont 20
xse	d° d° d° dont 10
xsf	d° d° d° dont 5
xsg	d° d° d° dont 2
xsh	d° d° d° dont 1
xsi	avons vendu en liquidat^on fin prochain, dont 100
xsj	d° d° d° dont 50
xsk	d° d° d° dont 40
xsl	d° d° d° dont 25
xsm	d° d° d° dont 20
xsn	d° d° d° dont 10
xso	d° d° d° dont 5
xsp	d° d° d° dont 2
xsq	d° d° d° dont 1
xsr	avons vendu, disponible, au comptant
xss	d° aux cond^ons d'usage
xst	avons vendu à livrer à l'heureuse arrivée, au comptant
xsu	d° aux cond^ons d'usage
xsv	avons vendu à livrer, sur désignation de navire flottant, au comptant
xsw	d° aux cond^ons d'usage
xsx	avons vendu à livrer, sur navire à désigner, au comptant
xsy	d° aux cond^ons d'usage
xsz	avons vendu, ferme, au compt^t, pour livrer le
xta	d° cond^ons d'us^e d°
xtb	vent d'est
xtc	vent nord-est
xtd	vent sud-ouest
xte	vent d'ouest
xtf	vent nord-ouest
xtg	vent sud-ouest
xth	vent du nord
xti	vent du sud

xtj	vente amiable
xtk	vente immobilière
xtl	vente judiciaire
xtm	vente mobilière
xtn	vente à la criée
xto	vente par expropriation
xtp	vente par licitation
xtq	vice-président du conseil des ministres
xtr	vice-président de l'Assemblée nationale
xts	vice-roi d'Egypte
xtt	vins blancs pour les colonies
xtu	vins blancs pour l'Inde
xtv	vins rouges p.r les colonies
xtw	vins rouges pour l'Inde
xtx	vins de Bordeaux
xty	vins de Bourgogne
xtz	vins de Champagne
xua	vins du Languedoc
xub	vins vieux
xuc	visite domiciliaire
xud	voix consultative
xue	voix délibérative
xuf	expédiez wagon complet
xug	warrantez au besoin
xuh	nous avons warranté
xui	zinc Vieille-Montagne
xuj	zone militaire

VALEURS D'ÉTAT

VALEURS INDUSTRIELLES ET ÉTABLISSEMENTS FINANCIERS ET INDUSTRIELS

Fonds d'État français

xuk 3 0/0
xul 4 0/0
xum 4 1/2 0/0
xun 5 0/0 emprunt 1872
xuo 5 0/0 libéré
xup 6 0/0 Morgan, obligons 500 fr.
xuq do do 2,500
xur do do 12,500
xus do do 25,000
xut répartition mexicaine, prom. de rentes
xuu do do bulins négociab.
xuv bons du Trésor
xuw do 1870, 2/10, 5 0/0, coup. 1,000 fr.
xux do 1870, 2/10, 5 0/0, coup. 500 fr.
xuy do 1870, 3/10, 5 0/0, coup. 1,000 fr.
xuz do 1870, 31/0, 5 0/0, coup. 5,060 fr.
xva do 1870, 51/0, 5 0/0, coup. 1,000 fr.
xvb obligations du trésor

Seine et Ville

xvc Seine, emprt dépl 1857, 4 0/0

xvd Paris, obligons 1855/60, 3 0 0
xve do do 1865, 4 0/0
xvf do do 1869, 3 0/0
xvg do do 1871, 3 0/0
xvh do 1871, quarts 3 0/0
xvi do 1871, séries sorties (unités)
xvj do 1871, séries sorties (série entière)
xvk bons de liquidation 5 0/0
xvl caisse de la boulangerie (bons)
xvm caisse des travaux publics (bons)
xvn Trois-Ponts, annuités municipales

Valeurs françaises

Banque de France
xvo Banque de Paris et Pays-bas
xvp bas
xvq Comptoir d'escompte
xvr Crédit agricole
xvs Crédit foncier colonial
xvt Crédit foncr, action 500 fr.
xvu do obligons 1,000 fr. 3 0/0
xvv do do 500 fr. 4 0/0
xvw do do 500 fr. 3 0/0
xvx do do 500 fr. 4 0/0, 1863
xvy do do communales 3 0/0

xvz Crédit foncier, oblig^ons^ communales et départementales 5 0/0
xwa Société algérienne, action
xwb d° obligations 150 fr.
xwc d° d° 500 fr. 5 0/0
xwd Crédit industriel et commercial
xwe Crédit lyonnais
xwf Crédit mobilier
xwg Société des dépôts et comptes courants
xwh Société financière de Paris
xwi Société générale
xwj Sous-comptoir du commerce
xwk Banque franco-autrichienne-hongroise
xwl Banque franco-égypt^nne^
xwm Banque franco-holland^se^
xwn Banque franco-italienne
xwo Banque franco-belge
xwp Bességes à Alais
xwq Charentes
xwr Est
xws Paris à Lyon et Méditerranée
xwt Midi
xwu Nord
xwv Orléans
xww Ouest
xwx Vendée
xwy Chemin de fer et docks de Saint-Ouen
xwz Docks et entrepôts de Marseille
xxa Entrepôts et magasins généraux de Paris
xxb Allumettes chimiques
xxc Compagnie paris^ne^ du gaz
xxd Compagnie immobilière
xxe Compagnie génér^ale^ transatlantique
xxf Messageries maritimes

xxg Voitures de Paris
xxh Salines de l'Est
xxi Canal de Suez, action
xxj d° délégation
xxk Canal, bons trentenaires

Fonds d'État étrangers

xxl anglais consolidés 3 0/0
xxm Autriche 1852, 5 0/0
xxn d° 1859, 5 0/0
xxo d° métalliques, 5 0/0
xxp Egypte, emprunt 1870
xxq Espagne, 3 0/0 extérieur
xxr d° coupures de 36 et 24 piastres
xxs d° coup. de 12 pias.
xxt d° intérieure, coup. de 75 piastres
xxu d° intér. petite coup.
xxv d° différée convertie
xxw d° passives nouvelles
xxx Pagarès
xxy États-Unis, 1862, 60 dollars
xxz d° 1862, 30 dollars
xya d° 1862, 6 d°
xyb d° 1862, 3 d°
xyc d° 1864, 60 d°
xyd d° 1864, 30 d°
xye d° 1864, 6 d°
xyf d° 1864, 3 d°
xyg d° 1865, 60 d°
xyh d° 1865, 30 d°
xyi d° 1865, 6 d°
xyj d° 1865, 3 d°
xyk d° 1867, 60 d°
xyl d° 1867, 30 d°
xym d° 1867, 6 d°
xyn d° 1867, 3 d°
xyo d° bons 1862, remb. en déc. 71
xyp d° d° r. 7 mars 72
xyq d° d° r. 20 mars 72
xyr d° d° r. 1er juin 73

xys	États-Unis, bons 1862, remb. 6 sept^re 73
xyt	do do r. 16 nov^re 73
xyu	do consolidés 5 0/0
xyv	do do petites coup.
xyw	Italie 5 0/0, coupure de 1,000 fr.
xyx	do de 500 fr.
xyy	do de 100 à 500 fr.
xyz	do de 50 fr.
xza	Italie 3 0/0
xzb	Italie oblig^ons des tabacs
xzc	do Victor-Emmanuel
xzd	mexicain 6 0 0
xze	péruvien 6 0/0, oblig^ons
xzf	péruvien, grosses coup.
xzg	péruvien 5 0/0
xzh	portugais, 1853, 3 0/0
xzi	do 1856-57-59-60
xzj	russe, 1862, 5 0/0
xzk	russe, 1870, 5 0/0, obligations 50 l. st.
xzl	do 100 l. st.
xzm	do 500 l. st.
xzn	do 1,000 l. st.
xzo	dette g^ale tunisienne 5 0/0
xzp	dette turque, 5 0/0, coupures de 125 fr.
xzq	do de 62-50
xzr	do de 12-50
xzs	emprunt ottoman, 1860, 6 0/0
xzt	do 1863, 6 0/0
xzu	do grosses coupures
xzv	do 1865, 6 0/0
xzw	do grosses coupures
xzx	do 1869, 6 0/0
xzy	do coupures de 5
xzz	do do de 25

Valeurs étrangères

yaa	Banque de crédit italien
yab	Banque ottomane
yac	do grosses coupures
yad	Banque des Pays-Bas (bons de liquidation)
yae	Crédit foncier d'Autriche
yaf	do grosses coupures
yag	Banque centrale du crédit foncier de Russie
yah	Crédit mobilier espagnol
yai	do grosses coupures
yaj	Société autrichienne
yak	do grosses coupures
yal	Ciudal-Réal à Badajoz
yam	Cordoue à Séville
yan	Guillaume-Luxembourg
yao	Lombard (sud Autriche)
yap	do grosses coupures
yaq	Nord-Ouest de l'Autriche
yar	do grosses coupures
yas	do Nord espagnol
yat	do grosses coupures
yau	Saragosse à Pampelune et Barcelone
yav	do grosses coupures
yaw	portugais (comp^e roy^le)
yax	do grosses coupures
yay	Saragosse à Madrid

Emprunts de villes françaises

yaz	Amiens 4 0/0
yba	Bordeaux 3 0/0
ybb	Lille 3 0/0, 1860
ybc	Lille 3 0/0, 1863
ybd	Lille 4 0/0, 1868
ybe	Lyon 5 0/0, 1872
ybf	Marseille 5 0/0, 1852
ybg	Marseille, 5 0/0, 1862
ybh	Roubaix et Tourcoing
ybi	Rouen 5 0 0

Valeurs françaises (actions)

ybj	annuités d'Aire à la Bassée
ybk	annuités d'Arles à Bouc

ybl	annuités canal des Ardennes
ybm	do do de la Somme
ybn	do navigation de l'Oise
ybo	bons de liquidation du canal Saint-Martin
ybp	canal de Bourgogne, act. indemnre
ybq	Quatre canaux, act. de jouiss.
ybr	canal de jonction, Sambre à l'Oise
ybs	pont, port et gare de Grenelle
ybt	chemin de fer de l'Est, action de jouiss.
ybu	do du Midi, acton de j.
ybv	do du Nord, do
ybw	do d'Orléans, do
ybx	do de l'Ouest, do
yby	Bordeaux à la Sauve
ybz	Briouze à la Ferté-Macé
yca	Lyon à la Croix-Rousse
ycb	Epernay à Romilly
ycc	Frévent à Gamaches
ycd	Gisors à Vernon
yce	Glos-Montfort
ycf	chemin de fer, Hérault
ycg	Libourne à Bergerac
ych	Lille à Béthune
yci	Lille à Valenciennes
ycj	Lisieux à Orbec
yck	chemin de fer, Lorraine
ycl	Médoc
ycm	Nord-Est, fr. à cap. 40/0
ycn	do fr. act. de dividen.
yco	chemins de fer normands
ycp	Orléans à Châlons
ycq	Orléans à Rouen (section nord)
ycr	do (section sud)
ycs	chemin de fer, Orne
yct	Perpignan à Prades
ycu	Picardie et Flandres
ycv	Pont-de-l'Arche à Gisors
ycw	St-Étienne à St-Bon le C.
ycx	ch. de fer, Seine-et-Marne
ycy	Tréport
ycz	Versailles (rive gauche)
yda	Vitré à Fougères
ydb	chemin de fer, Vosges
ydc	Guilloteaux, Bouron cie
ydd	Banque de l'Algérie
yde	Comptoir de l'agriculture
ydf	Banque ch. d'int. local
ydg	Caisse gale des ch. de fer
ydh	Soleil (incendie)
ydi	do (vie)
ydj	Assurances génales (incendie)
ydk	do génales (vie)
ydl	Nationale (incendie)
ydm	do (vie)
ydn	Union (incendie)
ydo	do (vie)
ydp	Phénix (incendie)
ydq	do (vie)
ydr	Urbaine (incendie)
yds	do (vie)
ydt	Monde (incendie)
ydu	do (vie)
ydv	Paternelle (incendie)
ydw	Caisse paternelle (vie)
ydx	Paix (incendie)
ydy	France (incendie)
ydz	Aigle (incendie)
yea	Providence (incendie)
yeb	Midi (incendie)
yec	Nord (incendie)
yed	Caisse génale des familles (vie)
yee	Crédit viager (vie)
yef	Atlas (vie)
yeg	Patric (incendie)
yeh	Caisse Lécuyer
yei	Crédit rural de France
yej	Sous-comptoir des entrepôts
yek	Société industrielle
yel	Moitessier et compagnie

yem	Comptoir Naud
yen	docks et entrepôts du Havre
yeo	entrepôts libres PLM
yep	halle aux cuirs
yeq	halles, marchés de Naples
yer	magasins généraux Bercy
yes	d° d° Bordeaux
yet	marchés (caisse générale)
yeu	marchés du Temple et Saint-Honoré
yev	Comp^ie gén^ale des eaux
yew	eaux, banlieue-Paris
yex	eaux de Vichy
yey	l'Angevine
yez	industrie linière
yfa	lin Maberly
yfb	Pont-Rémy
yfc	gaz (Compagnie centrale)
yfd	gaz général de Paris
yfe	gaz Marseille et mines
yff	gaz de Mulhouse
yfg	gaz (Comp^ie parisienne)
yfh	gaz (Union des)
yfi	usines à gaz réunies
yfj	houillères d'Ahun
yfk	Belmez (houil. et métal.)
yfl	l'Arborèse
yfm	Épinac (mines et chemin de fer)
yfn	Saint-Éloi (houille et chemin de fer)
yfo	mines Campagnac
yfp	mines Carmaux
yfq	mines Grand-Combe
yfr	mines de Huelva
yfs	mines de la Loire
yft	mines Montrambert
yfu	mines Rive-de-Gier
yfv	mines Saint-Étienne
yfw	mines Malfidano
yfx	mines Moketa-el-Adid
yfy	mines de Mouzaïa
yfz	mines de Santander

yga	mines de Soumah
ygb	Vallenar
ygc	Alais (forges et fonderies)
ygd	Cail et Comp^ie
yge	forges de Chatillon et Commentry
ygf	Comp^ie de Fives-Lille
ygg	hauts fourneaux, forges et aciéries de la mar. et ch. de fer
ygh	Océan (ch. de fer et ateliers)
ygi	forges de Liverdun
ygj	bateaux-omnibus
ygk	charg. réunis (Cie franc.)
ygl	Cie de navigation intér^ie
ygm	C^i gén^le des omnibus
ygn	Cie lyonnaise des omnibus
ygo	voitures à Paris (actions de jouiss.)
ygp	touage basse Seine et Oise
ygq	touage de Conflans
ygr	transports maritimes
ygs	Cie maritime Valéry
ygt	Société Chameroy
ygu	cotons algériens
ygv	Deux-Cirques
ygw	établissement Duval
ygx	Société gén^le forestière
ygy	journal *le Figaro*
ygz	glacières de Paris
yha	lits militaires
yhb	port de Cadix
yhc	raffineries nantaises
yhd	salines du Midi
yhe	tabacs (Comp^ie franç.)
yhf	télégraphe sous-marin

Valeurs françaises (obligations)

yhg	Bességes à Calais
yhh	Bordeaux à la Sauve

yhi	Briouze à la Ferté-Macé	*yjb*	Grand-Central
yhj	Charentes	*yjc*	Orsay
yhk	Charentes (bons 6 0/0)	*yjd*	Orléans à Châlons
yhl	Lyon à Croix-Rousse	*yje*	Orléans à Rouen (S.N.)
yhm	Épernay à Romilly	*yjf*	Orléans à Rouen (S.S.)
yhn	Est 5 0/0	*yjg*	Orne
yho	Est 3 0/0	*yjh*	Ouest 3 9/0
yhp	Ardennes	*yji*	Ouest 5 0/0, 1852-54
yhq	Bâle (Strasbourg)	*yjj*	Ouest 5 0/0, 1853
yhr	Bâle garanti par l'État	*yjk*	Ouest 5 0/0, 1855
yhs	Dieuze	*yjl*	Ouest 4 0/0
yht	Montereau	*yjm*	Havre 5 0/0, 1845-47
yhu	Frévent à Gamaches	*yjn*	Havre 6 0/0
yhv	Gisors à Vernon	*yjo*	Rouen 4 0/0
yhw	Glos-Montfort	*yjp*	Rouen 5 0/0
yhx	Hérault	*yjq*	Saint-Germain
yhy	Libourne à Bergerac	*yjr*	Versailles
yhz	Lille à Béthune	*yjs*	Perpignan à Prades
yia	Lille à Valenciennes	*yjt*	Picardie et Flandres
yib	Lisieux à Orbec	*yju*	Pont-de-l'Arche
yic	Lorraine	*yjv*	St-Etienne à St-Bonnet
yid	Lyon 5 0/0	*yjw*	Seine-et-Marne
yie	Lyon 3 0/0	*yjx*	Tréport
yif	Avignon à Marseille	*yjy*	Vendée
yig	Bourbonnais	*yjz*	Vitré à Fougères
yih	Dauphiné	*yka*	Vologne
yii	Genève (Lyon à) 1855	*ykb*	Vosges
yij	Genève (Lyon à) 1857	*ykc*	Crédit colonial 5 0/0
yik	Méditerran. remb. à 625	*ykd*	Crédit colonial 6 0/0
yil	d⁰ d⁰ à 500	*yke*	docks du Havre
yim	Paris-Lyon-Médit. (fus.)	*ykf*	docks de Marseille
yin	d⁰ d⁰ 1866	*ykg*	halle aux cuirs
yio	Rhône et Loire 4 0/0	*ykh*	halles et marchés Naples
yip	Rhône et Loire 3 0/0	*yki*	eaux (Cⁱᵉ génˡᵉ des) 3 0/0
yiq	Saint-Étienne	*ykj*	d⁰ 5 0/0
yir	Victor-Emmanuel	*ykk*	eaux, banlieue de Paris
yis	Médoc	*ykl*	l'Angevine
yit	Midi	*ykm*	Cⁱᵉ parisienne du gaz
yiu	Teste	*ykn*	Cⁱᵉ centˡᵉ d'éclˢᵉ par le gaz
yiv	Nord	*yko*	gaz général de Paris
yiw	Charleroi à Erquelines	*ykp*	union des gaz
yix	normands (ch. de fer)	*ykq*	usines à gaz réunies
yiy	Orléans 1842	*ykr*	houillères d'Ahun
yiz	Orléans 1848	*yks*	forges de Châtillon et
yja	Orléans 3 0/0		Commentry

ykt	mines de la Grand-Combe
yku	Cail et Cie
ykv	Fives-Lille
ykw	Messageries maritimes 6 0/0
ykx	d° 5 0/0
yky	omnibus
ykz	bateaux-omnibus
yla	cotons algériens
ylb	Cie immobilière de Paris
ylc	Cie transatlantique
yld	glacières de Paris
yle	lits militaires
ylf	ports et terrains de Cadix
ylg	salines de l'Est
ylh	Suez 5 0/0
yli	tabacs (Cie française)
ylj	touage de Conflans

**Fonds d'États
et de villes étrangers**

ylk	empr. autrichien 1860 (500 florins)
yll	d° 1865 (200 fl.)
ylm	obligations domaniales estampillées
yln	dette autrichienne, oblig^ons 100 fl. arg.
ylo	d° 1,000 fl. arg.
ylp	d° 10,000 fl. arg.
ylq	d° 100 fl. papier
ylr	d° 1,000 fl. pap.
yls	d° 10,000 fl. pap.
ylt	emprunt belge 4 1/2 0/0
ylu	d° 3 0/0
ylv	d° 2 1/2 0/0
ylw	emprunt danubien
ylx	emprunt vice-roi d'Égy. (oblig. hypoth.)
yly	emprunt égyptien 7 0/0, 1868
ylz	emprunt Haïti
yma	emprunt hollandais
ymb	emprunt Honduras

ymc	emprunt hongrois
ymd	bons ottomans
yme	emprunt Piémont 1849
ymf	d° 1850
ymg	d° cert. anglais
ymh	emprunt romain
ymi	emprunt pontifical, obligations 100 fr.
ymj	d° 500 fr.
ymk	d° 1,000 fr.
yml	d° 1866, 5 0/0
ymm	emprunt russe 1850
ymn	d° 1867
ymo	d° 1869
ymp	emprunt tunisien, coup. arr. 87 f. 50
ymq	d° 105 fr.

**Valeurs étrangères, actions
et obligations**

ymr	Société autrichienne, action de jouiss.
yms	méridionaux (Cie ital.)
ymt	romains trent. privilég.
ymu	Banque territoriale d'Espagne
ymv	Crédit suisse
ymw	oblig^ons Autriche 3 0/0, anc. réseau
ymx	d° nouv. réseau
ymy	oblig^ons lombardes 3 0/0
ymz	d° (nouvelles)
yna	Nord Espag. (priorité)
ynb	d° (revenu variable)
ync	Pampelune
ynd	portugais
yne	romains
ynf	Saragosse
yng	bons lombards remb. septembre 1873
ynh	d° mars 1874
yni	d° septembre 1874
ynj	d° 1875
ynk	d° 1876

ynl	bons lombards, remb. 1877
ynm	d⁰ 1878
ynn	bons méridionaux 6 0/0 remb. en 30 ans

Bourses étrangères

yno	Londres, métalliq^{es} 3 0/0
ynp	change sur Paris
ynq	Vienne, métalliques 5 0/0
ynr	d⁰ emprunt 1860
yns	d⁰ 1864
ynt	autrichien
ynu	lombard
ynv	louis d'or
ynw	change sur Paris
ynx	Amsterdam, métal. anc.
yny	d⁰ Espagne extér.
ynz	d⁰ dollar 1882
yoa	Madrid, 3 0/0 extérieur
yob	Madrid, 3 0/0 intérieur
yoc	change sur Paris
yod	Bruxelles 4 1/2 0/0
yoe	New-York, or
yof	bons 1885
yog	change sur Paris
yoh	change sur Londres

Valeurs se négociant à vue

yoi	Londres
yoj	Belgique
yok	Italie
yol	Italie, or
yom	Rome
yon	Genève

Valeurs se négociant à trois mois

yoo	Amsterdam, papier long
yop	Amsterdam, papier court
yoq	Barcelone, papier long
yor	Barcelone, papier court
yos	Berlin, papier long
yot	Berlin, papier court
you	Cadix, papier long
yov	Cadix, papier court
yow	Francfort, papier long
yox	Francfort, papier court
yoy	Hambourg, papier long
yoz	Hambourg, papier court
ypa	Lisbonne, papier long
ypb	Lisbonne, papier court
ypc	Madrid, papier long
ypd	Madrid, papier court
ype	New-York, papier long
ypf	New-York, papier court
ypg	Pétersbourg, papier long
yph	Pétersbourg, papier court
ypi	Porto, papier long
ypj	Porto, papier court
ypk	Trieste, papier long
ypl	Trieste, papier court
ypm	Vienne, papier long
ypn	Vienne, papier court

Matières d'or, d'argent, etc.

ypo	or en barre
ypp	or, pièces de 20 fr.
ypq	argent en barre
ypr	argent, pièces de 5 fr.
yps	quadruples espagnols
ypt	d⁰ colombiens et mexicains
ypu	ducats de Hollande et d'Autriche
ypv	piastres à colonnes
ypw	piastres mexicaines
ypx	souverains anglais
ypy	bancknotes
ypz	aigles d'Amérique

NOMBRES

yqa	1 *		*yrh*	17 francs
yqb	1 franc *		*yri*	18
yqc	2 *		*yrj*	18 francs
yqd	2 francs		*yrk*	19
yqe	3		*yrl*	19 francs
yqf	3 francs		*yrm*	20 *
yqg	4		*yrn*	20 francs
yqh	4 francs		*yro*	21
yqi	5 *		*yrp*	21 francs
yqj	5 francs		*yrq*	22
yqk	6		*yrr*	22 francs
yql	6 francs		*yrs*	23
yqm	7		*yrt*	23 francs
yqn	7 francs		*yru*	24
yqo	8		*yrv*	24 francs
yqp	8 francs		*yrw*	25 *
yqq	9		*yrx*	25 francs
yqr	9 francs		*yry*	26
yqs	10 *		*yrz*	26 francs
yqt	10 francs		*ysa*	27
yqu	11		*ysb*	27 francs
yqv	11 francs		*ysc*	28
yqw	12		*ysd*	28 francs
yqx	12 francs		*yse*	29
yqy	13		*ysf*	29 francs
yqz	13 francs		*ysg*	30
yra	14		*ysh*	30 francs
yrb	14 francs		*ysi*	31
yrc	15 *		*ysj*	31 francs
yrd	15 francs		*ysk*	32
yre	16		*ysl*	32 francs
yrf	16 francs		*ysm*	33
yrg	17		*ysn*	33 francs

yso	34		*yuh*	56 francs
ysp	34 francs		*yui*	57
ysq	35		*yuj*	57 francs
ysr	35 francs		*yuk*	58
yss	36		*yul*	58 francs
yst	36 francs		*yum*	59
ysu	37		*yun*	59 francs
ysv	37 francs		*yuo*	60
ysw	38		*yup*	60 francs
ysx	38 francs		*yuq*	61
ysy	39		*yur*	61 francs
ysz	39 francs		*yus*	62
yta	40 *		*yut*	62 francs
ytb	40 francs		*yuu*	63
ytc	41		*yuv*	63 francs
ytd	41 francs		*yuw*	64
yte	42		*yux*	64 francs
ytf	42 francs		*yuy*	65
ytg	43		*yuz*	65 francs
yth	43 francs		*yva*	66
yti	44		*yvb*	66 francs
ytj	44 francs		*yvc*	67
ytk	45		*yvd*	67 francs
ytl	45 francs		*yve*	68
ytm	46		*yvf*	68 francs
ytn	46 francs		*yvg*	69
yto	47		*yvh*	69 francs
ytp	47 francs		*yvi*	70
ytq	48		*yvj*	70 francs
ytr	48 francs		*yvk*	71
yts	49		*yvl*	71 francs
ytt	49 francs		*yvm*	72
ytu	50 *		*yvn*	72 francs
ytv	50 francs		*yvo*	73
ytw	51		*yvp*	73 francs
ytx	51 francs		*yvq*	74
yty	52		*yvr*	74 francs
ytz	52 francs		*yvs*	75
yua	53		*yvt*	75 francs
yub	53 francs		*yvu*	76
yuc	54		*yvv*	76 francs
yud	54 francs		*yvw*	77
yue	55		*yvx*	77 francs
yuf	55 francs		*yvy*	78
yug	56		*yvz*	78 francs

ywa	79	yxt	200 francs
ywb	79 francs	yxu	300
ywc	80	yxv	300 francs
ywd	80 francs	yxw	400
ywe	81	yxx	400 francs
ywf	81 francs	yxy	500
ywg	82	yxz	500 francs
ywh	82 francs	yya	600
ywi	83	yyb	600 francs
ywj	83 francs	yyc	700
ywk	84	yyd	700 francs
ywl	84 francs	yye	800
ywm	85	yyf	800 francs
ywn	85 francs	yyg	900
ywo	86	yyh	900 francs
ywp	86 francs	yyi	1,000
ywq	87	yyj	1,000 francs
ywr	87 francs	yyk	2,000
yws	88	yyl	2,000 francs
ywt	88 francs	yym	3,000
ywu	89	yyn	3,000 francs
ywv	89 francs	yyo	4,000
yww	90	yyp	4,000 francs
ywx	90 francs	yyq	5,000
ywy	91	yyr	5,000 francs
ywz	91 francs	yys	6,000
yxa	92	yyt	6,000 francs
yxb	92 francs	yyu	7,000
yxc	93	yyv	7,000 francs
yxd	93 francs	yyw	8,000
yxe	94	yyx	8,000 francs
yxf	94 francs	yyy	9,000
yxg	95	yyz	9,000 francs
yxh	95 francs	yza	10,000
yxi	96	yzb	10,000 francs
yxj	96 francs	yzc	11,000
yxk	97	yzd	11,000 francs
yxl	97 francs	yze	12,000
yxm	98	yzf	12,000 francs
yxn	98 francs	yzg	13,000
yxo	99	yzh	13,000 francs
yxp	99 francs	yzi	14,000
yxq	100 *	yzj	14,000 francs
yxr	100 francs	yzk	15,000
yxs	200	yzl	15,000 francs

yzm	16,000		*zbe*	55,000 francs
yzn	16,000 francs		*zbf*	56,000 francs
yzo	17,000		*zbg*	57,000 francs
yzp	17,000 francs		*zbh*	58,000 francs
yzq	18,000		*zbi*	59,000 francs
yzr	18,000 francs		*zbj*	60,000 francs
yzs	19,000		*zbk*	61,000 francs
yzt	19,000 francs		*zbl*	62,000 francs
yzu	20,000		*zbm*	63,000 francs
yzv	20,000 francs		*zbn*	64,000 francs
yzw	21,000 francs		*zbo*	65,000 francs
yzx	22,000 francs		*zbp*	66,000 francs
yzy	23,000 francs		*zbq*	67,000 francs
yzz	24,000 francs		*zbr*	68,000 francs
			zbs	69,000 francs
zaa	25,000 francs		*zbt*	70,000 francs
zab	26,000 francs		*zbu*	71,000 francs
zac	27,000 francs		*zbv*	72,000 francs
zad	28,000 francs		*zbw*	73,000 francs
zae	29,000 francs		*zbx*	74,000 francs
zaf	30,000 francs		*zby*	75,000 francs
zag	31,000 francs		*zbz*	76,000 francs
zah	32,000 francs		*zca*	77,000 francs
zai	33,000 francs		*zcb*	78,000 francs
zaj	34,000 francs		*zcc*	79,000 francs
zak	35,000 francs		*zcd*	80,000 francs
zal	36,000 francs		*zce*	81,000 francs
zam	37,000 francs		*zcf*	82,000 francs
zan	38,000 francs		*zcg*	83,000 francs
zao	39,000 francs		*zch*	84,000 francs
zap	40,000 francs		*zci*	85,000 francs
zaq	41,000 francs		*zcj*	86,000 francs
zar	42,000 francs		*zck*	87,000 francs
zas	43,000 francs		*zcl*	88,000 francs
zat	44,000 francs		*zcm*	89,000 francs
zau	45,000 francs		*zcn*	90,000 francs
zav	46,000 francs		*zco*	91,000 francs
zaw	47,000 francs		*zcp*	92,000 francs
zax	48,000 francs		*zcq*	93,000 francs
zay	49,000 francs		*zcr*	94,000 francs
zaz	50,000 francs		*zcs*	95,000 francs
zba	51,000 francs		*zct*	96,000 francs
zbb	52,000 francs		*zcu*	97,000 francs
zbc	53,000 francs		*zcv*	98,000 francs
zbd	54,000 francs		*zcw*	99,000 francs

zcx	100,000 francs		*zeq*	30/100
zcy	200,000 francs		*zer*	31/100
zcz	300,000 francs		*zes*	32/100
zda	400,000 francs		*zet*	32/100 et 1/2
zdb	500,000 francs		*zeu*	33/100
zdc	600,000 francs		*zev*	34/100
zdd	700,000 francs		*zew*	35/100
zde	800,000 francs		*zex*	36/100
zdf	900,000 francs		*zey*	37/100
zdg	1,000,000 francs		*zez*	37/100 et 1/2
zdh	1/100 ou centime		*zfa*	38/100
zdi	2/100		*zfb*	39/100
zdj	2/100 et 1/2		*zfc*	40/100
zdk	3/100		*zfd*	41/100
zdl	4/100		*zfe*	42/100
zdm	5/100		*zff*	42/100 et 1/2
zdn	6/100		*zfg*	43/100
zdo	7/100		*zfh*	44/100
zdp	7/100 et 1/2		*zfi*	45/100
zdq	8/100		*zfj*	46/100
zdr	9/100		*zfk*	47/100
zds	10/100		*zfl*	47/100 et 1/2
zdt	11/100		*zfm*	48/100
zdu	12/100		*zfn*	49/100
zdv	12/100 et 1/2		*zfo*	50/100
zdw	13/100		*zfp*	51/100
zdx	14/100		*zfq*	52/100
zdy	15/100		*zfr*	52/100 et 1/2
zdz	16/100		*zfs*	53/100
zea	17/100		*zft*	54/100
zeb	17/100 et 1/2		*zfu*	55/100
zec	18/100		*zfv*	56/100
zed	19/100		*zfw*	57/100
zee	20/100		*zfx*	57/100 et 1/2
zef	21/100		*zfy*	58/100
zeg	22/100		*zfz*	59/100
zeh	22/100 et 1/2		*zga*	60/100
zei	23/100		*zgb*	61/100
zej	24/100		*zgc*	62/100
zek	25/100		*zgd*	62/100 et 1/2
zel	26/100		*zge*	63/100
zem	27/100		*zgf*	64/100
zen	27/100 et 1/2		*zgg*	65/100
zeo	28/100		*zgh*	66/100
zep	29/100		*zgi*	67/100

zgj	67/100 et 1/2		*zhy*	1/2	
zgk	68/100		*zhz*	1/3	
zgl	69/100		*zia*	2/3	
zgm	70/100		*zib*	1/4	
zgn	71/100		*zic*	3/4	
zgo	72/100		*zid*	1/5	
zgp	72/100 et 1/2		*zie*	2/5	
zgq	73/100		*zif*	3/5	
zgr	74/100		*zig*	4/5	
zgs	75/100		*zih*	1/6	
zgt	76/100		*zii*	5/6	
zgu	77/100		*zij*	1/8	
zgv	77/100 et 1/2		*zik*	3/8	
zgw	78/100		*zil*	5/8	
zgx	79/100		*zim*	7/8	
zgy	80/100		*zin*	1/10	
zgz	81/100		*zio*	3/10	
zha	82/100		*zip*	7/10	
zhb	82/100 et 1/2		*ziq*	9/10	
zhc	83/100		*zir*	1/12	
zhd	84/100		*zis*	5/12	
zhe	85/100		*zit*	7/12	
zhf	86/100		*ziu*	11/12	
zhg	87/100		*ziv*	1/15	
zhh	87/100 et 1/2		*ziw*	2/15	
zhi	88/100		*zix*	4/15	
zhj	89/100		*ziy*	6/15	
zhk	90/100		*ziz*	7/15	
zhl	91/100		*zja*	8/15	
zhm	92/100		*zjb*	11/15	
zhn	92/100 et 1/2		*zjc*	13/15	
zho	93/100		*zjd*	14/15	
zhp	94/100		*zje*	1/16	
zhq	95/100		*zjf*	3/16	
zhr	96/100		*zjg*	5/16	
zhs	97/100		*zjh*	7/16	
zht	97/100 et 1/2		*zji*	9/16	
zhu	98/100		*zjj*	11/16	
zhv	99/100		*zjk*	13/16	
zhw	0/0 pour cent		*zjl*	15/16	
zhx	0/00 pour mille				

TERNAIRES LAISSÉS EN BLANC

A LA DISPOSITION DES CORRESPONDANTS

---

zjm
zjn
zjo
zjp
zjq
zjr
zjs
zjt
zju
zjv
zjw
zjx
zjy
zjz
zka
zkb
zkc
zkd
zke
zkf
zkg
zkh
zki
zkj
zkk
zkl
zkm
zkn
zko

zkp
zkq
zkr
zks
zkt
zku
zkv
zkw
zkx
zky
zkz
zla
zlb
zlc
zld
zle
zlf
zlg
zlh
zli
zlj
zlk
zll
zlm
zln
zlo
zlp
zlq
zlr

zls	znl
zlt	znm
zlu	znn
zlv	zno
zlw	znp
zlx	znq
zly	znr
zlz	zns
zma	znt
zmb	znu
zmc	znv
zmd	znw
zme	znx
zmf	zny
zmg	znz
zmh	zoa
zmi	zob
zmj	zoc
zmk	zod
zml	zoe
zmm	zof
zmn	zog
zmo	zoh
zmp	zoi
zmq	zoj
zmr	zok
zms	zol
zmt	zom
zmu	zon
zmv	zoo
zmw	zop
zmx	zoq
zmy	zor
zmz	zos
zna	zot
znb	zou
znc	zov
znd	zow
zne	zox
znf	zoy
zng	zoz
znh	zpa
zni	zpb
znj	zpc
znk	zpd

zpe	zqx
zpf	zqy
zpg	zqz
zph	zra
zpi	zrb
zpj	zrc
zpk	zrd
zpl	zre
zpm	zrf
zpn	zrg
zpo	zrh
zpp	zri
zpq	zrj
zpr	zrk
zps	zrl
zpt	zrm
zpu	zrn
zpv	zro
zpw	zrp
zpx	zrq
zpy	zrr
zpz	zrs
zqa	zrt
zqb	zru
zqc	zrv
zqd	zrw
zqe	zrx
zqf	zry
zqg	zrz
zqh	zsa
zqi	zsb
zqj	zsc
zqk	zsd
zql	zse
zqm	zsf
zqn	zsg
zqo	zsh
zqp	zsi
zqq	zsj
zqr	zsk
zqs	zsl
zqt	zsm
zqu	zsn
zqv	zso
zqw	zsp

zsq	zuj
zsr	zuk
zss	zul
zst	zum
zsu	zun
zsv	zuo
zsw	zup
zsx	zuq
zsy	zur
zsz	zus
zta	zut
ztb	zuu
ztc	zuv
ztd	zuw
zte	zux
ztf	zuy
ztg	zuz
zth	zva
zti	zvb
ztj	zvc
ztk	zvd
ztl	zve
ztm	zvf
ztn	zvg
zto	zvh
ztp	zvi
ztq	zvj
ztr	zvk
zts	zvl
ztt	zvm
ztu	zvn
ztv	zvo
ztw	zvp
ztx	zvq
zty	zvr
ztz	zvs
zua	zvt
zub	zvu
zuc	zvv
zud	zvw
zue	zvx
zuf	zvy
zug	zvz
zuh	zwa
zui	zwb

zwc	zxv
zwd	zxw
zwe	zxx
zwf	zxy
zwg	zxz
zwh	zya
zwi	zyb
zwj	zyc
zwk	zyd
zwl	zye
zwm	zyf
zwn	zyg
zwo	zyh
zwp	zyi
zwq	zyj
zwr	zyk
zws	zyl
zwt	zym
zwu	zyn
zwv	zyo
zww	zyp
zwx	zyq
zwy	zyr
zwz	zys
zxa	zyt
zxb	zyu
zxc	zyv
zxd	zyw
zxe	zyx
zxf	zyy
zxg	zyz
zxh	zza
zxi	zzb
zxj	zzc
zxk	zzd
zxl	zze
zxm	zzf
zxn	zzg
zxo	zzh
zxp	zzi
zxq	zzj
zxr	zzk
zxs	zzl
zxt	zzm
zxu	zzn

zzo	zzu
zzp	zzv
zzq	zzw
zzr	zzx
zzs	zzy
zzt	zzz

FIN DU DICTIONNAIRE TÉLÉGRAPHIQUE

CONVENTION INTERNATIONALE

RÈGLEMENT COMPLÉMENTAIRE

DE LA CONVENTION

ACTE

Signé à Rome, le 14 janvier 1872, à l'effet d'apporter de nouvelles modifications à la Convention télégraphique internationale conclue à Paris le 17 mai 1865 et revisée à Vienne le 21 juillet 1868 :

1° CONVENTION internationale ;

2° RÈGLEMENT de service international destiné à compléter les dispositions de la Convention.

[Ces documents remplacent intégralement la Convention et le Règlement antérieurs. Les additions ou modifications sont imprimées en italiques.]

CONVENTION

Les États qui ont participé à la Convention télégraphique internationale conclue à Paris le 17 mai 1865, et revisée à Vienne le 21 juillet 1868, ou qui ont successivement adhéré à cette Convention, ont résolu d'y introduire les améliorations suggérées par l'expérience. A cet effet, les délégués soussignés se sont réunis à Rome, et, conformément aux dispositions de l'article 62, ont arrêté d'un commun accord, sous réserve d'approbation, les stipulations suivantes applicables à partir du 1er juillet 1872.

TITRE PREMIER. — Du Réseau international.

ARTICLE PREMIER.

Lignes.

Les Hautes Parties contractantes s'engagent à affecter au service télégraphique international des fils spéciaux, en nombre suffisant pour assurer une rapide transmission des dépêches.

Ces fils seront établis dans les meilleures conditions que la pratique du service aura fait connaître.

Les villes entre lesquelles l'échange des correspondances est continu ou très-actif seront, successivement et autant que possible, reliées par des fils directs, d'un diamètre d'au moins cinq millimètres, et dont le service demeurera dégagé du travail des bureaux intermédiaires.

Art. 2.
Bureaux.

Entre les villes importantes des États contractants, le service est, autant que possible, permanent, le jour et la nuit, sans aucune interruption.

Les bureaux ordinaires, à service de jour complet, sont ouverts au public :

Du 1er avril au 30 septembre, de 7 heures du matin à 9 heures du soir ;

Du 1er octobre au 31 mars, de 8 heures du matin à 9 heures du soir.

Les heures d'ouverture des bureaux à service limité sont fixées par les Administrations respectives des États contractants.

Le même temps est adopté par tous les bureaux du même État. C'est généralement le temps moyen de la capitale de cet État.

Art. 3.
Appareils.

Les appareils Morse et Hughes restent concurremment adoptés pour le service des fils internationaux, jusqu'à une nouvelle entente sur l'introduction d'autres appareils.

TITRE II. — De la Correspondance.

SECTION PREMIÈRE. — *Conditions générales.*

Art. 4.
Usage public du télégraphe.

Les Hautes Parties contractantes reconnaissent à toutes personnes le droit de correspondre au moyen des télégraphes internationaux.

Art. 5.
Secret des correspondances.

Elles s'engagent à prendre toutes les dispositions nécessaires pour assurer le secret des correspondances et leur bonne expédition.

ART. 6.

Irresponsabilité.

Les Hautes Parties contractantes déclarent toutefois n'accepter, à raison du service de la télégraphie internationale, aucune responsabilité.

SECTION II. — *Du dépôt.*

ART. 7.

Classement des dépêches.

Les dépêches télégraphiques sont classées en trois catégories :

1° Dépêches d'État : celles qui émanent du Chef de l'État, des Ministres, des Commandants en chef des forces de terre ou de mer, et des Agents diplomatiques ou Consulaires des Gouvernements contractants, ainsi que les réponses à ces mêmes dépêches.

Les dépêches des Agents consulaires qui exercent le commerce ne sont considérées comme dépêches d'Etat que lorsqu'elles sont adressées à un personnage officiel et qu'elles traitent d'affaires de service.

2° Dépêches de service : celles qui émanent des Administrations télégraphiques des Etats contractants, et qui sont relatives, soit au service de la télégraphie internationale, soit à des objets d'intérêt public déterminés de concert par lesdites Administrations.

3° Dépêches privées.

ART. 8.

Garanties d'authenticité.

Les dépêches d'État ne sont admises comme telles, que revêtues du sceau ou du cachet de l'autorité qui les expédie.

L'expéditeur d'une dépêche privée peut toujours être tenu d'établir la sincérité de la signature dont la dépêche est revêtue.

Il a, de son côté, la faculté de comprendre dans sa dépêche la légalisation de sa signature.

ART. 9.

Langage. Rédaction.

Les dépêches en langage clair doivent offrir un sens compréhensible en l'une quelconque des langues usitées sur les territoires des États contractants, ou en langue latine.

Chaque État *désigne*, parmi les langues usitées sur ses territoires, celles qu'il considère comme propres à la correspondance télégraphique internationale.

Sont considérées comme dépêches en langage secret :

1° Celles qui contiennent un texte chiffré ou en lettres secrètes ;

2° Celles qui renferment des séries ou des groupes de chiffres ou de lettres, dont la signification commerciale ne serait pas connue du bureau d'origine ;

3° Les dépêches contenant des passages en langage convenu, incompréhensibles pour les offices en correspondance, ou des mots ne faisant point partie des langues mentionnées au premier paragraphe du présent article.

Art. 10.

Dépêches secrètes.

Les dépêches d'État et de service peuvent être émises en langage secret, dans toutes les relations.

Les dépêches privées peuvent être échangées en langage secret entre deux États qui admettent ce mode de correspondance.

Transit des dépêches secrètes.

Les États qui n'admettent pas les dépêches privées en langage secret, au départ et à l'arrivée, doivent les laisser circuler en transit, sauf le cas de suspension défini à l'article 21.

Dépêches sémaphoriques.

Les dépêches sémaphoriques doivent être rédigées, soit dans la langue du pays où est situé le sémaphore chargé de les signaler, soit en signaux du code commercial universel.

Art. 11.

Minute des dépêches.

La minute de la dépêche doit être écrite lisiblement, en caractères qui aient leur équivalent dans le tableau réglementaire des signaux télégraphiques, et qui soient en usage dans le pays où la dépêche est présentée.

Le texte doit être précédé de l'adresse et suivi de la signature.

L'adresse doit porter toutes les indications nécessaires pour assurer la remise de la dépêche à destination.

Tout interligne, renvoi, rature ou surcharge doit être approuvé du signataire de la dépêche ou de son représentant.

SECTION III. — *De la transmission.*

ART. 12.

Ordre des transmissions.

La transmission des dépêches a lieu dans l'ordre suivant :

1º Dépêches d'État;

2º Dépêches de service;

3º Dépêches privées.

Une dépêche commencée ne peut être interrompue pour faire place à une communication d'un rang supérieur, qu'en cas d'urgence absolue.

Les dépêches de même rang sont transmises par les bureaux de départ dans l'ordre de leur dépôt, et par les bureaux intermédiaires dans l'ordre de leur réception.

Entre deux bureaux en relation directe, les dépêches de même rang sont transmises dans l'ordre alternatif.

Il peut être toutefois dérogé à cette règle et à celle du paragraphe 1er, dans l'intérêt de la célérité des transmissions, sur les lignes dont le travail est continu, ou qui sont desservies par des appareils spéciaux.

Dans les bureaux intermédiaires, les dépêches de départ et les dépêches de passage, qui doivent emprunter les mêmes fils, sont confondues et transmises indistinctement, en suivant l'heure du dépôt ou de la réception.

ART. 13.

Écoulement des dépêches.

Les bureaux dont le service n'est point permanent ne peuvent prendre clôture avant d'avoir transmis toutes les dépêches internationales à un bureau permanent.

Ces dépêches sont immédiatement échangées, à leur tour de réception, entre les bureaux permanents des différents États.

ART. 14.

Voies.

Lorsque l'expéditeur n'a prescrit aucune voie à suivre, chacun des offices, à partir desquels les voies se divisent, reste juge de la direction à donner à la dépêche.

Si, au contraire, l'expéditeur a prescrit la voie à suivre, *les offices respectifs* sont tenus de se conformer à ses indications, à moins *d'interruption de la voie indiquée,* auquel cas il ne peut élever aucune réclamation.

Art. 15.
Interruptions.

Lorsqu'il se produit, au cours de la transmission d'une dépêche, une interruption dans les communications télégraphiques, le bureau, à partir duquel l'interruption s'est produite, expédie immédiatement la dépêche par la poste (lettre chargée d'office), ou par un moyen de transport plus rapide, s'il en dispose.

Il l'adresse, suivant les circonstances, soit au premier bureau télégraphique en mesure de la réexpédier par le télégraphe, soit au bureau de destination, soit au destinataire même. Dès que la communication est rétablie, la dépêche est de nouveau transmise par la voie télégraphique, à moins qu'il n'en ait été précédemment accusé réception, ou que, par suite d'encombrement exceptionnel, cette réexpédition ne doive être manifestement nuisible à l'ensemble du service.

Art. 16.
Dépêches maritimes non transmises.

Les dépêches qui, dans les trente jours du dépôt, n'ont pu être signalées par les postes sémaphoriques aux bâtiments destinataires sont mises au rebut.

Art. 17.
Retrait des dépêches.

Tout expéditeur peut, en justifiant de sa qualité, arrêter, s'il en est encore temps, la transmission de la dépêche qu'il a déposée.

SECTION IV. — *De la remise à destination.*

Art. 18.
Conditions générales de la remise.

Les dépêches télégraphiques peuvent être adressées soit à domicile, soit poste restante, soit bureau télégraphique restant.

Elles sont remises ou expédiées à destination dans l'ordre de leur réception.

Les dépêches adressées à domicile ou poste restante, dans la localité que le bureau télégraphique dessert, sont immédiatement portées à leur adresse.

Les dépêches adressées à domicile ou poste restante, hors de la localité desservie, sont, suivant la demande de l'expéditeur, envoyées immédiatement à leur destination par la poste, ou par un moyen plus rapide, si l'Administration du bureau destinataire en dispose.

ART. 19.

Transports spéciaux au delà des lignes.

Chacun des États contractants se réserve d'organiser, autant que possible, pour les localités non desservies par le télégraphe, un service de transport plus rapide que la poste, et chaque État s'engage envers les autres à mettre tout expéditeur en mesure de profiter, pour sa correspondance, des dispositions prises et notifiées, à cet égard, par l'un quelconque des autres États.

SECTION V. — *Du contrôle.*

ART. 20.

Contrôle des dépêches privées.

Les Hautes Parties contractantes se réservent la faculté d'arrêter la transmission de toute dépêche privée qui paraîtrait dangereuse pour la sécurité de l'État, ou qui serait contraire aux lois du pays, à l'ordre public ou aux bonnes mœurs, à charge d'en avertir immédiatement l'Administration de laquelle dépend le bureau d'origine.

Ce contrôle est exercé par les bureaux télégraphiques extrêmes ou intermédiaires, sauf recours à l'Administration centrale, qui prononce sans appel.

ART. 21.

Suspension du service.

Chaque Gouvernement se réserve aussi la faculté de suspendre le service de la télégraphie internationale pour un temps indéterminé, s'il le juge nécessaire, soit d'une manière générale, soit seulement sur certaines lignes et pour certaines natures de correspondance, à charge par lui d'en aviser immédiatement chacun des autres Gouvernements contractants.

SECTION VI. — *Des archives.*

ART. 22.

Conservation et destruction des archives.

Les originaux et les copies des dépêches, les bandes de signaux ou pièces analogues, sont conservés au moins pendant *six mois*, à compter de leur date, avec toutes les précautions nécessaires au point de vue du secret.

Ce délai est porté à dix-huit mois pour les dépêches enregistrées.

Art. 23.

Communication des documents et délivrance de copies.

Les originaux et les copies des dépêches ne peuvent être communiqués qu'à l'expéditeur ou au destinaire, après constatation de son identité.

L'expéditeur et le destinataire ont le droit de se faire délivrer des copies certifiées conformes de la dépêche qu'ils ont transmise ou reçue.

SECTION VII. — *De certaines dépêches spéciales.*

Art. 24.

Réponses payées.

Tout expéditeur peut affranchir la réponse qu'il demande à son correspondant.

Le bureau d'arrivée paye au destinataire le montant de la taxe perçue, au départ, pour la réponse, soit en monnaie, soit en timbres-télégraphe, soit au moyen d'un bon de caisse, en lui laissant le soin d'expédier la réponse dans un délai, à une adresse et par une voie quelconques.

Cette réponse est considérée et traitée comme toute autre dépêche.

Si la dépêche primitive ne peut être remise *au bout de six semaines*, ou si le destinataire refuse formellement la somme affectée à la réponse, le bureau d'arrivée en informe l'expéditeur par un avis qui tient lieu de la réponse. Cet avis contient l'indication des circonstances qui se sont opposées à la remise.

L'affranchissement ne peut dépasser le triple de la taxe de la dépêche primitive.

Les dispositions des trois premiers paragraphes du présent article ne sont pas obligatoires pour les Offices extra-européens qui déclarent ne point pouvoir les appliquer.

Dans les relations avec ces Offices, la taxe déposée pour la réponse est portée en compte à l'Office d'arrivée, qui adopte tel moyen qu'il juge convenable pour mettre le destinataire en mesure d'en profiter.

Art. 25.

Dépêches collationnées.

L'expéditeur de toute dépêche a la faculté *d'en demander le collationnement. Dans ce cas*, les divers bureaux qui concourent à la transmission en donnent le collationnement intégral.

Art. 26.
Accusé de réception.

L'expéditeur de toute dépêche peut demander que l'indication de l'heure à laquelle sa dépêche sera remise à son correspondant lui soit transmise par la voie télégraphique.

Si la dépêche ne peut être remise, *le bureau d'arrivée en informe le bureau de départ, par un avis contenant les renseignements nécessaires pour que l'expéditeur puisse faire parvenir sa dépêche au destinataire, s'il y a lieu. Lorsqu'il n'y a pas d'erreur de service à rectifier, cet avis tient lieu d'accusé de réception.*

L'expéditeur a la faculté de se faire adresser l'accusé de réception sur un point quelconque du territoire des Etats contractants, en fournissant les indications nécessaires.

Art. 27.
Dépêches enregistrées.

Les dépêches pour lesquelles l'expéditeur a demandé la réponse payée, le collationnement ou l'accusé de réception sont enregistrées, et il en est délivré reçu au déposant.

Sont également enregistrées les dépêches d'Etat et les dépêches échangées avec les Offices extra-européens, même lorsqu'elles ne comportent pas d'opérations accessoires.

Art. 28.
Dépêches à faire suivre.

Lorsqu'une dépêche porte la mention « faire suivre », sans autre indication, le bureau de destination, après l'avoir présentée à l'adresse indiquée, la réexpédie immédiatement, s'il y a lieu, à la nouvelle adresse qui lui est désignée au domicile du destinataire ; il n'est toutefois tenu de faire cette réexpédition que dans les limites de l'Etat auquel il appartient, et il traite alors la dépêche comme une dépêche intérieure.

Si aucune indication ne lui est fournie, il garde la dépêche en dépôt. Si la dépêche est réexpédiée, et que le second bureau ne trouve pas le destinataire à l'adresse nouvelle, la dépêche est conservée par ce bureau.

Si la mention « faire suivre » est accompagnée d'adresses successives, la dépêche est successivement transmise à chacune des destinations indiquées, jusqu'à la dernière, s'il y a lieu, et le dernier bureau se conforme aux dispositions du paragraphe précédent.

Toute personne peut demander, en fournissant les justifications nécessaires, que les dépêches qui arriveraient à un bureau télégraphique, pour lui être remises dans le rayon de distribution de ce bureau, lui soient réexpédiées, *dans les conditions des paragraphes précédents, à l'adresse qu'elle aura indiquée.*

Les dispositions du présent article ne sont pas obligatoires pour les Offices extra-européens qui déclarent ne pouvoir les accepter.

Art. 29.
Dépêches multiples.

Les dépêches télégraphiques peuvent être adressées :

Soit à plusieurs destinataires dans des localités différentes ;

Soit à plusieurs destinataires dans une même localité ;

Soit à un même destinataire dans des localités différentes, ou à plusieurs domiciles dans la même localité.

Dans les deux premiers cas, chaque exemplaire de la dépêche ne doit porter que l'adresse qui lui est propre, à moins que l'expéditeur n'ait demandé le contraire.

Art. 30.
Combinaisons.

Dans l'application des articles précédents, on combinera les facilités données au public pour les réponses payées, les dépêches *collationnées*, les dépêches à faire suivre, les dépêches multiples et les accusés de réception.

Art. 31.
Remise des dépêches de mer.

Les Hautes Parties contractantes s'engagent à prendre les mesures que comportera la remise à destination des dépêches expédiées de la mer, par l'intermédiaire des sémaphores établis ou à établir sur le littoral de l'un quelconque des Etats qui auront pris part à la présente Convention.

TITRE III. — Des Taxes

SECTION PREMIÈRE. — *Principes généraux.*

Art. 32.
Bases des tarifs.

Les Hautes Parties contractantes déclarent adopter, pour la formation des tarifs internationaux, les bases ci-après :

La taxe applicable à toutes les correspondances échangées,

par la même voie, entre les bureaux de deux quelconques des États contractants sera uniforme. Un même État pourra toutefois, en Europe, être subdivisé, pour l'application de la taxe uniforme, en deux grandes divisions territoriales au plus.

Le minimum de la taxe s'applique à la dépêche dont la longueur ne dépasse pas vingt mots. La taxe applicable à la dépêche de vingt mots s'accroît de moitié par chaque série indivisible de dix mots au-dessus de vingt.

Toutefois les Offices télégraphiques extra-européens sont autorisés à admettre sur leurs lignes la dépêche de dix mots avec taxe réduite, *ainsi qu'à employer la gradation par mot, après avoir obtenu le consentement des autres Offices intéressés, conformément aux dispositions de l'article 34. Pour le parcours européen, cette dépêche est taxée conformément aux dispositions du paragraphe précédent.*

Art. 33.
Unité monétaire.

Le franc est l'unité monétaire qui sert à la composition des tarifs internationaux.

Le tarif des correspondances échangées entre deux points quelconques des États contractants doit être composé de telle sorte, que la taxe de la dépêche de vingt mots soit toujours un multiple du demi-franc, *et que la taxe d'une dépêche quelconque soit un multiple du quart de franc.*

Il sera perçu pour un franc :

En Allemagne, 8 silbergros *ou 28 kreuzer ;*
En Autriche et Hongrie, 40 kreuzer (valeur autrichienne) ;
En Danemark, 35 shillings ;
En Espagne, 0,40 écu *ou une peseda ;*
Dans la Grande-Bretagne, 10 pence ;
En Grèce, 1,16 drachme ;
Dans l'Inde Britannique, 0,42 *roupie ;*
En Italie, 1 lira ;
En Norwége, 22 skillings ;
Dans les Pays-Bas *et dans les Indes néerlandaises,* 50 cents ;
En Perse, 1 sahibkran ;
En Portugal, 200 reis ;
En Roumanie, 1 piastre nouvelle ;
En Russie, 25 copeks ;
En Serbie, 5 piastres ;
En Suède, 72 oeres ;
En Turquie, 4 piastres, 13 paras, 1 *aspre medjidiés.*

Le payement pourra être exigé en valeur métallique.

Art. 34.

Établissement des tarifs.

Le taux de la taxe est établi d'État à État, de concert entre les Gouvernements extrêmes et les Gouvernements intermédiaires.

Le tarif applicable aux correspondances échangées entre les États contractants est fixé conformément aux tableaux annexés à la présente Convention. Les taxes inscrites dans ces tableaux pourront, toujours et à toute époque, être *modifiées* d'un commun accord entre *les* Gouvernements intéressés; toutefois *ces modifications* devront avoir pour but et pour effet, non point de créer une concurrence de taxes entre les voies existantes, mais bien d'ouvrir au public, à taxes égales, autant de voies que possible.

Toute modification d'ensemble ou de détail ne sera exécutoire que *deux* mois au moins après sa notification par le *Bureau international*.

SECTION II. — *De l'application des taxes.*

Art. 35.

Bases de la taxe.

Tout ce que l'expéditeur écrit sur la minute de sa dépêche, pour être transmis, entre dans le calcul de la taxe, sauf ce qui est dit au paragraphe 8 de l'article suivant, *et au paragraphe* 2 *de l'article* 40.

Art. 36.

Compte des mots : Dépêches en clair.

Le maximum de longueur d'un mot est fixé à sept syllabes; l'excédant est compté pour un mot.

Les expressions réunies par un trait d'union sont comptées pour le nombre de mots qui servent à les former.

Les mots séparés par une apostrophe sont comptés comme autant de mots isolés.

Les noms propres de villes et de personnes, les noms de lieux, places, boulevards, etc., les titres, prénoms, particules et qualifications, sont comptés pour le nombre de mots employés *par l'expéditeur* à les exprimer.

Dans le cas où il n'est pas certain qu'une réunion de mots employée par l'expéditeur soit contraire à l'usage de la langue, la manière d'écrire de l'expéditeur est décisive pour la taxation.

Les nombres écrits en chiffres sont comptés pour autant de

mots qu'ils contiennent de fois cinq chiffres, plus un mot pour l'excédant. La même règle est applicable au calcul des groupes de lettres.

Tout caractère isolé, lettre ou chiffre, est compté pour un mot; il en est de même du souligné.

Les signes de ponctuation, traits d'union, apostrophes, guillemets, parenthèses, alinéa, ne sont pas comptés.

Sont toutefois comptés pour un chiffre : les points, les virgules et les barres de division qui entrent dans la formation des nombres.

Les lettres ajoutées aux chiffres pour désigner les nombres ordinaux sont comptées chacune pour un chiffre.

Art. 37.

Compte des mots : Dépêches secrètes.

Dans les dépêches en langage secret, l'adresse, la signature et les parties du texte en langage ordinaire ou convenu, sont comptées conformément à l'article précédent.

Pour les parties du texte composées, soit en chiffres ou en lettres secrètes, soit en langue non admise aux termes de l'article 9, le compte des mots est établi de la manière suivante :

Tous les caractères, chiffres, lettres ou signes sont additionnés. Le total divisé par cinq donne pour quotient le nombre de mots *à taxer;* l'excédant est compté pour un mot. Les signes qui séparent les groupes sont comptés, à moins que l'expéditeur n'ait indiqué expressément qu'ils ne doivent pas être transmis.

Art. 38.

Transmission d'office.

Le nom du bureau de départ, la date, l'heure et la minute du dépôt sont transmis d'office au destinataire.

Art. 39.

Dépêches rectificatives et complétives.

Toute dépêche rectificative, complétive, et généralement toute communication échangée avec un bureau télégraphique à l'occasion d'une dépêche transmise ou en cours de transmission, est taxée conformément aux règles de la présente Convention, à moins que cette communication n'ait été rendue nécessaire par une erreur de service.

Art. 40.

Voies.

La taxe est calculée d'après la voie la moins coûteuse entre

le point de départ de la dépêche et son point de destination,
à moins que l'expéditeur n'ait indiqué une autre voie conformément à l'article 14.

L'indication de la voie écrite par l'expéditeur est transmise
dans le préambule, et n'est point taxée.

Les Hautes Parties contractantes s'engagent à éviter, autant
qu'il sera possible, les variations de taxe qui pourraient résulter
des interruptions de service des conducteurs sous-marins.

SECTION III. — *Des taxes spéciales.*

Art. 41.

Collationnement.

La taxe *du collationnement* est égale à *la moitié* de celle de
la dépêche, *toute fraction de quart de franc étant comptée
comme un quart de franc.*

Art. 42.

Accusé de réception.

La taxe de l'accusé de réception est égale à celle d'une dépêche simple.

Art. 43.

Réponses payées et accusés de réception

La taxe des réponses payées, et des accusés de réception à
diriger sur un point autre que le lieu d'origine de la dépêche
primitive, est calculée d'après le tarif qui est applicable entre le
point d'expédition de la réponse ou de l'accusé de réception et
son point de destination.

Art. 44.

Dépêches multiples.

Les dépêches adressées à plusieurs destinataires, ou à un même
destinataire dans des localités *desservies par des bureaux* différents, sont taxées comme autant de dépêches séparées.

Les dépêches adressées, dans une même localité, à plusieurs
destinataires, ou à un même destinataire à plusieurs domiciles,
avec ou sans réexpédition par la poste, sont taxées comme une
seule dépêche; mais il est perçu, à titre de droit de copie, autant de fois un demi-franc qu'il y a de destinations, moins une.

Art. 45.

Copies.

Il est perçu, pour toute copie délivrée conformément à l'article 23, un droit fixe d'un demi-franc par copie.

Art. 46.

Emploi de la poste.

Les dépêches de toute nature, qui doivent être remises à destination par voie postale ou déposées poste restante, sont remises à la poste, comme lettres recommandées, par le bureau télégraphique d'arrivée, sans frais pour l'expéditeur, ni pour le destinataire, sauf dans les deux cas suivants :

1° Les correspondances qui doivent traverser la mer, soit par suite d'interruption des lignes télégraphiques sous-marines, soit pour atteindre des pays non reliés au réseau télégraphique des États contractants, sont soumises à une taxe variable dans les limites de deux francs et demi, à percevoir par le bureau d'origine. Le montant de cette taxe est fixé, une fois pour toutes, par l'Administration qui se charge de l'expédition, et notifié à toutes les autres Administrations;

2° Les dépêches transmises à un bureau télégraphique situé près d'une frontière, pour être expédiées par poste sur le territoire voisin, sont déposées à la boîte comme lettres non affranchies, et le port est à la charge du destinataire.

Toutefois, si la communication télégraphique franchissant la frontière est matériellement interrompue, il est procédé conformément à l'article 15.

Art. 47.

Taxe des dépêches de mer.

La taxe des dépêches à échanger avec les navires en mer, par l'intermédiaire des sémaphores, est fixée à deux francs par dépêche simple de 20 mots.

SECTION IV. — *De la perception.*

Art. 48.

Perception.

La perception des taxes a lieu au départ.

Sont toutefois perçus, à l'arrivée, sur le destinataire :

1° La taxe des dépêches expédiées de la mer par l'intermédiaire des sémaphores;

2° La taxe complémentaire des dépêches à faire suivre;

3° Les frais de transport au delà des bureaux télégraphiques, par un moyen plus rapide que la poste, dans les États où un service de cette nature est organisé.

Toutefois, l'expéditeur d'une dépêche avec accusé de réception peut affranchir ce transport, moyennant le dépôt d'une somme qui est déterminée par le bureau d'origine, sauf liquidation ultérieure. L'accusé de réception fait connaître le montant des frais déboursés.

Dans tous les cas où il doit y avoir perception à l'arrivée, la dépêche n'est délivrée au destinataire que contre payement de la taxe due.

Art. 49.

Compléments et excédants de taxes.

Les taxes perçues en moins, *soit* par erreur, *soit* par suite de refus du destinataire *ou de l'impossibilité de le trouver*, doivent être complétées par l'expéditeur.

Les taxes perçues en plus par erreur sont de même remboursées aux intéressés.

SECTION V. — *Des franchises.*

Art. 50.

Franchise de service.

Les dépêches relatives au service des télégraphes internationaux des États contractants sont transmises en franchise sur tout le réseau desdits États.

SECTION VI. — *Des détaxes et remboursements.*

Art. 51.

Remboursements.

Est remboursée à l'expéditeur par l'*administration* qui l'a perçue, sauf recours contre les autres *administrations*, s'il y a lieu :

1° La taxe intégrale de toute dépêche *qui a éprouvé un retard notable*, ou qui n'est pas parvenue à destination par le fait du service télégraphique;

2° *La taxe intégrale de toute dépêche collationnée qui, par suite d'erreurs de transmission, n'a pu manifestement rempl r son objet.*

En cas d'interruption d'une ligne sous-marine, l'expéditeur *de toute dépêche* a droit au remboursement de la partie de la taxe afférente au parcours non effectué, déduction faite des frais déboursés, le cas échéant, pour remplacer la voie télégraphique par un mode de transport quelconque.

Ces dispositions ne sont pas applicables aux dépêches em-

pruntant les lignes d'un Office non adhérent qui refuserait de se
soumettre à l'obligation du remboursement.

ART. 52.

Dépêches auxquelles s'appliquent les remboursements.

Dans les cas prévus par l'article précédent, le remboursement
ne peut s'appliquer qu'aux taxes des dépêches mêmes qui ont
été omises, retardées ou dénaturées, et non aux correspondances
qui auraient été motivées ou rendues inutiles par l'omission,
l'erreur ou le retard, sauf dans le cas prévu par l'article 39.

ART. 53.

Délais des réclamations.

Toute réclamation doit être formée, sous peine de déchéance,
dans les *deux* mois de la perception.

Ce délai est porté à six mois pour les *dépêches enregistrées.*

TITRE IV. — De la Comptabilité internationale

ART. 54.

Dévolution des taxes.

Les Hautes Parties contractantes se doivent réciproquement
compte des taxes perçues par chacune d'elles.

Le franc sert d'unité monétaire dans l'établissement des
comptes internationaux.

Les taxes afférentes aux droits de copie et de transport au
delà des lignes sont dévolues à l'Etat qui a délivré les copies ou
effectué le transport.

Chaque Etat crédite l'État limitrophe du montant des taxes de
toutes les dépêches qu'il lui a transmises, calculées depuis la
frontière de ces deux Etats jusqu'à destination.

Par exception à la disposition précédente, l'Etat qui transmet
une dépêche sémaphorique venant de la mer, débite l'Etat
limitrophe de la part de taxe afférente au parcours entre le
point de départ de cette dépêche et la frontière commune des
deux Etats.

Les taxes terminales peuvent être liquidées directement entre
États extrêmes, après une entente entre ces Etats et les Etats
intermédiaires.

Les taxes *peuvent être* réglées *de commun accord,* d'après le
nombre des dépêches qui ont franchi *cette* frontière (1), abstrac-

(1) Lire . *la* frontière au lieu de *cette* frontière. Rectification de
rédaction convenue entre les Offices signataires postérieurement à la
signature de la Convention.

tion faite du nombre des mots et des frais accessoires. *Dans ce cas*, les parts de l'Etat limitrophe et de chacun des Etats suivants, *s'il y a lieu*, sont déterminées par des moyennes établies contradictoirement.

Art. 55.

Taxes perçues d'avance.

Les taxes perçues d'avance pour réponses payées et accusés de réception *sont acquises à* l'Office destinataire, *soit dans les comptes*, *soit dans l'établissement des moyennes mentionnées au dernier paragraphe de l'article précédent.*

Les réponses *et les* accusés de réception *sont* traités, *dans la transmission et* dans les comptes, comme des dépêches ordinaires.

Art. 56.

Changements de voie.

Lorsqu'une dépêche, quelle qu'elle soit, a été transmise par une voie différente de celle qui a servi de base à la taxe, la différence de taxe est supportée par l'Office qui a détourné la dépêche.

Art. 57.

Règlement et liquidation.

Le règlement réciproque des comptes a lieu à l'expiration de chaque mois.

Le décompte et la liquidation du solde se font à la fin de chaque trimestre.

Art. 58.

Payements.

Le solde résultant de la liquidation est payé à l'État créditeur en francs effectifs.

TITRE V. — Dispositions générales

SECTION PREMIÈRE. — *Des dispositions complémentaires et des conférences.*

Art. 59.

Règlement de service international.

Les dispositions de la présente Convention sont complétées, en ce qui concerne les règles de détail du service international, par un règlement commun arrêté de concert entre les Administrations télégraphiques des Etats contractants.

Les dispositions de ce règlement entrent en vigueur en même temps que la présente Convention. Elles peuvent être, à toute époque, modifiées d'un commun accord par lesdites Administrations.

Art. 60.

Bureau international.

Le bureau international des Administrations télégraphiques est placé sous la haute autorité de l'Administration supérieure de l'un des États contractants désigné par la conférence. *Les attributions de ce bureau*, dont les frais seront supportés par toutes les Administrations des États contractants, sont déterminées ainsi qu'il suit :

Il centralise les renseignements de toute nature relatifs à la télégraphie internationale, rédige le tarif, dresse une statistique générale, procède aux études d'utilité commune dont il serait saisi, et rédige un journal télégraphique en langue française.

Ces documents *sont* distribués par ses soins aux Offices des États contractants.

Il *instruit* les demandes de modifications au règlement de service et, après avoir obtenu l'assentiment unanime des Administrations, *fait* promulguer, en temps utile, les changements adoptés.

Art. 61.

Conférences internationales.

La présente Convention sera soumise à des révisions périodiques, où toutes les Puissances qui y ont pris part seront représentées.

A cet effet, des Conférences auront lieu successivement, dans la capitale de chacun des États contractants, entre les délégués desdits États.

La prochaine réunion aura lieu en 1875, *à Saint-Pétersbourg. Toutefois l'époque de cette réunion sera avancée, si la demande en est faite par six au moins des États contractants.*

SECTION II. — *Des réserves.*

Art. 62.

Communications et notifications réciproques.

Les Hautes Parties contractantes se réservent respectivement le droit de prendre séparément, entre elles, des arrangements particuliers de toute nature, sur les points du service qui n'intéressent pas la généralité des États, notamment :

La formation des tarifs ;

La priorité moyennant surtaxe;

Un système de dépêches, avec assurance limitée;

Le règlement des comptes;

L'adoption d'appareils ou de vocabulaires spéciaux, entre des points et dans des cas déterminés;

L'application du système des timbres-télégraphe;

La transmission des mandats d'argent par le télégraphe;

La perception des taxes à l'arrivée;

Le service de la remise des dépêches à destination;

Les dépêches à faire suivre au delà des limites fixées par l'article 28;

L'extension du droit de franchise aux dépêches de service qui concernent la météorologie et tous autres objets d'intérêt public.

SECTION III. — *Des adhésions.*

ART. 63.

Adhésion des États.

Les États qui n'ont point pris part à la présente convention seront admis à y adhérer sur leur demande.

Cette adhésion sera notifiée par la voie diplomatique à celui des États contractants au sein duquel la dernière Conférence aura été tenue, et par cet État à tous les autres.

Elle emportera, de plein droit, accession à toutes les clauses et admission à tous les avantages stipulés par la présente Convention.

Toutefois, en ce qui concerne les tarifs, les États contractants se réservent respectivement d'en refuser le bénéfice aux États qui demanderaient à adhérer, sans *conformer* leur tarif *à ceux des États intéressés.*

ART. 64.

Accession des compagnies privées.

Les exploitations télégraphiques privées, qui fonctionnent dans les limites d'un ou de plusieurs États contractants avec participation au service international, sont considérées, au point de vue de ce service, comme faisant partie intégrante du réseau télégraphique de ces États.

Les autres exploitations télégraphiques privées sont admises aux avantages stipulés par la Convention, moyennant accession à toutes ses clauses obligatoires et sur la notification de l'État qui a *concédé ou autorisé l'exploitation*. Cette notification *a* lieu conformément au second paragraphe de l'article précédent.

Cette accession doit être imposée aux exploitations qui relient entre eux deux ou plusieurs des Etats contractants, pour autant qu'elles soient engagées par leur contrat de concession à se soumettre, sous ce rapport, aux obligations prescrites par l'Etat qui a accordé la concession.

La réserve qui termine *l'article précédent* est applicable *aussi aux exploitations susmentionnées.*

ART. 65.

Relations avec les États ou les Compagnies non adhérents.

Lorsque des relations télégraphiques sont ouvertes avec des États non adhérents, ou avec des exploitations privées qui n'auraient point accédé aux dispositions réglementaires obligatoires de la présente Convention, ces dispositions réglementaires sont invariablement appliquées aux correspondances dans la partie de leur parcours qui emprunte le territoire des Etats contractants ou adhérents.

Les Administrations intéressées *fixent* la taxe applicable à cette partie du parcours. Cette taxe, *déterminée dans les limites de l'article 34*, est ajoutée à celle des Offices non participants.

En foi de quoi, les délégués respectifs ont signé le présent acte et l'ont revêtu de leurs cachets.

Fait à Rome, le 14 janvier 1872.

(L. S.) T. Meydam, directeur général adjoint des télégraphes de l'empire d'Allemagne.

(L. S.) Gumbart, directeur de la direction générale des communications de Bavière, division des télégraphes.

(L. S.) De Klein, président de la commission pour la construction des chemins de fer de l'État et de la direction des télégraphes du royaume de Wurtemberg.

(L. S.) Brunner de Wattenwyl, délégué du gouvernement austro-hongrois.

(L. S.) Edmond d'Ary, conseiller aulique près le ministère du commerce de Hongrie, délégué du gouvernement austro-hongrois.

(L. S.) J. Vinchent, inspecteur général au département des travaux publics de Belgique.

(L. S.) Faber, directeur des télégraphes, conseiller d'État (Dane-
      mark).

(L. S.) Marquis de Montemar, ministre d'Espagne.

(L. S.) Hipolito Araujo, délégué de l'Espagne.

(L. S.) Ailhaud, inspecteur général des lignes télégraphiques de
      France.

(L. S.) Alan E. Chambre, chef (*ad interim*) des lignes télégra-
      phiques : fils privés; administration; postes; télégraphes
      britanniques.

(L. S.) D. Robinson, colonel H. B. M., directeur général des
      télégraphes indiens. ·

(L. S.) J. U. Bateman Champain, major R. E., directeur en chef
      des télégraphes indo-européens.

(L. S.) G. Salachas, secrétaire de la légation de Grèce en Italie.

(L. S.) Ernest d'Amico, directeur général des télégraphes italiens.

(L. S.) J. Malvano, délégué du ministère des affaires étrangères
      d'Italie.

(L. S.) F. Salvatori, délégué adjoint de l'administration italienne.

(L. S.) Ernest Ponzio Vaglia, délégué adjoint de l'administration
      italienne.

(L. S.) Carsten Tank Nielsen, directeur en chef des télégraphes
      de Norwége.

(L. S.) Staring, chef de la division des télégraphes au ministère
      des finances des Pays-Bas.

(L. S.) J. U. Bateman Champain, major R. E., délégué du gou-
      vernement persan.

(L. S.) Valentim Evaristo do Rego, inspecteur général des lignes
      télégraphiques de Portugal.

(L. S.) Général prince J. Ghika, délégué de la Roumanie.

(L. S.) C. de Lüders, conseiller privé, directeur général des télé-
      graphes de Russie.

(L. S.) Mladen Z. Radoycovitch, secrétaire du département des
      postes et des télégraphes de Serbie.

(L. S.) P. Brandström, directeur général des télégraphes de Suède.

(L. S.) L. Curchod, délégué du Conseil fédéral suisse.

(L. S.) M. Izzet, inspecteur général des télégraphes de l'empire
      ottoman.

(L. S.) Yanco Macridi, chef de division au ministère des télé-
      graphes et des postes de Turquie.

RÈGLEMENT

DE SERVICE INTERNATIONAL

DESTINÉ A COMPLÉTER

LES DISPOSITIONS DE LA CONVENTION TÉLÉGRAPHIQUE

I

ART. 1ᵉʳ DE LA CONVENTION.

Réseau international.

1º Les fils spécialement affectés au service international reçoivent une notation particulière sur la Carte officielle dressée conformément à l'article *XXXIV du présent règlement.*

2º Ces fils sont ïdésignés sous le nom de fil international de. . . . . à. . . . .

3º Ils ne servent, autant que possible, qu'aux relations entre les deux villes désignées comme leurs points extrèmes.

4º Ils peuvent être detournés de cette affectation spéciale en cas de dérangement des lignes, mais ils doivent y être ramenés dès que le dérangement a cessé.

5º *Les Administrations télégraphiques concourent, dans les limites de leur action respective, à la sauvegarde des fils internationaux et des câbles sous-marins; elles* combinent, pour chacun d'eux, les dispositions qui permettent d'en tirer le meilleur parti.

6º Les chefs de service des circonscriptions voisines des frontières s'entendent directement pour assurer, en ce qui les concerne, l'exécution de ces mesures.

7º *Les Administrations indiquent, sur chaque fil, un ou plusieurs bureaux intermédiaires, obligés de prendre les correspondances en passage, si la transmission d'recte entre les bureaux extrêmes est impossible.*

II

Art. 2 de la Convention.

Notations relatives aux bureaux internationaux.

Les notations suivantes sont adoptées dans les tarifs internationaux pour désigner les bureaux télégraphiques :

N,   Bureau à service permanent (de jour et de nuit).

N/2,   Bureau à service de jour prolongé jusqu'à minuit.

C,   Bureau à service de jour complet.

L,   Bureau à service limité (c'est-à-dire ouvert pendant un nombre d'heures moindre que les bureaux à service de jour complet).

B,   Bureau ouvert pendant la saison des bains seulement.

H,   Bureau ouvert seulement pendant la saison d'hiver.

Ces notations peuvent se combiner avec les précédentes.

L/BC,   Bureau ouvert avec service complet dans la saison des bains et limité pendant le reste de l'année.

L/HC,   Bureau ouvert avec service complet pendant l'hiver et limité pendant le reste de l'année.

E,   Bureau ouvert seulement pendant le séjour de la Cour.

F,   Station de chemin de fer ouverte à la correspondance des particuliers.

P,   Bureau appartenant à une compagnie privée.

*,   Bureau à ouvrir prochainement.

S,   Sémaphorique.

III

Art. 7 de la Convention.

Admission des dépêches d'État et de service.

1° Tout bureau qui reçoit par un fil international un télégramme présenté comme dépêche d'État ou de service, le réexpédie comme tel.

2° Les dépêches des Agents consulaires, auxquelles s'applique le paragraphe 3 de l'article 7 de la Convention, ne sont pas refusées par le bureau de départ ; mais celui-ci les signale immédiatement à l'Administration centrale.

3° Les dépêches émanant des divers bureaux et relatives aux

incidents de transmission, circulent sur le réseau international comme dépêches de service.

IV

ART. 8 DE LA CONVENTION.

Caractères d'authenticité et légalisation des signatures.

1° *Le droit d'émettre une réponse comme dépêche d'État est établi par la production de la dépêche d'État primitive.*

2° *Pour les dépêches d'État sémaphoriques expédiées d'un navire en mer, le sceau est remplacé par le signe distinctif du commandement. Le nom du bâtiment doit être désigné.*

3° Chaque État désigne, s'il le juge convenable, les fonctionnaires ou magistrats chargés, dans chaque ville, de légaliser les signatures des expéditeurs. Dans ce cas, chacun des bureaux de cet État s'assure de la sincérité des légalisations qui lui sont présentées, et transmet, après la signature, la formule suivante :

« Signature légalisée par (qualité du fonctionnaire ou magistrat). »

4° Cette mention entre dans le compte des mots taxés.

5° Dans tout autre cas, la législation est taxée et transmise telle qu'elle est libellée.

V

ART. 9 DE LA CONVENTION.

Langue affectée aux avis de service.

1° En règle générale, les dépêches de service sont rédigées en français; toutefois, les diverses Administrations peuvent s'entendre entre elles pour l'usage d'une autre langue.

2° *Cette disposition est applicable aux indications du préambule, aux aris de service ou d'office qui accompagnent la transmission des correspondances.*

VI

ART. 10 DE LA CONVENTION.

Rédaction des dépêches secrètes.

1° Dans les dépêches qui sont composées en lettres ou chiffres secrets, l'adresse et la signature doivent être écrits en langage ordinaire.

2° Le texte *des dépêches privées* peut être, soit entièrement

 RÈGLEMENT COMPLÉMENTAIRE

chiffré, soit en partie chiffré et en partie clair. Dans ce dernier cas, les passages chiffrés doivent être placés entre deux parenthèses, les séparant du texte ordinaire qui précède ou qui suit. Le texte chiffré doit être composé exclusivement de lettres de l'alphabet ou exclusivement de chiffres arabes.

VII

ART. 11 DE LA CONVENTION.

Tableaux des signaux.

1º Les tableaux ci-dessous indiquent les signaux employés dans le service des appareils Morse et Hughes :

SIGNAUX DE L'APPAREIL MORSE

LETTRES

a	· —
ä	· — · —
à ou å	· — — · —
b	— · · ·
c	— · — ·
ch	— — — —
d	— · ·
e	·
é	· · — · ·
f	· · — ·
g	— — ·
h	· · · ·
i	· ·
j	· — — —
k	— · —
	· — · ·
m	— —
n	— ·
ñ	— — · — —
o	— — —
ö	— — — ·
p	· — — ·
q	— — · —
r	· — ·
s	· · ·

Espacement et longueur des signes :

1º Une barre est égale à **3 points**.

2º L'espace entre les signaux d'une même lettre est égal à **1 point**.

3º L'espace entre deux lettres est égal à **3 points**.

4º L'espace entre deux mots est égal à **5 points**.

t

u

ü

v

w

x

y

z

CHIFFRES

1

2

3

4

5

6

7

8

9

0

Barre de fraction

On peut aussi employer, pour exprimer les chiffres, les signaux suivants, mais seulement dans les répétitions d'Office :

1

2

3

4

5

6

7

8

9

0

Barre de fraction.

SIGNAUX DE PONCTUATION ET AUTRES

Point.................... [.]

Point et virgule.......... [;]

Virgule . . . . [,]

Deux points. . . . . [:]

Point d'interrogation ou demande
de répétition d'une transmission
non comprise. . . . . [?]

Point d'exclamation . . . . [!]

Apostrophe. . . . . [']

Alinéa . . . .

Trait d'union. . . . . [-]

Parenthèses (avant et après les
mots) . . . . ( )

Guillemets . . . . « »

Souligné (avant et après les mots
ou le membre de phrase) . . . .

*Signal séparant le préambule de
l'adresse, l'adresse du texte, et le
texte de la signature.* . . . .

INDICATIONS DE SERVICE

Dépêche d'État. . . . .

Dépêche de service. . . . .

Dépêche privée. . . . .

Appel (préliminaire de toute
transmission). . . . .

Compris . . . .

Erreur . . . .

Fin de la transmission. . . . .

Invitation à transmettre. . . . .

Attente. . . . .

Réception terminée. . . . .

SIGNAUX DE L'APPAREIL HUGHES

LETTRES

A, B, C, D, E, F, G, H, I, J, K, L, M, N, O, P, Q, R, S,
T, U, V, W, X, Y, Z.

CHIFFRES

1, 2, 3, 4, 5, 6, 7, 8, 9, 0.

SIGNES DE PONCTUATION ET AUTRES

Point, virgule, point-virgule, deux-points, point d'interrogation, point d'exclamation, apostrophe, croix +, trait d'union, E accentué, barre de fraction /, double trait =, parenthèse de gauche (, parenthèse de droite), &, guillemet ».

Dans la transmission ou dans le collationnement d'un nombre fractionnaire non décimal, le nombre entier doit être séparé par un blanc du numérateur de la fraction ordinaire qui suit. Exemple : **1** $^3/_4$, *et non* $^{13}/_4$.

Les mots et passages soulignés sont précédés et suivis de deux traits d'union (Exemple : — — dépêche télégraphique — —), et soulignés à la main par l'employé d'arrivée.

INDICATIONS DE SERVICE

Dépêches d'État. . . . . . **S;**
Dépêches de service. . . . **A;**
Dépêches privées . . . . . **P.**

Pour appeler le poste avec lequel on est en communication ou pour lui répondre : le blanc et l'N répétés alternativement ;

Pour régler le synchronisme et demander dans ce but la répétition prolongée du même signe : une combinaison composée du blanc, de l'I et du T, reproduite autant de fois qu'il est nécessaire ;

Pour demander ou faciliter le réglage de l'électro-aimant : une combinaison formée des quatre signaux suivants, le blanc, l'I, l'N et le T, répétée autant de fois qu'il est nécessaire ;

Pour donner attente : la combinaison ATT, suivie de la durée probable de l'attente ;

Pour indiquer une erreur : deux ou trois N consécutifs, sans aucun signe de ponctuation ;

Pour interrompre la transmission du bureau correspondant : deux ou trois lettres quelconques convenablement espacées.

Les accents sur E *sont tracés à la plume ou au crayon noir à la fin des mots (avec ou sans s) et lorsqu'ils sont essentiels au sens. (Ex. achète, acheté). Dans ce dernier cas, le transmetteur répète le mot après la signature en y faisant figurer l'E accentué entre deux blancs, pour appeler l'attention du poste qui reçoit. Pour* ä, ö *et* ü, *on transmet respectivement* ae, oe *et* ue.

. Libellé des dépêches de service.

2° La signature n'est pas transmise dans les dépêches de service ; l'adresse de ces dépêches affecte la forme suivante :

Paris de Saint-Pétersbourg.

Directeur général à Directeur général.

3° Quand il s'agit de communications échangées entre bureaux, au sujet des incidents de la transmission, on *transmet* simplement *le texte de la dépêche, sans adresse ni signature.*

Adresse des dépêches privées.

4° L'adresse des dépêches privées doit toujours être telle que la remise au destinataire puisse avoir lieu sans recherches ni demandes de renseignements.

5° Elle doit comprendre, pour les grandes villes, la mention de la rue et du numéro, ou, à défaut de ces indications, celle de la profession du destinataire ou autres analogues.

6° Pour les petites villes même, le nom du destinataire doit être, autant que possible, accompagné d'une indication complémentaire capable de guider le bureau d'arrivée en cas d'altération du nom propre.

7° La mention du pays dans lequel est située la résidence du destinataire est obligatoire, sauf le cas où cette résidence est une capitale ou une ville importante ; elle est comprise dans le nombre de mots soumis à la taxe.

8° Les dépêches dont l'adresse ne contient pas ces renseignements doivent néanmoins être transmises.

9° Dans tous les cas, l'expéditeur supporte les conséquences de l'insuffisance de l'adresse.

10° L'adresse des dépêches à transporter au delà des lignes télégraphiques est formulée ainsi qu'il suit : « M. Müller, Stégliz exprès (ou poste) Berlin, » le nom du bureau télégraphique d'arrivée étant exprimé le dernier.

11° L'adresse des dépêches à destination des navires en mer doit comprendre, outre les indications ordinaires, le nom ou le numéro officiel du bâtiment destinataire et sa nationalité.

VIII

ART. 12 DE LA CONVENTION.

Alternat.

1° Les dépêches d'État ou de service ne sont pas comptées dans l'ordre alternatif des dépêches privées, transmises par l'appareil Morse.

2° La transmission des dépêches échangées par l'appareil Hughes s'effectue par séries alternatives. La série est limitée à cinq dépêches, de quelque nature qu'elles soient, d'État, de service ou privées. Ces cinq dépêches sont considérées comme formant une seule transmission, qui ne doit être interrompue que dans le cas d'urgence exceptionnelle. Toute dépêche de cent mots ou au-dessus est considérée comme formant une seule série. *Ce mode de transmission peut être appliqué à l'appareil Morse sur les lignes importantes, dont le travail est continu.*

3° *Le bureau qui a transmis une série est en droit de continuer, lorsqu'il survient une dépêche d'État ou de service à laquelle la priorité de transmission est accordée, à moins que le bureau qui vient de recevoir n'ait déjà commencé de transmettre à son tour.*

Appel.

4° Toute correspondance entre deux bureaux commence par le signal d'appel.

Attente.

5° Le bureau appelé doit répondre immédiatement, en donnant son indicatif, et, s'il est empêché de recevoir, le signal d'attente, suivi d'un chiffre indiquant la durée probable de l'attente. Si la durée probable excède dix minutes, l'attente doit être motivée.

6° Lorsque le bureau qui vient d'appeler a reçu, sans autre signal, l'indicatif du bureau qui répond, il transmet dans l'ordre suivant les indications de service, constituant le préambule de la dépêche :

Indications de service.

a. Nature de la dépêche, au moyen d'une des lettres A, S, quand c'est une dépêche d'État ou de service ;

b. Bureau de destination (1) ;

c. Bureau d'origine précédé de la particule de (Exemple : Paris de Bruxelles) (2) ;

d. Numéro de la dépêche ;

e. Nombre de mots (dans les dépêches chiffrées on indique :

(1) Lorsque la dépêche est à destination d'une localité non pourvue d'un bureau télégraphique, le préambule indique, non la résidence du destinataire, mais le bureau télégraphique par les soins duquel la dépêche doit être remise à destination, ou envoyée à la poste.

(2) Indiquer le pays ou la situation géographique du bureau d'origine, quand il y a un autre bureau de même nom.

1° le nombre total des mots qui sert de base à la taxe ; 2° le nombre des mots écrits en langue ordinaire ; 3° *s'il y a lieu, le nombre des groupes de chiffres ou lettres*) ;

f. Dépôt de la dépêche [par trois nombres, date, heure et minute, avec l'indication *m* ou *s*, (matin ou soir)].

Dans la transmission des dépêches par l'appareil Hughes, la date est donnée sous la forme d'une fraction, dont le numérateur indique le jour et le dénominateur le mois.

g. Voie à suivre (*quand l'expéditeur l'a indiquée par écrit dans sa dépêche*).

h. Autres indications éventuelles (*collationnement,* accusé de réception, réponse payée, *exprès payé, exprès, poste, bureau restant, poste restante,* dépêche sémaphorique, nombre des adresses, à faire suivre, etc.).

Acceptation des dépêches.

7° Aucun bureau appelé ne peut refuser de recevoir les dépêches qu'on lui annonce, quelle qu'en soit la destination.

8° On ne doit ni refuser, ni retarder une dépêche, si les indications de service ne sont pas régulières. Il faut la recevoir et puis en demander, au besoin, la régularisation au bureau d'origine, par une dépêche de service, conformément à l'article X ci-après.

Transmission du texte.

9° A la suite du préambule spécifié ci-dessus, on télégraphie successivement l'adresse, le texte et la signature de la dépêche.

10° *Dans les dépêches transmises par l'appareil Morse, le signe de séparation (* ▬▬ ▬ ▬ ▬ ▬▬ *) est placé entre le préambule et l'adresse, entre l'adresse et le texte, entre le texte et la signature.* On termine par le signal de « fin de la transmission ».

11° Dans les dépêches transmises par l'appareil Hughes, *on* emploie un double trait ($=$) *pour séparer le préambule de l'adresse, l'adresse du texte, le texte de la signature, et on termine chaque dépêche par la croix* ($+$).

Erreurs.

12° Si l'employé qui transmet s'aperçoit qu'il s'est trompé, il doit s'interrompre par le signal d'erreur, répéter le dernier mot bien transmis, et continuer, à partir de là, la transmission rectifiée.

13° De même, l'employé qui reçoit, s'il rencontre un mot

qu'il ne parvient pas à saisir, doit interrompre son correspondant par le même signal, et répéter le dernier mot compris en le faisant suivre d'un point d'interrogation. Le correspondant reprend alors la transmission à partir de ce mot, en s'efforçant de rendre ses signaux aussi clairs que possible.

Abréviations.

14° Hormis les cas déterminés de concert par les diverses Administrations, il est interdit d'employer une abréviation quelconque en transmettant le texte d'une dépêche, ou de modifier ce texte de quelque manière que ce soit. Toute dépêche doit être transmise telle que l'expéditeur l'a écrite et d'après sa minute, sauf le cas prévu au paragraphe 3 de l'article 37 de la Convention.

Vérification du nombre des mots.

15° Aussitôt après la transmission, l'employé qui a reçu compare, pour chaque dépêche, le nombre des mots transmis au nombre annoncé, et, s'il y a une différence, la signale à son correspondant. Si ce dernier s'est simplement trompé dans l'annonce du nombre des mots, il répond : admis; sinon, il répète la première lettre de chaque mot jusqu'au passage omis, qu'il rétablit.

Collationnement partiel.

16° Toute dépêche donne lieu à un collationnement partiel non taxé, sauf les dépêches collationnées, qui sont répétées intégralement.

17° Le collationnement se fait à la fin de la transmission de la dépêche.

Par l'appareil Morse.

18° A l'appareil Morse, le collationnement est donné par l'employé qui a reçu, et immédiatement après la vérification du compte des mots; le collationnement partiel comprend les noms propres, les nombres (à l'exception du millésime) et les mots douteux ou peu connus. L'employé qui a reçu peut d'ailleurs étendre ce collationnement et répéter la dépêche intégralement, s'il le juge indispensable pour mettre sa responsabilité à couvert. De même, l'employé qui a transmis peut exiger la répétition intégrale de la dépêche.

19° Dans la répétition des nombres suivis de fractions, ou des fractions dont le numérateur est formé de deux chiffres ou plus, on doit répéter en toutes lettres le numérateur de la fraction, afin d'éviter toute confusion. Ainsi pour 1 1/16 il faut répéter *en français* 1 un 16, afin qu'on ne lise pas 11/16 ; pour 13/4, il faut répéter treize 4, afin qu'on ne lise pas 1 3/4.

20° La répétition ne peut être retardée *ni* interrompue sous aucun prétexte. Lorsqu'elle est achevée et la dépêche *vérifiée*, le bureau qui a reçu donne à celui qui a transmis le signal de réception terminée, lequel est immédiatement répété **par le** correspondant.

Par l'appareil Hughes.

21° A l'appareil Hughes, le collationnement est donné après chaque dépêche par l'employé qui a transmis. Le collationnement partiel ne comprend que les nombres et les lettres isolées.

22° Après la transmission de la série, le bureau d'arrivée accuse réception du nombre des dépêches reçues, en distinguant les dépêches *d'Etat* ou de service des dépêches privées. Cet accusé de réception prend la forme suivante : *N.* 316, 520 *S*, 741, 72 *A*, 1659 *RRR*.

Rectifications.

23° L'échange des rectifications s'effectue après la transmission de chaque série suivant la formule : En *N.* . . . . lire, etc.

24° Les rectifications relatives à des dépêches d'une série précédemment transmise, sont faites par avis de service adressés aux bureaux de destination. Ces avis rappellent le nom et l'adresse des destinataires.

25° Les demandes de renseignements qui se produisent dans les mêmes conditions font également l'objet d'un avis de service.

Règles communes aux deux appareils.

26° Dans les deux systèmes d'appareil, la transmission de la dépêche ou de la série terminée, le bureau qui vient de recevoir transmet à son tour, s'il a une dépêche ; sinon, l'autre continue. Si de part et d'autre il n'y a rien à transmettre, les deux bureaux se donnent réciproquement le signal Zéro.

27° S'il arrive que, par suite d'interruption ou par une autre cause quelconque, on ne puisse recevoir la répétition, cette circonstance n'empêche pas la remise de la dépêche au destinataire, *sauf à lui communiquer ultérieurement la rectification, le cas échéant.*

Transmission des dépêches maritimes.

28° Les dépêches provenant d'un navire en mer sont transmises à destination en signaux du Code commercial, lorsque le navire expéditeur l'a demandé.

29º Dans le cas où cette demande n'a pas été faite, les dépêches sont traduites en langage ordinaire par le préposé du poste sémaphorique et transmises à destination.

IX

ART. 13 DE LA CONVENTION.
Clôture des bureaux.

1º Entre deux bureaux d'États différents communiquant par un fil direct, la clôture est donnée par celui qui appartient à l'Etat dont la capitale a la position la plus occidentale.

2º Cette règle s'applique à la clôture des procès-verbaux et à la division des séances dans les bureaux à service permanent.

X

ART. 14 DE LA CONVENTION.
Indication de la voie.

1º *Les différentes voies que peuvent suivre les dépêches sont indiquées par des formules concises, arrêtées de commun accord par les offices intéressés.*

2º *L'expéditeur qui veut prescrire la voie à suivre doit écrire lui-même, en marge de sa minute, la formule correspondante. Cette formule est transmise dans le préambule.*

3º Les avis de service relatifs à une dépêche précédemment transmise sont dirigés, autant que possible, sur les bureaux par où la dépêche primitive a transité. *Ces avis doivent reproduire toutes les indications propres à faciliter les recherches des dépêches primitives, telles que la date de l'expédition, l'adresse et la signature de ces dépêches.*

4º Lorsque *les* bureaux *de passage* ont tous les éléments nécessaires pour donner suite aux avis de service, ils prennent les mesures propres à en éviter une réexpédition inutile.

XI

ART. 15 DE LA CONVENTION.
Envoi des dépêches en cas d'interruption.

1º Les dépêches qui, en cas d'interruption, sont adressées par la poste à un bureau télégraphique, sont accompagnées d'un bordereau.

2º Le bureau qui a reçu les *dépêches* en accuse réception *sur le bordereau et le renvoie immédiatement au bureau expé-*

diteur. Il renouvelle cet avis au moment du rétablissement des communications télégraphiques *par une dépêche de service dans la forme suivante :*

Reçu 63 dépêches, conformément au bordereau du 30 mars.

3° Quand une dépêche est envoyée directement au destinataire dans le cas prévu à l'article 15 de la Convention, elle est accompagnée d'un avis indiquant l'interruption des lignes.

4° Le bureau qui réexpédie par télégraphe *des dépêches déjà transmises par la poste en informe le bureau sur lequel les dépêches ont été dirigées, par un avis de service rédigé dans la forme suivante :*

« *Berlin de Goerlitz N. . . . . . dépêches du bordereau N. . . . . . »; ou bien : « Dépêches N. . . . . du bordereau N. . . . . réexpédiées par ampliation. »*

Avis d'envoi par poste.

5° *Lorsque, par suite d'une affluence exceptionnelle, ou de l'interruption d'une partie des lignes, les dépêches en souffrance sont expédiées par poste sur une partie du parcours, le bureau qui fait cette expédition avertit le bureau, auquel il l'adresse, par une dépêche de service indiquant le nombre de télégrammes expédiés et l'heure du courrier.*

Avis d'arrivée.

6° *A l'arrivée du courrier, le bureau correspondant transmet, par la même voie, l'accusé de réception du nombre de télégrammes reçus ou annonce que le pli n'est pas parvenu. Dans ce dernier cas le bureau expéditeur peut, d'après les circonstances, répéter l'envoi par poste, ou transmettre les dépêches par voie télégraphique, si les correspondances ultérieures ne doivent pas en souffrir.*

XII

ART. 16 DE LA CONVENTION.

Dépêches maritimes.

Dans le cas où le bâtiment auquel est destinée une dépêche sémaphorique n'est pas arrivé dans le terme de vingt-huit jours, le sémaphore en donne avis à l'expéditeur le vingt-neuvième jour au matin. L'expéditeur a la faculté, en acquittant le prix d'une dépêche terrestre spéciale, de demander que le sémaphore continue à présenter sa dépêche pendant une nouvelle période de trente jours, et ainsi de suite; à défaut de cette demande, la dépêche sera mise au rebut le trentième jour.

XIII

ART. 17 DE LA CONVENTION.

Retrait ou annulation des dépêches.

1° Lorsqu'un expéditeur retire ou arrête sa dépêche avant que la transmission en ait été commencée, la taxe lui est remboursée, sous déduction d'un droit fixe d'un demi-franc au profit de l'Office d'origine.

2° Si la transmission est commencée, la taxe encaissée reste acquise aux Offices intéressés à raison du parcours effectué. Le surplus est remboursé à l'expéditeur.

3° Si la dépêche a été transmise, l'expéditeur ne peut en demander l'annulation que par une dépêche adressée au chef du bureau d'arrivée, et dont il acquitte la taxe; il paye également la réponse, s'il désire être renseigné par voie télégraphique sur la suite donnée à sa demande.

4° Le bureau de départ donne aux dépêches de cette nature la forme indiquée ci-après (art. XXV).

XIV.

ART. 18 DE LA CONVENTION.

Remise aux ayants droit

1° *Une dépêche portée à domicile peut être remise soit au destinataire, soit aux membres adultes de sa famille, à ses employés, locataires ou hôtes, soit au concierge de l'hôtel ou de la maison, à moins que le destinataire n'ait désigné par écrit un délégué spécial, ou que l'expéditeur n'ait demandé que la remise n'eût lieu qu'entre les mains du destinataire seul.*

2° *Cette dernière demande doit être mentionnée dans l'adresse de la dépêche et reproduite sur l'enveloppe par le bureau d'arrivée, qui donne au porteur* les instructions nécessaires pour s'y conformer.

3° *Lorsqu'une dépêche ne peut pas être remise au destinataire,* le bureau d'arrivée envoie au bureau d'origine un avis de service dans la forme suivante :

N. . . . de. . . (date), adressé à (*adresse textuellement conforme à celle qui a été reçue*), destinataire inconnu, *ou pas encore arrivé, ou déjà parti, etc.*

4° Le bureau de départ vérifie l'exactitude de l'adresse. *Si elle a été mal transmise, il la rectifie sur-le-champ.*

5° *Sinon, il communique l'avis à l'expéditeur, qui ne peut* compléter, rectifier ou confirmer l'adresse que par une dépêche payée.

6° *Si, par suite d'adresse inexacte ou insuffisante, d'absence ou de refus du destinataire, des frais d'exprès n'ont pas été acquittés à l'arrivée, le montant de ces frais est indiqué dans l'avis susmentionné, afin que l'expéditeur puisse être requis de les rembourser.*

7° *Si la porte n'est pas ouverte à l'adresse indiquée, ou si le porteur ne trouve personne qui consente à recevoir la dépêche pour le destinataire, avis est laissé au domicile indiqué, et la dépêche est rapportée au bureau, pour être délivrée au destinataire sur sa réclamation.*

8° *Lorsque la dépêche est adressée bureau restant, elle n'est délivrée qu'au destinataire ou à son délégué.*

9° *Dans les cas prévus par les paragraphes 7 et 8 du présent article, toute dépêche qui n'a pas été réclamée au bout de six semaines est anéantie.*

XV

ART. 19 DE LA CONVENTION.

Envoi des dépêches à destination.

1° Le bureau télégraphique d'arrivée est en droit d'employer la poste :

(*a*) A défaut d'indication, dans la dépêche, du moyen de transport à employer ;

(*b*) Lorsque le moyen indiqué diffère du mode adopté et notifié par l'État d'arrivée, conformément à l'article 19 de la Convention ;

(*c*) Lorsqu'il s'agit d'un transport à payer par un destinataire qui aurait refusé antérieurement d'acquitter des frais de même nature.

2° *Dans tous les cas, l'emploi de la poste est obligatoire pour le bureau d'arrivée, lorsqu'il n'use pas d'un moyen plus rapide.*

3° Lorsqu'une dépêche à réexpédier par lettre chargée ne peut être soumise immédiatement à la formalité du chargement, tout en pouvant profiter d'un départ postal, elle est mise d'abord à la poste par lettre ordinaire ; une ampliation est adressée par lettre chargée aussitôt qu'il est possible.

Remise à bord des navires.

4° Les dépêches adressées aux passagers d'un navire qui fait

escale dans un port leur sont remises, autant que possible, avant
le débarquement.

XVI
ART. 20 DE LA CONVENTION.
Dépêches d'État.

La transmission des dépêches d'État se fait de droit. Les bureaux télégraphiques n'ont aucun contrôle à exercer sur elles.

XVII
ART. 23 DE LA CONVENTION.
Archives. Communications et copies de dépêches.

Les Administrations télégraphiques ne sont tenues de donner
communication ou copie des pièces désignées à l'article 23 de
la Convention, que si les expéditeurs ou les destinataires four-
nissent la date exacte des dépêches auxquelles se rapportent
leurs demandes.

XVIII
ART. 24 DE LA CONVENTION.
Réponses payées. Mention dans la dépêche.

1° Dans le cas de dépêche demandant une réponse payée,
l'expéditeur doit inscrire, entre l'adresse et le texte, l'indication : réponse payée.

2° La taxe est perçue pour une dépêche simple par la même
voie.

3° L'expéditeur peut d'ailleurs compléter la mention en
mettant : réponse payée (. . . . frs . . . . . cs.), et acquitter la
somme correspondante, dans les limites autorisées par l'article 24 de la Convention.

4° *L'indication de la somme déposée est toujours obligatoire, quel que soit le nombre de mots de la réponse, lorsque
celle-ci doit être transmise à un autre bureau que celui d'où la
dépêche primitive est partie. La mention à insérer après le
texte est formulée comme il suit :*

Réponse payée à (localité indiquée) . . . F . . . C . . . ;

5° *L'expéditeur fixe la somme à son gré, dans les limites
autorisées par l'article 24 de la Convention. S'il désire être
renseigné sur la taxe réelle, depuis le bureau de destination
de sa dépêche jusqu'au bureau indiqué, pour y faire arriver
la réponse, le bureau d'origine lui fait connaître cette taxe,*

soit exactement, s'il la connaît, soit approximativement, en réservant le règlement ultérieur de la somme déposée (1).

6° Lorsque la dépêche ne peut être remise, dès l'arrivée, dans les circonstances prévues par l'article XIV, § 3, l'avis de service est transmis dans la forme prescrite par ce paragraphe.

Réponse d'office.

7° En cas de refus du destinataire, la réponse d'office est émise sur-le-champ, dans la forme suivante :

Réponse à N . . . . de . . . . . .

Le destinataire a refusé.

8° Si la dépêche avec réponse payée n'a pu être remise au bout de six semaines, la réponse d'office est émise dans la même forme, sauf les mots suivants :

Le destinataire n'a pas retiré la dépêche.

XIX

ART. 26 DE LA CONVENTION.

Accusé de réception.

1° L'accusé de réception est donné dans la forme suivante :

Paris de Berne. — N° . . . . Date . . . . . Dépêche n° . . . . . adressée à . . . rue . . . Remise le . . . . à . . . h. . . . m. . . m. ou s. (ou motif de non-remise).

2° Les accusés de réception reçoivent un numéro d'ordre au bureau qui les envoie et sont d'ailleurs traités, pour leur transmission, comme de nouvelles dépêches; ils jouissent de la priorité accordée aux avis de service sur les dépêches privées.

3° Si l'accusé de réception doit être transmis à une destination autre que le bureau d'origine de la dépêche, le nom de cette destination figure, après les mots « accusé de réception », dans le texte et dans le préambule. Le bureau d'origine perçoit la taxe de vingt mots pour le parcours indiqué. Si cette taxe ne lui est pas connue, il s'informe et règle ultérieurement la perception, en faisant déposer des arrhes, s'il y a lieu.

Dans le cas prévu par l'article XIV, §§ 3 et 5, l'accusé de réception tient lieu d'avis de service.

---

(1) Le passage souligné a été supprimé postérieurement à la signature de la Convention et du Règlement par suite d'une entente entre les offices signataires.

Dans le cas prévu par le paragraphe 4 du même article, le premier avis est considéré comme service et l'accusé de réception est transmis après remise de la dépêche au destinataire.

XX

ART. 28 DE LA CONVENTION.

Transmission des dépêches à faire suivre.

1º Le texte primitif de la dépêche à faire suivre doit être intégralement transmis aux bureaux de destination successifs, et reproduit sur la copie adressée au destinataire; mais, dans le préambule, chaque bureau ne reproduit, après les mots faire suivre, que les adresses auxquelles le télégramme peut encore être expédié.

2º Les demandes de réexpédition prévues au paragraphe 4 de l'article 28 de la Convention peuvent être faites par la poste.

3º Chaque Administration se réserve la faculté de faire suivre, quand il y aura lieu, d'après les indications données au domicile du destinataire, les dépêches pour lesquelles aucune indication spéciale n'aurait d'ailleurs été fournie.

Leur taxe.

4º La taxe internationale des dépêches à faire suivre est simplement la taxe afférente au premier parcours, l'adresse complète entrant dans le nombre des mots.

5º *A partir du premier bureau indiqué dans l'adresse, les taxes à percevoir sur le destinataire, pour les parcours ultérieurs, doivent, à chaque réexpédition, être indiquées d'office dans le préambule.*

XXI

ART. 29 DE LA CONVENTION.

Dépêches multiples.

1º En transmettant une dépêche adressée à deux ou plusieurs destinataires, il faut, dans le préambule, indiquer le nombre des adresses.

2º L'indication prévue au paragraphe 5 de l'article 29 de la Convention doit entrer dans le corps de l'adresse, et par conséquent dans le nombre des mots taxés.

3º Elle est reproduite dans les indications éventuelles.

XXII

ART. 35 DE LA CONVENTION.
Indications taxées.

1° L'expéditeur doit écrire sur la minute, immédiatement après l'adresse, les indications éventuelles relatives à la remise à domicile, à l'accusé de réception (1), aux dépêches collationnées, ou à faire suivre, etc.

2° *Si ces indications sont conçues dans une langue inconnue du bureau d'origine, l'expéditeur est tenu d'en joindre la traduction dans une langue connue de ce bureau.*

3° *La traduction n'est pas comprise dans les mots taxés.*

4° *Quand les mots « exprès payé » sont transmis sans autres indications, il est entendu que l'accusé de réception a été aussi payé, et que le bureau d'arrivée doit agir en conséquence.*

5° Les mots, nombres ou signes ajoutés par le bureau dans 'intérêt du service ne sont pas taxés.

XXIII

ART. 36 DE LA CONVENTION.
Compte des mots, nombres ou signes.

Les exemples suivants déterminent l'interprétation des règles à suivre pour compter les mots des dépêches télégraphiques en langage clair :

Irresponsabilité (7 syllabes)	**1** *mot*
Inconstitutionnalité (9 syllabes)	**2** *mots*
A-t-il	**3** *mots*
Aujourdhui (écrit sans apostrophe)	**1** *mot*
C'est-à-dire	**4** *mots*
J'ai	**2** *mots*
Aix-la-Chapelle	**3** *mots*
Aixlachapelle	**1** *mot*
Aachen	**1** *mot*
Newyork	**1** *mot*
New-York	**2** *mots*
New-South-Wales	**3** *mots*

(1) Ajouter à cette place : *aux réponses payées;* membre de phrase omis dans le texte de Rome, et rétabli par suite d'une entente entre les Offices signataires.

Neusouthwales.	1 *mot*
Van de Brande	3 *mots*
Vandebrande.	1 *mot*
Du Bois	2 *mots*
Dubois.	1 *mot*
De Lygne	2 *mots*
Delygne.	1 *mot*
44 1/2 (5 *chiffres et signes*).	1 *mot*
444 1/2 (6 *chiffres et signes*).	2 *mots*
444,5 (5 *chiffres et signes*).	1 *mot*
444,55 (6 *chiffres et signes*).	2 *mots*
10 *francs* 50 *centimes* ou 10 fr. 50 c	4 *mots*
10 fr. 50.	3 *mots*
fr. 10,50.	2 *mots*
11h 30.	3 *mots*
11,30.	1 *mot*
Le 17me.	2 *mots*
Le 1529me.	3 *mots*
44/2 (*pour* 44 *shillings* 2 *pence*) (1)	3 *mots*
2 0/0.	2 *mots*
2 *p.* 0/0.	3 *mots*
Deux cent trente-quatre.	4 *mots*
Zweihundertvierunddreizig	1 *mot*
Ducentotrentaquattro	1 *mot*
Two hundred and thirty four.	5 *mots*
Tweehonderd vierendertig.	2 *mots*
E.	1 *mot*
E. M.	2 *mots*
Emvt.	1 *mot*
tmrlzk.	2 *mots*
L'affaire est <u>urgente</u>; *partir* <u>sans retard</u> (7 *mots et deux soulignés*) (2)	9 *mots*

XXIV

ART. 38 DE LA CONVENTION,
Transmission d'office.

1º Le nom du bureau de départ, la date, l'heure et la minute du dépôt sont transmis d'office et inscrits sur la copie remise au destinataire.

(1) La barre oblique qui remplace le mot shilling est interprétée et transmise comme *s.*

(2) Le signal souligné est transmis avant et après chaque mot ou passage souligné.

2º L'expéditeur peut insérer ses indications, en tout ou en partie, dans le texte de sa dépêche. Elles entrent alors dans le compte des mots.

3º *Tous les chiffres faisant partie du préambule doivent être répétés d'office.*

XXV

Art. 39 de la Convention.

Dépêches rectificatives et complétives.

1º Les dépêches prévues à l'article 39 de la Convention ont la forme suivante : Paris de Berlin — Service taxé. Elles prennent rang parmi les dépêches de service et portent l'indication A et un numéro d'ordre.

2º *L'expéditeur ou le destinataire peut demander dans le délai de 24 heures, qui suit le départ ou, respectivement, l'arrivée de la dépêche,* la rectification des passages qui lui paraissent douteux. Il acquitte alors.

Rectifications taxées.

(a) *S'il s'agit de l'expéditeur : 1º le prix d'une dépêche calculée suivant la longueur du passage à répéter ; 2º le prix d'une dépêche simple pour la réponse ;*

(b) *S'il s'agit du destinataire :* 1º le prix d'une dépêche simple pour la demande ; 2º le prix d'une dépêche calculée suivant la longueur du passage à répéter.

3º Ces taxes sont remboursées si la répétition montre que le service télégraphique avait dénaturé le sens de la dépêche. Dans ce cas, le bureau opère le remboursement d'office et sans aucun délai. *Aucun remboursement n'est dû pour la dépêche rectifiée.*

4º Les sommes encaissées pour dépêches de service taxées *et les réponses y relatives* restent entièrement acquises à l'Administration qui les a perçues et ne figurent point dans les comptes internationaux.

5º Le bureau télégraphique qui reçoit une dépêche par laquelle on lui demande l'annulation d'une dépêche reçue précédemment fait connaître au bureau d'origine, par la poste, la suite qui a été donnée à la demande, à moins que l'expéditeur n'ait acquitté le prix d'une réponse télégraphique.

XXVI

ART. 48 DE LA CÓNVENTION.

Perception.

1º Si la taxe à percevoir à l'arrivée n'est pas recouvrée, la perte est supportée par l'Office d'arrivée, à moins de conventions spéciales conclues conformément à l'article 62 de la Convention.

2º Les Administrations télégraphiques prennent toutefois, autant que possible, les mesures nécessaires pour que les taxes à percevoir à l'arrivée, et qui n'auraient pas été acquittées par le destinataire soient recouvrées sur l'expéditeur. Quand ce recouvrement a lieu, l'Office qui le fait en tient compte à l'Office intéressé.

XXVII

ART. 50 DE LA CONVENTION.

Avis de service.

1º Les Administrations et les bureaux télégraphiques prennent les mesures nécessaires pour diminuer, autant que possible, le nombre des dépêches de service jouissant du privilége de la gratuité.

2º Les renseignements qui ne présentent point un caractère d'urgence sont demandés ou donnés par la poste.

XXVIII

ART. 51 DE LA CONVENTION.

Remboursements. Forme des réclamations.

1º Toute réclamation en remboursement de taxe doit être présentée à l'Office d'origine et être accompagnée des pièces probantes, savoir : une déclaration écrite du bureau de destination ou du destinataire, si la dépêche n'est point parvenue, et la copie qui lui a été remise, s'il s'agit d'erreur ou de retard.

2º L'expéditeur qui ne réside pas dans le pays où il a déposé sa dépêche peut faire présenter sa réclamation à l'Office d'origine, par l'intermédiaire d'un autre Office. Dans ce cas, s'il est reconnu que la réclamation est fondée, l'Office qui l'a reçue est chargé d'effectuer le remboursement.

Contribution des offices aux remboursements.

3º Pour *toute* dépêche non remise à destination, le remboursement est supporté par les Offices sur les lignes desquels ont été commises les irrégularités *qui ont empêché la dépêche de parvenir au destinataire.*

Droit au remboursement.

4º En cas de retard, le droit au remboursement est absolu lorsque la dépêche n'est point arrivée à destination plus tôt qu'elle n'y serait parvenue par la poste.

5º Le remboursement intégral de la taxe est effectué aux frais des Offices par le fait desquels le retard s'est produit, *et dans la proportion des retards imputables à chaque Office.*

Communication des réclamations d'Office à Office.

6º *En cas d'altération d'une dépêche collationnée, l'Office d'origine* détermine les erreurs qui ont *empêché la dépêche de remplir son objet,* et la part contributive des diverses Administrations est réglée d'après le nombre des fautes ainsi déterminées, *un mot omis comptant pour une erreur.*

7º La part contributive pour l'altération d'un mot dénaturé successivement sur les lignes de plusieurs Administrations est supportée par la première de ces Administrations.

8º *Les erreurs ou omissions sont imputables au bureau qui a transmis, sauf dans les cas suivants :*

(a) *Lorsque des mots, nombres ou · caractères ayant été omis, le bureau qui a reçu n'a pas vérifié le compte des mots;*

(b) *Lorsque, à l'appareil Morse, le bureau qui a reçu n'a pas tenu compte de la rectification faite à son collationnement par son correspondant;*

(c) *Lorsque, à l'appareil Hughes, le bureau qui a reçu n'a pas rectifié la première transmission d'après le collationnement qui a suivi;*

(d) *Lorsque, au même appareil, il y a eu un défaut de synchronisme non rectifié;*

(e) *Lorsque le collationnement payé a été omis ou incomplet.*

9º *Dans les cas* a, b *et* c, *l'erreur est imputable au bureau qui a reçu. Dans les cas* d *et* e, *les deux bureaux sont responsables.*

10º *Lorsque, par suite de l'absence ou de l'insuffisance des documents, le bureau responsable d'une erreur ou omission ne peut être désigné, le remboursement est mis à la charge de l'administration où la preuve fait défaut.*

11º Les réclamations communiquées d'Office à Office sont transmises avec un dossier complet, c'est-à-dire qu'elles contiennent (en original, *en extrait* ou en copie) toutes les pièces ou lettres qui les concernent.

Remboursement par l'Office d'origine.

12° Lorsqu'une réclamation *a été* reconnue fondée *par les Administrations intéressées,* le remboursement est effectué par l'Office d'origine.

13° *Les réclamations ne sont point transmises d'Office à Office lorsque le fait signalé ne donne pas droit au remboursement.*

XXIX

Art. 51 de la Convention. (Suite.)
Remboursement des dépêches arrêtées.

1° *La taxe d'une dépêche arrêtée en vertu des articles* 20 *et* 21 *de la Convention est remboursée à l'expéditeur, et le remboursement est à la charge de l'Administration qui a arrêté la dépêche.*

2° *Toutefois, lorsque cette Administration a notifié, conformément à l'article* 21*, la suspension de certaines correspondances déterminées, le remboursement des taxes des dépêches de cette catégorie, qui seraient arrêtées ultérieurement, doit être supporté par l'Office d'origine, à partir de la date à laquelle la notification lui est parvenue.*

XXX

Art. 54 de la Convention.
Établissement de la taxe moyenne.

1° La taxe qui sert de base à la répartition entre États et, *le cas échéant,* à la détermination des moyennes mentionnées à l'article 54 de la Convention, est celle qui résulte de l'application régulière des tarifs, sans qu'il soit tenu compte des erreurs de taxation qui ont pu se produire.

2° Toutefois, le nombre des mots annoncés par le bureau d'origine sert de base à l'application de la taxe, sauf le cas où il aurait été rectifié d'un commun accord avec le bureau correspondant.

3° Pour déterminer les taxes moyennes, on adresse un compte mensuel comprenant, par dépêche traitée individuellement, toutes les taxes accessoires *de quelque nature qu'elles soient. Dans ce compte, les taxes perçues d'avance pour réponse payée, ou accusé de réception, sont portées intégralement par l'Office qui a perçu au compte de l'Office destinataire.* La part totale, calculée pour chaque État pendant le mois entier, est divisée par le nombre des dépêches; le quotient constitue la taxe moyenne applicable à chaque dépêche dans les comptes ultérieurs jusqu'à révision. Cette révision est faite chaque année et peut avoir lieu au bout de trois mois sur la demande de l'un des États intéressés.

XXXI

ART. 57 DE LA CONVENTION.

Échange des comptes.

1° L'échange des comptes mensuels a lieu avant l'expiration du trimestre qui suit le mois auquel ils se rapportent.

2° La révision de ces comptes a lieu dans un délai maximum de six mois à dater de leur envoi. L'Office qui n'a reçu, dans cet intervalle, aucune observation rectificative considère le compte comme admis de plein droit. *Cette disposition est aussi applicable aux observations faites par un Office sur les comptes rédigés par un autre.*

3° Les comptes mensuels sont admis sans révision, quand la différence des sommes finales établies par les deux Administrations intéressées ne dépasse pas 1 p. 0/0 du débet de l'Administration qui l'a établi. *Dans le cas d'une révision commencée, elle doit être arrêtée lorsque, par suite d'un échange d'observations entre les Offices intéressés la différence qui a donné lieu à la révision se trouve renfermée dans les limites de 1 p. 0/0.*

4° Il n'est pas admis de réclamation, dans les comptes, au sujet de dépêches *ordinaires* ayant plus *de six mois* de date *et des dépêches enregistrées ayant plus de dix-huit mois de date.*

XXXII

ART. 60 DE LA CONVENTION.

Frais du bureau international.

1° Les frais communs du bureau international des Administrations télégraphiques ne *doivent* pas dépasser, *par* année, la somme de 50,000 francs, *non compris les frais spéciaux auxquels donne lieu la réunion d'une Conférence internationale.* Cette somme pourra être augmentée ultérieurement du consentement de toutes les Parties contractantes.

2° L'Administration désignée, en vertu de l'article 60 de la

Convention, pour la direction du bureau international, en *surveille* les dépenses, *fait* les avances nécessaires et *établit* le compte annuel qui *est* communiqué à toutes les autres Administrations intéressées.

3º Pour la répartition des frais, les États contractants ou adhérents sont divisés en six classes, contribuant chacune dans la proportion d'un certain nombre d'unités, savoir :

1re classe.	25 unités.
2e id.	20 id.
3e id.	15 id.
4e id.	10 id.
5e id.	5 id.
6e id.	3 id.

4º Ces coefficients sont multipliés par le nombre d'États de chaque classe, et la somme des produits ainsi obtenus fournit le nombre d'unités par lequel la dépense totale doit être divisée. Le quotient donne le montant de l'unité de dépense.

XXXIII

ART. 60 DE LA CONVENTION. (Suite.)

Échange des documents administratifs.

1º Les Offices des États contractants se transmettent réciproquement tous les documents relatifs à leur administration intérieure et se communiquent tout perfectionnement qu'ils viendraient à y introduire.

2º En règle générale, le Bureau international sert d'intermédiaire à ces notifications ; toutefois, les avis à transmettre d'urgence, et spécialement la notification des interruptions des lignes, sont directement portés par la voie télégraphique à la connaissance de toutes les Administrations intéressées.

Notifications.

3º Lesdites Administrations envoient par la poste, par lettre affranchie, au Bureau international, la notification de toutes les mesures relatives à la composition et aux changements de tarifs, tant intérieurs qu'internationaux ; à l'ouverture de lignes nouvelles et à la suppression de lignes existantes, en tant que ces lignes intéressent le service international ; enfin aux ouvertures, suppressions et modifications de service des bureaux.

4º *Les documents imprimés ou autographiés par les Administrations, au sujet des mesures mentionnées au paragraphe précédent, sont expédiés au Bureau international, soit à la date de leur distribution, soit, au plus tard, le premier jour du mois qui suit cette date.*

5° Elles lui font parvenir, au commencement de chaque année et aussi complétement qu'il leur est possible, des tableaux statistiques du mouvememt des correspondances, de la situation des lignes, du nombre des bureaux et des appareils, etc. Ces tableaux sont dressés d'après les indications du Bureau international, qui distribue, à cet effet, les formules toutes préparées.

6° Elles adressent également à ce bureau deux exemplaires des publications diverses qu'elles font paraître.

7° Le Bureau international reçoit en outre communication da tous les renseignements relatifs aux expériences auxquelles chaque Administration a pu procéder sur les différentes parties du service.

XXXIV

Art. 60 de la Convention. (Suite.)

Journal télégraphique.

1° Indépendamment des communications spéciales que le Bureau international est tenu de faire à toutes les Administrations, il utilise les documents de statistique et autres qui sont mis à sa disposition, pour la rédaction du journal dont il est fait mention à l'article 60.

Carte officielle.

2ⁿ *Il dresse, publie et revise périodiquement la Carte officielle des relations télégraphiques.*

3° Il doit, d'ailleurs, se tenir en tout temps à la disposition des Administrations des Etats contractants, pour leur fournir, sur les questions qui intéressent la télégraphie internationale, les renseignements spéciaux de tous genres dont elles pourraient avoir besoin.

4° *Dans les questions à résoudre par l'assentiment des Administrations contractantes, celles qui n'ont point fait parvenir leur réponse dans le délai maximum de quatre mois, sont considérées comme consentantes.*

Distribution des documents.

5° *Les documents imprimés par le Bureau international sont distribués aux Administrations des Etats contractants dans la proportion du nombre d'unités contributives, d'après les articles XXXII et XXXV. Les documents supplémentaires que réclameraient ces Administrations sont payés à part d'après leur prix de revient. Il en est de même des documents demandés par les exploitations privées.*

6° *Les demandes de cette nature doivent être formulées une fois pour toutes, jusqu'à nouvel avis, et de manière à donner au Bureau international le temps de régler le tirage en conséquence.*

7° *Le Bureau international prépare les travaux des Conférences télégraphiques. Il pourvoit aux copies et impressions nécessaires à la rédaction et à la distribution des amendements, procès-verbaux et autres renseignements.*

8° *Le Directeur de ce Bureau assiste aux séances de la Conférence et prend part aux discussions sans voix délibérative.*

9° Il fait sur sa gestion un rapport annuel, qui est communiqué à toutes les Administrations des États contractants.

10° La gestion dudit Bureau est également soumise à l'examen et à l'appréciation des Conférences prévues par l'article 61 de la Convention.

XXXV

ART. 60 DE LA CONVENTION. (Suite.)

Direction supérieure du bureau international.

1° L'Administration *supérieure* de la Confédération suisse est désignée pour organiser le Bureau international dans les conditions déterminées par l'article 60 de la Convention.

Contribution des États aux frais du bureau.

2° Les États contractants sont, pour la contribution aux frais, répartis ainsi qu'il suit, dans les six classes dont il est fait mention à l'article XXXII.

1re classe : Allemagne, Autriche-Hongrie, France, Grande-Bretagne, *Indes Britanniques,* Italie, Russie, Turquie ;

2e classe : Espagne ;

3e classe : Belgique, Pays-Bas, *Indes néerlandaises, Roumanie,* Suède ;

4e classe : *Danemark,* Norvége, Suisse ;

5e classe : Grèce, Portugal, Serbie ;

6e classe : Luxembourg, *Perse.*

XXXVI

ART. 65 DE LA CONVENTION.

Comptes avec les Offices non adhérents.

Dans le cas d'application de l'article 65, l'Administration contractante en relation directe avec l'Office non adhérent est chargée de régler les comptes entre cet Office et les autres Offices contractants auxquels elle a servi d'intermédiaire pour la transmission.

Le présent règlement, destiné à compléter les dispositions de la Convention de Paris, revisée à *Rome*, entrera en vigueur le 1er *juillet* 1872.

Fait à Rome, le 14 janvier 1872.

T. MEYDAM.	J. MALVANO
GUMBART.	F. SALVATORI.
DE KLEIN.	Ernest PONZO-VAGLIA.
BRUNNER.	C. NIELSEN.
ARY.	STARING.
J. VINCHENT.	J. U. BATEMAN CHAMPAIN.
FABER.	Valentim DO REGO.
Marquis DE MONTEMAR.	Général Prince J. GHIKA.
ARAUJO.	C. DE LUDERS.
AILHAUD.	RADOYCOVITCH.
Alan E. CHAMBRE.	BRANDSTRÖM.
D. ROBINSON.	L. CURCHOD.
J. U. BATEMAN CHAMPAIN.	M. IZZET.
G. SALACHAS.	Yanco MACRIDI.
Ernest D'AMICO.